Alexander Groth

Führungsstark im Wandel

Change Leadership für das mittlere Management

Mit 25 Zeichnungen von Thomas Plaßmann

Campus Verlag
Frankfurt/New York

*Für Anton, Maximilian und Tanja – die der wunderbarste Wandel
in meinem Leben sind.*

ISBN 978-3-593-39827-3

2., überarbeitete Auflage 2013

Das Werk einschließlich aller seiner Teile ist urheberrechtlich geschützt. Jede Verwertung ist ohne Zustimmung des Verlags unzulässig. Das gilt insbesondere für Vervielfältigungen, Übersetzungen, Mikroverfilmungen und die Einspeicherung und Verarbeitung in elektronischen Systemen.
Copyright © 2011 Campus Verlag GmbH, Frankfurt am Main
Umschlaggestaltung: total italic, Thierry Wijnberg, Amsterdam/Berlin
Satz: Campus Verlag, Frankfurt am Main
Gesetzt aus: Minion und Myriad
Druck und Bindung: Beltz Druckpartner, Hemsbach
Printed in Germany

Dieses Buch ist auch als E-Book erschienen.
www.campus.de

Inhalt

Vorwort
Die Situation von Führungskräften im Wandel 7

1. **Die Flutwelle des Wandels**
   So kommt es zu immer mehr Wandel in immer kürzeren
   Abständen 12

2. **Die emotionale Achterbahn**
   So verstehen Sie die Logik hinter scheinbar irrationalem
   Verhalten 23

3. **Wenn alle durchdrehen**
   So gehen Sie mit Ihren eigenen Emotionen und denen Ihrer
   Mitarbeiter um 45

4. **Wenn keiner mitmacht**
   So bringen Sie Ihre Mitarbeiter dazu, das Neue zu tun 66

5. **Wenn alle auf die Barrikaden gehen**
   So agieren Sie souverän bei aktivem Widerstand 93

6. **Wenn alles zusammenbricht**
   So führen Sie Ihre Mitarbeiter durch die chaotische
   Umbruchphase 122

7. **Wenn alle zurückmarschieren**
   So verankern Sie den Wandel bei Ihren Mitarbeitern 147

8. **Die Psychologie der Gerüchte**
   So kommunizieren Sie als Führungskraft im Wandel 162

9. Weltuntergang und ein Meer voller Tränen
So gehen Sie mit den Verlierern des Wandels um 184

10. Von stetigen Veränderungswellen
So machen Sie Ihren Bereich dauerhaft wandelfähig 198

Ihre ersten Schritte zum Change Leader 209

Anhang: Workshop zum Wandel 212

Danksagung 226

Kommentierte Buchempfehlungen 228

Literatur (Auswahl) 232

Anmerkungen 235

Register 238

Vorwort

Die Situation von Führungskräften im Wandel

Michael, Bereichsleiter in einem großen Konzern, sitzt erschöpft im Büro und starrt auf die gegenüberliegende Wand. Im Meeting mit seinen Abteilungsleitern gab es wieder einmal eine latent aggressive Diskussion über die Ursachen für den Stillstand im aktuellen Wandelprojekt. Er konnte deutlich die allgemeine Ratlosigkeit bei den Führungskräften, die ihm unterstellt sind, spüren. Die weltweite Einführung der neuen Software hat den ganzen Bereich an den Rand des Chaos geführt. Gestern hatte noch dazu seine beste Führungskraft gekündigt. Es war nur eine Frage der Zeit gewesen, bis jemand von den Guten ging. Wegen des Einstellungsstopps darf er diese Position vorerst nicht neu besetzen. Noch ein Problem mehr auf seiner Liste. Die anstrengenden Ereignisse der letzten Monate, die dauernden Überstunden und der Widerstand in der Belegschaft fordern ihren Tribut. Michael fühlt sich müde und ausgebrannt. Er weiß, dass er als Chef gerade in dieser schwierigen Zeit gegenüber den Mitarbeitern Zuversicht und Energie ausstrahlen sollte, aber die hat er nicht mehr. Der gesamte Veränderungsprozess scheint festgefahren. Ein Blick auf die Uhr zeigt ihm, dass er gleich einen Termin mit dem Betriebsrat hat, den er wieder einmal nicht vorbereiten konnte. Er seufzt und fragt sich, wie das Ganze nur weitergehen soll.

So wie Michael ergeht es vielen Managern in Wandelprozessen. Diese werden zwar häufig mit positiven Akronymen wie POWER, WIN und FUN etikettiert, aber genau das empfindet niemand bei der Umsetzung.

Es sind die folgenden fünf Probleme, mit denen mittlere Manager im Wandel meist zu kämpfen haben:

Innere Zerrissenheit Der Manager hat die Aufgabe, die von oben vorgegebene Veränderung in seinem Bereich oder seiner Abteilung umzusetzen. Dabei soll er mit beispielhaftem Verhalten und positiver Energie als Vorbild vorangehen. Tatsächlich ist er jedoch oftmals selbst nicht von der Idee der Veränderung an sich oder von der geplanten Art der Umsetzung überzeugt. Vielleicht ist der Wandel sogar nur erforderlich, weil das obere Management in der Vergangenheit massive Fehler gemacht hat, deren bittere Konsequenzen nun die Mitarbeiter tragen müssen. Wie kann man solche Veränderungen glaubhaft und mit Elan vermitteln? Diese innere Spannung muss die Führungskraft aushalten. Zudem muss sie damit umgehen können, immer wieder der Überbringer schlechter Nachrichten zu sein.

Druck von oben und unten Mittlere Manager fühlen sich wie in einem Sandwich, weil sie von beiden Seiten Druck bekommen. Das obere Management will umfangreiche Veränderungen durchführen und hat meist unrealistische zeitliche Vorstellungen. Auf Verzögerungen reagiert es mit Unverständnis und einer Erhöhung des Drucks, um den Prozess zu beschleunigen. Die Mitarbeiter dagegen sehen überhaupt keine Veranlassung, sich zu ändern oder gut funktionierende Abläufe umzustellen. Selbst wenn sie einen Grund erkennen können, sind sie in der Umsetzung langsamer als in der Planung vorgesehen und verzögern damit den Prozess. Vom mittleren Manager erwarten sie, dass er ihre aus der Praxis abgeleiteten Änderungsanliegen nach oben hin durchsetzt und für einen realistischen Zeitrahmen sorgt. Gibt das mittlere Management den Druck, der von oben kommt, an sie weiter, reagieren sie verärgert und bremsen den Prozess bis zum Stillstand hin aus. Der mittlere Manager muss nun zwischen oben und unten vermitteln und mit dem richtigen Timing den Prozess manchmal beschleunigen und dann wieder entschleunigen.

Massiver Widerstand Maßnahmen, die für die Mitarbeiter zum Teil nicht nachvollziehbar sind und daher als aufgezwungen erlebt werden, erzeugen Widerstand. Gefühle wie Angst, Zorn und Trauer sind aber nicht nur bei unangenehmen Wandelvorhaben verbreitet, sondern selbst bei Veränderungen mit positiven Auswirkungen für die Mitarbeiter. Sogar offensichtliche Gewinner von Wandelprojekten zeigen irrationalen Widerstand und blockieren die Umsetzung. Die Folge ist, dass trotz vieler

Aktivitäten keine Ergebnisse erzielt werden. Viele Führungskräfte nehmen diesen Widerstand zwar wahr, können aber in der jeweiligen Situation die starken Emotionen der Mitarbeiter nicht verstehen und auch nicht damit umgehen. Sie glauben, dass Mitarbeiter sich zu Unrecht so verhalten, und nutzen ihre Machtposition, um sich durchzusetzen, weil sie selbst unter enormem Druck stehen. Damit erhöhen sie aber den Widerstand gegen das Vorhaben zusätzlich.

Wind of Change

Fehlende Kompetenz Um schwierige Prozesse wie Restrukturierungen oder sogar Personalabbau zu managen, brauchen Führungskräfte Wissen darüber, wie Gruppen und Einzelpersonen in Wandelprozessen emotional reagieren und wie sie damit umgehen können. Wer einmal die »Logik der Emotionen« kennengelernt hat, wird von den scheinbar irrationalen Reaktionen der Mitarbeiter weniger überrascht sein und sich souveräner verhalten können. Durch geeignete Maßnahmen und die richtige Kommunikation lassen sich Widerstände bereits im Vorfeld reduzieren. Dieses Wissen wird aber in der Regel weder an der Universität noch in Change-Management-Seminaren gelehrt. Führungskräfte, die dieses Wissen vorbildlich in der Praxis umsetzen und von denen man es lernen könnte, gibt es in der Wirtschaft leider noch zu wenige.

Erschöpfung Viele Führungskräfte fühlen sich durch zusätzliche Wandelprojekte stark überlastet. Die Entwicklungen der letzten zehn Jahre führten dazu, dass Manager heute auf derselben Position deutlich mehr leisten und mehr Verantwortung tragen müssen, als dies früher der Fall war. Der Zehn- bis Zwölf-Stunden-Tag ist mittlerweile bei den meisten Managern die Regel, nicht die Ausnahme. Viele arbeiten schon seit langem an ihrer eigenen und der familiären Belastungsgrenze. Schlaf, Bewegung und Entspannung sind seit Jahren auf ein Minimum reduziert. Durch den aktuellen Wandel wird der ohnehin schon sehr anspruchsvolle normale Arbeitsablauf massiv gestört. Gleichzeitig ergeben sich neue Aufgaben und viele unerwartete Probleme treten auf. Das bedeutet noch mehr Arbeitsstunden mit zusätzlichem Stress und eine Mehrbelastung für das Privatleben. Kommt dann eine Krise in der Beziehung, Probleme mit den Kindern, kranke Eltern oder ein Hausbau dazu, ist die Überforderung vorprogrammiert. Die Folge sind Erschöpfung, Gereiztheit, und psychosomatische Erkrankungen.

Sie als Führungskraft müssen mit all diesen Problemen umgehen, obwohl Ihnen – wie den meisten Führungskräften – das detaillierte Know-how dazu fehlt. Dieses Buch unterstützt Sie dabei, sich anhand vieler praktischer Beispiele das Wissen anzueignen, das Sie für Ihre Wandelvorhaben benötigen. Es orientiert sich dabei konsequent an den Bedürfnissen und Problemen von Führungskräften. Aus meiner langjährigen Arbeit mit Führungskräften aller Ebenen in tiefgreifenden Wandelprozessen weiß ich, dass die meisten immer wieder dieselben Fragen haben. Jeder dieser zehn zentralen Fragen ist ein Buchkapitel gewidmet:

1. Wieso gibt es immer mehr Wandelprojekte in immer kürzerer Zeit?
2. Warum verhalten sich die Mitarbeiter in Veränderungen oft irrational?
3. Wie gehe ich mit meinen eigenen Emotionen und denen meiner Mitarbeiter um?

4. Wie schaffe ich es, dass die Mitarbeiter losmarschieren?
5. Wie reagiere ich richtig auf Widerstand?
6. Wie manage ich das Übergangschaos, wenn der alte Zustand nicht mehr und der neue noch nicht funktioniert?
7. Wie schaffe ich es, dass ein Wandel dauerhaft verankert wird und nicht alle wieder in das alte Verhalten zurückfallen?
8. Wie kommuniziere ich im Wandel?
9. Wie gehe ich mit den offensichtlichen Verlierern einer Veränderung um?
10. Wie mache ich meinen Bereich dauerhaft wandelfähig?

Starten Sie am besten mit dem Kapitel, das Sie momentan am meisten beschäftigt. Die einzelnen Kapitel sind so angelegt, dass Sie diese unabhängig voneinander lesen können. Querverweise werden Ihnen dabei das Verständnis erleichtern. Dieses Buch wird Ihnen mit komprimiertem Wissen und praxisnahen Beispielen dabei helfen, Ihre Wandelvorhaben souverän in den Griff zu bekommen. Denn nur, wenn Sie als mittlerer Manager auch in unangenehmen Veränderungsprozessen aktiv die Führung übernehmen, werden Sie als ein gesuchter Change Leader langfristig erfolgreich sein und Karriere machen.

1. Die Flutwelle des Wandels

So kommt es zu immer mehr Wandel in immer kürzeren Abständen

> Es ist nicht die stärkste Spezies, die überlebt, auch nicht die intelligenteste, es ist diejenige, die sich am ehesten dem Wandel anpassen kann.
>
> Charles Darwin (Britischer Naturforscher)

Als Führungskraft merken Sie es täglich: Der Wandel bestimmt Ihr Arbeitsleben immer häufiger. Während früher nach einer Neuorganisation für die Mitarbeiter eine mehrjährige Phase der Stabilität eintrat, steht heute sofort das nächste Projekt in der Warteschlange. Woran liegt es, dass Veränderungen in immer kürzeren Abständen umgesetzt werden müssen?

Der technologische Fortschritt verläuft exponentiell

Die Geschwindigkeit der technologischen Entwicklung erhöht sich seit Jahrhunderten kontinuierlich. Von der Erfindung des Buchdrucks mit beweglichen Lettern um 1450 bis zur Entwicklung der Dampfmaschine im aufkommenden Industriezeitalter vergingen circa 300 Jahre. Nach weiteren 150 Jahren waren viele Haushalte mit elektrischem Strom und Telefon versorgt. Nur 30 Jahre danach wurden bereits Automobile in Serie produziert, und nachdem die U-Bahn bereits seit einigen Jahrzehnten jährlich Millionen von Fahrgästen unter der Erde transportierte, bewegten sich die Menschen mit den ersten Passagierflugzeugen nun auch in der Luft. Verglichen mit der Geschwindigkeit, in der heute eine Erfindung die andere jagt, verlief die Abfolge technischer Erfindungen zunächst im Zeitlupentempo. Mittlerweile steigt unser Wissen exponentiell an. Folgende Aspekte spielen dabei eine maßgebliche Rolle:

- Es gibt weltweit immer mehr Menschen mit einer wissenschaftlich-technischen Ausbildung. Während es um 1650 nur eine kleine Gruppe wissenschaftlich Gebildeter gab, stieg ihre Zahl von 1850 bis 1950 von einer auf zehn Millionen. Von 1950 bis 2000 wuchs ihre Zahl auf 100 Millionen.[1]
- Die steigende Computerleistung ermöglicht immer genauere Kalkulationen und Simulationen. Ein Supercomputer schafft heute über 100 Milliarden Rechenoperationen in der Sekunde!
- Neue Messwerkzeuge erschließen bisher unerreichbare Forschungsdimensionen. Mikroskope machen bereits Details mit einer Größe von zehn Nanometern sichtbar. Ein Nanometer ist ein Millionstel Millimeter!
- Die Wissensweitergabe an die weltweite Forschergemeinschaft erfolgt heute in Sekundenschnelle. Früher dauerte es Jahre, bis sich neue Forschungsergebnisse verbreiteten, heute passiert dies zum Teil in wenigen Stunden, und jeder kann die Informationen abrufen und damit weiterarbeiten.

Das Tempo, mit dem das Wissen der Menschheit zunimmt, beschleunigt sich unglaublich, wenn immer mehr Wissenschaftler mit immer besserer Technik und höherer Rechenleistung forschen und sich dann noch gegenseitig über die Ergebnisse informieren.

Wir Menschen passen uns dieser Entwicklung der Technik an, ohne uns aber der enormen Veränderungsgeschwindigkeit voll bewusst zu sein. Das liegt daran, dass wir nur einen Ausschnitt einer exponentiellen Kurve betrachten, sodass uns diese als eine Gerade erscheint. Der amerikanische Erfinder Raymond Kurzweil bezeichnet dieses Phänomen als den »intuitive linear view«. Wir nehmen Wandel nur bedingt wahr, wenn wir diesem täglich ausgesetzt sind. Ähnlich geht es uns mit dem Wachstum von Kindern. Eltern nehmen dies kaum war. Ein Freund, der einmal im Jahr zu Besuch kommt, staunt dagegen, wie enorm die Kinder in dieser Zeit gewachsen sind. Wie schnell der technologische Wandel tatsächlich vonstatten geht, können Sie beispielsweise an den Dingen des täglichen Gebrauchs nachvollziehen. Vergleichen Sie doch einmal die Fähigkeiten Ihres Handys von vor zehn Jahren (also fünf Modellgenerationen zurück) mit Ihrem heutigen Smartphone. Oder überlegen Sie einmal, wie sich Ihr Leben und Ihre Arbeitsweise in den letzten zehn Jahren durch das Internet, Social Networks und 24-Stunden-Empfang verändert haben.

Die aktuellen Megatrends beeinflussen Ihr berufliches Umfeld

Die großen Trends haben einen Einfluss auf die Gesellschaft, die Unternehmen und Sie persönlich. Megatrends erfahren wir aber nicht unmittelbar, sondern zeitverzögert. Sehen wir uns in diesem Zusammenhang zwei Megatrends an, deren Auswirkungen Sie bereits seit geraumer Zeit deutlich spüren:

Megatrend »Globalisierung« Unternehmen sind nicht mehr national oder transnational, sondern weltweit aufgestellt. Das führt zu einem starken Wettbewerbsdruck. Große Branchen, wie zum Beispiel die Textil-, die Spielzeug- und die Elektronikindustrie, haben ihre Produktion fast vollständig ins Ausland verlagert. Im Inland verbleibende Unternehmen müssen schlank, effizient und kostengünstig produzieren, um überleben zu können. In vielen Unternehmen waren Restrukturierungen und Personalabbau die Folge. Ein Manager hat heute durch das Streichen ganzer Hierarchiestufen meist deutlich mehr Mitarbeiter zu führen und mehr Verantwortung zu tragen als die Kollegen noch vor zehn Jahren. Für viele Manager bedeutet die Globalisierung auch eine Zunahme von Geschäftsreisen nicht nur in Deutschland und Europa, sondern auch nach Übersee. Sie kämpfen regelmäßig mit den Folgen von Jetlag und Schlafmangel und halten wegen der Zeitverschiebung zu anderen Kontinenten Telefonkonferenzen auch am späten Abend oder in aller Herrgottsfrühe ab.

Megatrend »Connectivity« Immer mehr Menschen weltweit haben Zugang zum Internet und damit zu Informationen und Bildung. Das Internet dringt nach und nach in die entlegensten Winkel der Erde, aber auch immer weiter in unsere Privaträume vor. Mittlerweile haben wir rund um die Uhr Zugang zum Web und damit ins Büro. Selbst im Flugzeug kann man heute surfen, und man bekommt die E-Mails ins Meeting, nach Hause und in den Urlaub »gepusht«. Die Konsequenz für den mittleren Manager ist eine Auflösung der Grenze zwischen Beruf und Privatleben. Das (im wahrsten Sinne des Wortes) Abschalten fällt vielen Managern schwer. Beide Megatrends haben eher negative Konsequenzen für das Familienleben.

Sie sehen an diesen Beispielen, dass die großen Trends Ihr Arbeitsleben nachhaltig beeinflussen. Da dies aber allmählich und nicht abrupt passiert, passen wir uns der Entwicklung fortlaufend an. Auch wenn wir uns der enormen Beschleunigung nicht andauernd bewusst sind, merken wir doch, dass unser Arbeitsleben immer fordernder und anstrengender wird. Viele Manager klagen, dass der Tag nur noch gefühlte 19 Stunden hat. Wie wird diese Entwicklung weitergehen?

Die Megatrends der nächsten Jahrzehnte weisen sowohl große Chancen als auch große Probleme für die Menschheit auf: Asien, Biotechnik, Connectivity, demografischer Wandel, Englisch, Frauen, Gesundheit, Globalisierung, Individualisierung, Klimawandel, Migration, Nanotechnik, Urbanisierung.

Bei vielen der aktuellen Megatrends können wir heute noch nicht absehen, mit welchen Veränderungen sie einhergehen werden:

- Was verbirgt sich beispielsweise hinter der Nanotechnologie, der so viele eine faszinierende Zukunft vorhersagen? Stimmt es, dass sich mithilfe dieser Technik komplizierte Autoteile in einer Wanne mit Flüssigkeit wie durch Zauberei selbst zusammensetzen? Werden bald mikroskopisch kleine Nanoroboter unsere Blutbahnen von Ablagerungen reinigen? Welche Konsequenzen hätte die Verbreitung dieser faszinierenden Technik für Ihren Arbeitsalltag?
- Was bedeutet es, dass in China und Indien zusammengenommen mehr als 36 Prozent der Weltbevölkerung leben und beide Länder

ein enormes Wirtschaftswachstum aufweisen? Welche langfristigen Folgen hat es, wenn in Deutschland pro Jahr 44 000 Ingenieure ausgebildet werden und allein in Indien und China zusammen über 700 000?[2] Ist Europa tatsächlich eher auf dem Weg, »zu einer Art Erlebnispark für reiche Asiaten und Amerikaner« zu werden als »zur wirtschaftlich dynamischsten Region der Welt«, wie der renommierte Zukunftsforscher John Naisbitt einmal sagte?[3]

- Welche Konsequenzen hat es, wenn das Verhältnis der 20- bis 65-jährigen Erwerbstätigen zu den 65-jährigen und älteren Rentnern in Deutschland 1995 bei 4:1, 2010 bei 3:1 lag und 2030 bei 2:1 liegen wird? Welche Auswirkungen hat diese Entwicklung auf Ihr Berufsleben oder das Ihrer Kinder?

Einige dieser Themen beunruhigen uns, während wir von anderen eine Verbesserung der Lebensqualität erwarten. Aber ganz unabhängig von der Frage, ob die Veränderungen positiv oder negativ sind, werden sie einen starken Einfluss auf Ihr Arbeitsleben haben, und Sie werden sich an diese Veränderungen in Zukunft immer schneller anpassen müssen.

Sicher ist, dass der Wandel in Ihrem beruflichen Umfeld weiter zunehmen wird.

Wenn wir uns im Zusammenhang mit den Trends einmal die Entwicklung der letzten zehn Jahre ansehen, hat sich die Situation des mittleren Managers nicht unbedingt verbessert. Folgende Merkmale kennzeichnen das heutige Arbeitsumfeld gegenüber früher:

- noch höhere Erwartungen an die Leistung,
- längere Arbeitszeiten für Manager,
- gestiegener Erwartungsdruck an kurze Reaktionszeiten durch 24-Stunden-Erreichbarkeit,
- gesteigerte Komplexität der Arbeitsinhalte,
- dauernder Wandel und eine damit verbundene Unruhe als Normalität,
- noch mehr Übergriffe vom Berufs- in das Privatleben.

Positiv zu bewerten sind dagegen:

- zum Teil spannendere Aufgaben mit mehr Entscheidungsbefugnis,
- mehr Kontakte zu Menschen aus anderen Kulturen,
- das Arbeiten in flacheren Hierarchien mit weniger Bürokratie und mehr Dynamik.

Da Sie in den letzten zehn Jahren wahrscheinlich Karriere gemacht und die Position öfter gewechselt haben, glauben Sie vielleicht, der mittlerweile höhere Druck sei auf diesen Aufstieg und die damit gestiegene Verantwortung zurückzuführen. Dies ist sicherlich richtig. Dennoch hat sich der Druck auf jeder einzelnen Ebene erhöht. Auch der einfache Mitarbeiter spürt das. Und aller Voraussicht nach wird dieser Trend sich fortsetzen.

Change leadership spielt in Zukunft eine Schlüsselrolle

Im internationalen Wettbewerb werden vor allem die Unternehmen und Manager Vorteile haben, die sich dem Wandel nicht nur schneller als andere anpassen können, sondern ihn sogar initiieren. Im mittleren Management wird für Sie die Fähigkeit unabdingbar, Ihre Mitarbeiter durch Phasen der Veränderungen zu führen. Damit wird Change Leadership zu einem ausschlaggebenden, vielleicht sogar zu dem entscheidenden Thema für Ihre berufliche Karriere als Manager. Change Leadership spielt in Zukunft eine Schlüsselrolle.

Was verbirgt sich hinter dem Begriff »Change Leadership« im Sinne dieses Buches, und was unterscheidet ihn von »Change Management«? Während der Begriff Change Management meist die Begleitung des Wandels auf der Unternehmensebene meint, bezeichnet Change Leadership die Fähigkeiten, mit denen Sie Ihre Mitarbeiter ganz konkret durch den Wandel führen. In Büchern über Change Management, die sich meistens an Personaler und externe Berater richten, können Sie beispielsweise fast immer etwas über die Erstellung einer Vision und den Einsatz von Großgruppenveranstaltungen lesen. Sie als mittlerer

Manager bekommen aber häufig die Vorgabe von oben, unangenehme Veränderungen wie zum Beispiel Kostenreduzierungen durchzuführen. Die Empfehlung, zu diesen Vorgaben eine Vision zu entwickeln, geht dann an Ihrer Realität im mittleren Management vorbei. Genauso wenig sinnvoll ist es für Sie, Großgruppenveranstaltungen durchzuführen. Für mittlere Manager sind andere Themen relevant, wie zum Beispiel der Umgang mit Emotionen und Widerstand oder die Kommunikation im Wandel. Diesen Fragen werden jedoch auch in umfangreichen Change-Büchern oft nur wenige Seiten gewidmet. Als Change Leader müssen Sie aber genau diese Themen beherrschen. Deshalb geht es in diesem Buch nicht um unternehmensweites Change Management, sondern um konkretes Change Leadership. Etwas formeller lässt sich der Begriff »Change Leadership« wie folgt definieren:

> Change Leadership ist die Fähigkeit, den Umgang mit vorhersehbaren kollektiven Emotionen zu planen und konstruktiv mit nicht vorhersehbaren individuellen Emotionen und dem daraus resultierenden Verhalten umzugehen.

Change Leadership hat also hauptsächlich mit Emotionen zu tun, es umfasst sowohl die Fähigkeit, mit Gefühlen umzugehen, als auch die Fähigkeit, diese aktiv auszulösen. Inzwischen gilt das in der Betriebswirtschaft weitverbreitete Bild des Menschen als »Homo oeconomicus«, dessen Verhaltensweisen rational gesteuert und damit klar vorhersagbar sind, als widerlegt. Die Gehirnforschung hat gezeigt, dass wir über 90 Prozent unserer Entscheidungen emotional treffen, um sie dann erst im Nachhinein vor uns selbst und anderen rational zu rechtfertigen. Gerade in Wandelprozessen, in denen Menschen gezwungen sind, sich selbst zu verändern, werden sehr starke Emotionen ausgelöst, die zu irrationalem Verhalten führen können. Hinter den zum Teil scheinbar unlogischen Handlungen steckt aber eine Logik der Gefühle, mit der wir uns im nächsten Kapitel beschäftigen werden.

Menschen verhalten sich im Wandel fast immer anders als geplant

Große organisatorische Change-Vorhaben werden meist vom oberen Management entschieden und entwickelt. Das am grünen Tisch ausgearbeitete Wandelprojekt wirkt auf dem Papier überschaubar und logisch strukturiert. Der Ablauf wird sorgfältig geplant, damit am Schluss ein präzise vorhersagbares Ergebnis entsteht. Die Schienen sind gelegt. Der Zug soll sich nun mit allen Beteiligten zum höher gelegenen Ziel in Fahrt setzen.

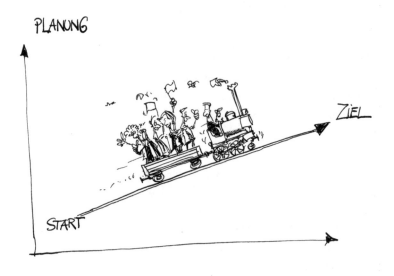

Nun laufen Wandelvorhaben natürlich keineswegs vom Start bis zum Ziel auf einer geraden Schiene entlang. Vielmehr gestaltet sich der Prozess für die Beteiligten oft wie eine Achterbahnfahrt mit Höhen und Tiefen, manchmal sogar begleitet von einer andauernden Grundübelkeit.

In der Praxis ist zu beobachten, dass Mitarbeiter sehr unterschiedlich reagieren, sich mitunter irrational und nicht wie geplant verhalten. Wie unterschiedlich Mitarbeiter im Wandel agieren, mag eine Analogie zeigen:

Vergleichen wir die Wahrnehmung eines Wandels aus Sicht der Manager und der Mitarbeiter einmal mit einem Fußballspiel. Der Vorgesetzte ist der Trainer, und die Mitarbeiter sind die Spieler. Es gibt beim Fußball klare Regeln für alle Mitspieler. Jeder kennt seine Position und die damit verbundenen Aufgaben. Alle verlassen sich auf die Mannschaftskameraden und die Anweisungen des Trainers.

Der Trainer hat nun nach den Vorgaben des Vereinsvorstands eine neue Strategie entwickelt, wie sich die Spieleraufstellung und die Spielweise verändern sollen, um noch erfolgreicher zu werden. Diese neue Strategie glaubt er klar und unmissverständlich kommuniziert zu haben. Tatsächlich spielt bei der Umsetzung in die Praxis aber auf einmal nur noch ein Teil der eigenen Mannschaft nach vorn. Manche spielen weiterhin mit, bringen aber kaum noch Einsatz. Andere sind unkonzentriert und verlieren den Ball oder begehen sonstige nicht nachvollziehbare Fehler. Wieder andere setzen sich mit verschränkten Armen auf das Spielfeld oder schießen sogar gegen das eigene Tor. Während das alles passiert, nutzt der Gegner die Chance und startet aggressive Attacken. Der Trainer und der Vereinsvorstand verstehen die Welt nicht mehr.

Aus Sicht der Spieler stellte sich die Situation ganz anders dar. Während der laufenden Saison werden das gut funktionierende Team und eine erfolgreiche Spielstrategie unnötig verändert. Die neue Strategie und die Erwartungen an die Spieler werden nicht klar kommuniziert. Die ratlosen Spieler beobachten die Reaktionen des Trainers und des Vereinsvorstands genau, um aufgrund dessen die neuen Vorgaben erahnen zu können. Auf Fragen und Verzögerungen bei der Umsetzung reagiert der Trainer extrem genervt, weil er alles für geklärt hält. Einige der besten Spieler wechseln noch während der Saison zu einer gegnerischen Mannschaft. Andere Spieler beenden ihre Fußballkarriere, können aber nicht ersetzt werden, weil die Reservebank aus Kostengründen auf null reduziert wurde. Manchmal wird auch der Trainer mitten in der Saison abberufen, was die bereits vorhandene Orientierungslosigkeit noch verstärkt. Dafür erscheint ein neuer Trainer mit neuen Anweisungen, die größtenteils wieder nicht nachvollziehbar sind.

Nichts läuft mehr normal in einem Wandel. Tatsächlich würden die Mannschaft und damit der Verein eher gewinnen, wenn die Spieler weiterhin geschlossen auftreten und nach vorn spielen würden. Dafür müsste der Trainer aber erst einmal verstehen, warum die Mannschaft auf dem Platz sich so – und nicht wie geplant – verhält.

Aus der Sicht des Vorgesetzten reagieren Mitarbeiter bei starken Veränderungen oft sehr emotional und unvorhersehbar. Tatsächlich lassen sich aber Muster und auch eine gewisse »Logik der Emotionen« in ihrem Verhalten finden. Bei Ihrer »Mannschaft« im Unternehmen sollten Sie sich also zuerst einmal klarmachen, welche Emotionen bei Veränderungen, die als unangenehm empfunden werden, zu erwarten sind und wie Sie sich als Führungskraft sinnvoll verhalten können. Ohne dieses Wissen werden Sie von vielen Reaktionen schlichtweg überrascht sein, was Ihre Aussichten auf eine schnelle und erfolgreiche Umsetzung und damit eine Rückkehr zur Normalität stark mindert.

Im nächsten Kapitel erfahren Sie zunächst etwas über mögliche kollektive Emotionen Ihrer Mitarbeiter.

Zusammenfassung
1. Der technologische Fortschritt verläuft exponentiell.
2. Die Megatrends beeinflussen Ihr berufliches Umfeld.
3. Change Leadership spielt in Zukunft eine Schlüsselrolle.
4. Menschen verhalten sich im Wandel fast immer anders als geplant.

2. Die emotionale Achterbahn
So verstehen Sie die Logik hinter scheinbar irrationalem Verhalten

Der höchste Lohn für unsere Bemühungen ist nicht das, was wir dafür bekommen, sondern das, was wir dadurch werden.
John Ruskin (Britischer Schriftsteller und Sozialreformer)

Stellen Sie sich bitte folgende Situation vor:

Sie befinden sich beim wöchentlichen Management-Meeting. Ihre Kollegen, allesamt Führungskräfte, sind ebenfalls anwesend. Ihr Vorgesetzter macht eine finstere Miene und sagt: »Heute stelle ich alle Agendapunkte zurück. Wir haben eine sehr ernste Situation. Sie wissen, dass unsere Umsätze und Gewinne eingebrochen sind. Der Vorstand hat gestern eine Notmaßnahme beschlossen. Sie alle müssen 15 Prozent Ihrer Kosten einsparen. Das wird wahrscheinlich nicht ohne Personalabbau gehen. Es tut mir leid, aber es gibt keine Alternative. Die Verhandlungen mit dem Betriebsrat laufen bereits. Ich erwarte von Ihnen allen innerhalb einer Woche ein Konzept, wie Sie die Kosten einzusparen gedenken.«

Wie würden Sie reagieren? Schockiert? Und was kommt nach dem Schock? Wie reagieren Menschen eigentlich auf unangenehme Neuigkeiten, die Veränderungen ankündigen? Mit dieser Frage werden wir uns in diesem Kapitel beschäftigen. Sie lernen die »Logik der Emotionen« kennen, mit deren Hilfe Sie in Zukunft ein irrationales Verhalten Ihrer Mitarbeiter in vielen Veränderungsprozessen wesentlich besser verstehen und souveräner darauf reagieren können. Es lässt sich nicht ganz vermeiden, dass dieses Kapitel ein wenig theoretischer ausfällt als die restlichen des Buches. Aber wie Kurt Lewin, einer der Pioniere der Psychologie, einmal gesagt hat: »Es gibt nichts Praktischeres als eine gute Theorie.« Dieses Modell ist die Grundlage des Verständnisses von emotionalem Verhalten sowohl von Gruppen als auch von Individuen.

Viele Führungskräfte bestätigen mir, dass es ihnen in der Praxis sehr geholfen hat, bessere Entscheidungen zu treffen

Um die »Logik der Emotionen« zu verdeutlichen, habe ich das Modell der emotionalen Achterbahnfahrt entwickelt. Andere so genannte Change-Kurven-Modelle, die auf den ersten Blick ähnlich aussehen, konnten mich nicht überzeugen. Als Grundlage diente mir die Forschungsarbeit von Elisabeth Kübler-Ross (1926–2004), die mit ihren Untersuchungen der Reaktionen von Menschen auf den extremsten aller Wandel, den bevorstehenden Tod, zur Begründerin der Sterbeforschung wurde. Sie fand fünf Verhaltensmuster, die Sterbende bei der Bewältigung dieses letzten Lebensabschnitts zeigen. Stellen Sie sich vor, der Arzt würde Ihnen überraschend mitteilen: »Es tut mir sehr leid. Sie sind unheilbar krank und sterben mit großer Wahrscheinlichkeit in den nächsten Wochen oder Monaten.« Wie würden Sie darauf reagieren? So tun es die Menschen nach Kübler-Ross:

1. Nicht-wahrhaben-Wollen (*Denial*)
Der Patient glaubt, seine Krankenakte sei vertauscht worden oder der Arzt habe einfach eine falsche Diagnose gestellt. Er weigert sich, die Nachricht zu akzeptieren, und verspürt gleichzeitig starke *Angst*, sie könnte sich bestätigen.

2. Zorn (*Anger*)
Die betroffene Person akzeptiert nach weiteren Bestätigungen den Befund. Sie verspürt *Zorn* auf Gott oder die Ungerechtigkeit des Lebens: »Warum trifft es mich? Warum nicht meinen immer schlecht gelaunten Nachbarn?« Hinzu kommt oft der Zorn auf sich selbst, nicht intensiver gelebt und zu vieles verpasst oder auf später verschoben zu haben.

3. Verhandeln (*Bargaining*)
Wenn der Weg aussichtslos erscheint, bietet der Sterbende dem lieben Gott einen stillschweigenden Handel an: »Lass diesen Kelch an mir vorübergehen, dann werde ich nur noch Gutes tun.«

4. Depression (*Depression*)
Wenn eine Person stirbt, die man sehr liebt, ist es für jeden Mensch

schwer, dies zu verarbeiten und loszulassen. Der Sterbende muss sich aber nicht nur von einer Person trennen, sondern von allen Angehörigen und Freunden. Der Verlust so vieler geliebter Menschen und Orte gleichzeitig führt zu einer tiefen *Trauer*.

5. Akzeptanz (*Acceptance*)
Der Sterbende nimmt sein Schicksal an, nachdem er die starken Emotionen der Angst, des Zorns und der Trauer durchlaufen hat. Er hat ein gewisses Maß von Frieden und Einverständnis erreicht. Dieser Zustand ist fast frei von Gefühlen.

Auch wenn das Beispiel des Sterbens im Vergleich zu Veränderungen in Unternehmen oder im Privatleben für Sie etwas übertrieben wirken mag, bildet es doch genau dieselben Phasen ab, die in jedem Wandelprozess entstehen. Die meisten Veränderungsprozesse beinhalten ebenfalls einen kleinen »Sterbeprozess«, denn oft müssen sich Menschen von etwas Liebgewonnenem final und unwiederbringlich verabschieden. Dazu gehören zum Beispiel Gewohnheiten, Illusionen, Menschen, Umfelder, Orte oder Aufgaben. Die Phasen der Veränderung bleiben daher (bei unterschiedlich starken Emotionen in den einzelnen Abschnitten) dieselben. Die mit ihnen einhergehenden Gefühle von Angst, Zorn und Trauer finden Sie in jedem größeren Veränderungsprozess.

Von den fünf Mustern habe ich daher vier übernommen (die Phase des »Verhandelns« mit Gott entfällt bei weniger finalen Veränderungen) und um jeweils eine vorangehende und eine nachfolgende Phase ergänzt, denn in Unternehmen kommt die »schlechte Nachricht« meistens nicht völlig unerwartet, und nach der Akzeptanz-Phase geht das Leben noch weiter. Zu Verdeutlichung der »Logik der Emotionen« habe ich mehrere Grafiken entwickelt und die Konsequenzen für Sie als Führungskraft abgeleitet.

Das wegen der starken emotionalen Aufs und Abs »Emotionale Achterbahn« genannte Modell können Sie bei allen Wandelvorhaben in Unternehmen verwenden. Es ist dabei gleich, ob es sich um eine unternehmensweite Initiative oder einen individuellen Wandel am Arbeitsplatz handelt.

Der Verlauf der Achterbahn lässt sich an dem zu Beginn des Kapitels genannten Beispiel verdeutlichen. Ihr Chef hat Sie und Ihre Kollegen aufgefordert, innerhalb einer Woche einen Plan zu erstellen, wie Sie 15 Prozent Ihrer gesamten Abteilungskosten einzusparen gedenken. Wie würden Sie reagieren?

Teams und Einzelpersonen erleben in einem Wandel starke Gefühlsschwankungen

Ihr erster Gedanke wird wahrscheinlich sein: »Das kann doch wohl nicht deren Ernst sein. Sind die verrückt geworden? Wie soll das denn gehen? 15 Prozent Kosteneinsparung sind unmöglich, zumindest in meiner Abteilung.« Am nächsten Tag fragen Sie bei Ihrem Chef noch mal vorsichtig nach, ob er wirklich einen Plan für 15 Prozent Einsparungen erwartet. Er bejaht. Ihre Bedenken weist er ab und fordert Sie auf, anzufangen. Sie denken sich: »Na gut, ich schreibe etwas zusammen. Die werden aber schnell merken, dass in meiner Abteilung kein Potenzial für Kürzungen vorhanden ist. Da werden sie eine Ausnahme machen müssen.«

Sie durchlaufen also zuerst einmal eine Phase der »Verneinung«. Im ersten Moment, nachdem wir von einer erschütternden Neuigkeit erfahren haben, können wir sie kaum fassen. Wir sind schockiert und desorientiert. Wir suchen nach Gründen, warum das Angekündigte nicht eintreten oder zumindest nicht uns betreffen wird. Das vorherrschende Gefühl in der Phase der »Verneinung« ist die Angst.

Sie haben den geforderten Plan erstellt und abgegeben. Er enthält einige ernsthafte Einsparungspotenziale, die aber zusammengenommen noch unter 5 Prozent liegen. Genau das bekommen Sie nach einiger Zeit auch zurückgemeldet. Sie werden aufgefordert, die Maßnahmen umzusetzen und eine Liste Ihrer wichtigsten Kompetenzträger zu erstellen. Ihr Chef macht Ihnen unmissverständlich klar, dass es in Ihrem Bereich betriebsbedingte Kündigungen geben wird, um die vollen 15 Prozent Kostenreduktion zu erreichen. Ihre Liste soll verhindern, dass die wichtigsten Leistungsträger gekündigt werden. Sie denken: »Wer soll denn die ganze Arbeit machen? Wir sind doch sowieso schon am

Anschlag. Meine Leute und ich machen hier einen verdammt guten Job! Wieso hat der Vorstand denn erst jetzt reagiert, wo wir bereits mit dem Rücken zur Wand stehen? Das ist doch nicht unsere Schuld!«

Dies ist die Phase des »Zorns«, in der uns bewusst wird, dass der Wandel unausweichlich ist. Weil wir die Schuld für die Entwicklung nicht bei uns sehen können, sind wir zornig auf die vermeintlichen Verursacher. Aus Protest zeigen wir passiven und manchmal auch aktiven Widerstand. Das vorherrschende Gefühl entspricht der Bezeichnung der Phase und ist Zorn.

Die Kündigungsgespräche stehen an. Die Vorstellung, diese mit einigen älteren Mitarbeitern führen zu müssen, die immer gute Leistungen erbracht haben, lässt Sie nachts wach liegen. Einige der Betroffenen sind schon über 50 Jahre alt, haben ein noch nicht abgezahltes Haus und Kinder, die noch studieren. Sie werden wahrscheinlich keine Arbeit mehr finden, und ein Drama ist abzusehen. Ihnen wird klar, dass das Vertrauensverhältnis zu den verbleibenden Mitarbeitern Schaden nehmen wird. Ihr Ansehen als Chef, der auch schwierige Probleme souverän meistert, wird zerstört. Sie fühlen sich hilflos, gelähmt und wissen nicht, wie Sie mit den Betroffenen und den Verbleibenden umgehen sollen.

Diese Phase ist die Phase der »Depression«, was hier einer tiefen seelischen Niedergeschlagenheit entspricht. Das vorherrschende Gefühl ist die Trauer.

Sie haben sich mit den Tatsachen abgefunden und Ihre Rolle in der Umstrukturierung akzeptiert. Der gedankliche Austausch mit Ihrem Partner zu Hause und einem Freund hat Ihnen geholfen, die Situation anzunehmen. Um die Gespräche professionell und wertschätzend zu führen, haben Sie sich gut vorbereitet. Sie wissen, dass bei Entlassungen letztendlich alle verlieren, aber Sie haben sich entschieden, das Beste daraus zu machen. Sie erklären die Entscheidungskriterien für die Auswahl und machen diese für alle transparent. Sie führen die Gespräche und überlegen mit dem verbleibenden Team, wie sich die Arbeit neu strukturieren und verteilen lässt.

Dies ist die Phase der »Akzeptanz«. Das vorherrschende Gefühl ist der Gleichmut.

Der Personalabbau ist überstanden. Am Anfang gab es eine sehr chaotische Phase mit vielen Problemen. Durch die Verschlankung einiger Abläufe und den Wegfall eines großen Kunden konnte das Arbeitspensum aber bewältigt werden. Die Mitarbeiter haben sich an die neue Zusammensetzung der Teams gewöhnt. Alles läuft wieder in geregelten Bahnen, und man fragt sich fast, wie früher so viele Mitarbeiter beschäftigt werden konnten.

Diese Phase ist die »Integration«. Sie ist gekennzeichnet durch das Gefühl von Frieden, falls nicht bereits der nächste Wandel ansteht.

Eine weitere Phase des Achterbahn-Modells ist der Vorbote eines Wandelprozesses und damit die nullte Phase. Die meisten Mitarbeiter durchlaufen diese Phase, indem sie bereits wahrnehmen, dass nicht alles zum Besten steht. Es zeichnet sich ab, dass etwas getan werden müsste, aber niemand fühlt sich dafür verantwortlich. Diese Phase nenne ich »Selbstgefälligkeit«. Das Gefühl in dieser Phase ist Gleichgültigkeit. Das Positive an dieser Vorab-Phase ist, dass der Wandel meistens nicht aus heiterem Himmel kommt, sondern sich durch Signale bereits ankündigt, auf die aber nicht reagiert wird. Wenn Manager und Mitarbeiter lernen, diese zu erkennen und Verantwortung dafür zu übernehmen, lassen sich gravierende und schmerzhafte Veränderungen durch kontinuierliche Verbesserungen vermeiden.

Die emotionale Achterbahn hat sechs Phasen mit jeweils einer vorherrschenden Emotion

Während eines Wandels durchlaufen nicht nur Führungskräfte, sondern auch Mitarbeiter diese Achterbahn mit ihren sechs Phasen und den damit verbundenen starken Emotionen. Die emotionale Achterbahn trifft nicht nur auf Einzelpersonen zu, sondern auch auf ganze Gruppen, die diese häufig gemeinsam durchleben. Natürlich ändern sich die Inhalte der Phasen mit der Hierarchieebene. In der »Zorn«-Phase richten Ihre Mitarbeiter ihren Widerstand beispielsweise nicht gegen das Topmanagement, sondern vielleicht sogar gegen Sie. In der »Depression« werden sie wiederum um andere Themen trauern, als Sie es getan haben. Aber der Ablauf und die Reaktionen in den einzelnen Phasen sind grundsätzlich ähnlich. Sie können diese mithilfe des Achterbahn-Modells daher bis zu einem gewissen Grad vorhersagen, sodass Sie den Umgang mit diesen kollektiv auftretenden Emotionen planen können.

Schauen wir uns zur Vertiefung des Modells noch ein weiteres Beispiel einer individuellen Veränderung verbunden mit den sechs Phasen an, die Sie bereits selbst erlebt haben. Hierbei wird deutlich, dass sich das Achterbahn-Modell auf alle, also auch auf angenehme Veränderungen übertragen lässt. Erinnern Sie sich bitte an Ihre erste Beförderung zur Führungskraft. Mit großer Wahrscheinlichkeit haben Sie auch hierbei die emotionale Achterbahn durchlaufen.

Die emotionale Achterbahn

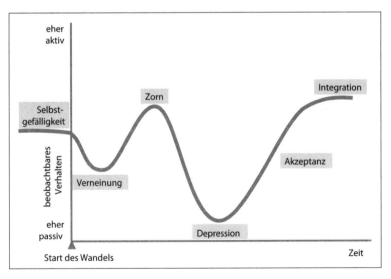

0. Selbstgefälligkeit: Wahrscheinlich sind Sie als Mitarbeiter leistungsstärker als Ihre Kollegen. Durch stetig gute Ergebnisse sehen Sie sich selbst als prädestiniert für eine Laufbahn als Führungskraft. Bedenken, dass persönliche Defizite Sie bei der Aufgabe als Vorgesetzter überfordern könnten, haben Sie keine. Wenn jemand der richtige Kandidat ist, dann Sie.

1. Verneinung: Endlich kommt der große Tag. Ihr Vorgesetzter teilt Ihnen mit, dass Sie befördert werden. Ein Traum wird wahr. Die mit der neuen Verantwortung aufkommenden Selbstzweifel, ob Sie dem Ganzen gewachsen sind und von allen Exkollegen akzeptiert werden, wischen Sie mit Selbstmotivationsparolen beiseite: »Ich habe schon ganz andere Sachen gemeistert. Das wird schon werden.« Die Angst – oder wie Manager es lieber formulieren: der Respekt vor der Aufgabe – bleibt.

2. Zorn: Irgendwie hatten Sie sich das anders vorgestellt: Leichter! Einer Ihrer Exkollegen, mit dem Sie schon vorher kein sehr gutes Verhältnis hatten, lässt Sie deutlich spüren, dass er Sie als Führungskraft nicht anerkennt. Das führt in öffentlichen Meetings zu unangenehmen Situationen. Außerdem waren Sie bisher nur für Ihre eigene – bekanntlich exzellente – Leistung verantwortlich. Jetzt müssen Sie als Vorgesetzter auf einmal Ihren Kopf auch für die schlampige oder fehlerhafte Arbeit von Mitarbeitern hinhalten. Überhaupt scheinen viele Ihrer neuen Mitarbeiter etwas schwer von Begriff zu sein, weil sie Ihre Anweisungen immer wieder fehlerhaft umsetzen. Das haben Sie einen von ihnen deutlich spüren lassen, der seitdem Dienst nach Vorschrift betreibt. Es gab auch andere Situationen, in denen Sie sich im Nachhinein gewünscht hätten, souveräner reagiert zu haben. Sie sind mit sich selbst als Führungskraft und Ihrer Art der Kommunikation nicht sehr zufrieden. All das macht Sie zornig.

3. Depression: In den vergangenen Wochen haben Sie immer wieder deutlich Ihre Grenzen zu spüren bekommen. Sie fühlen sich wie ein Nichtschwimmer, den man ins kalte Wasser gestoßen hat und der sich planschend über Wasser hält. Ihnen werden immer neue Defizite Ihrer Person bewusst. Sie realisieren auch, dass Sie zwar als Sachbearbeiter an der Spitze standen, als Führungskraft aber eine kleine Nummer sind. In den Diskussionen mit anderen Führungskräften und dem Chef haben Sie noch nicht das Standing der erfahrenen Kollegen. Gleichzeitig gehen die früheren Kollegen, mit denen Sie sich am besten verstanden haben, auf Distanz, denn Sie sind jetzt der neue Chef. All das löst ein starkes Gefühl der Niedergeschlagenheit und Trauer aus.

4. Akzeptanz: Sie akzeptieren den Zustand, wie er ist, und hadern nicht mehr mit Ihrem Schicksal. Nach den starken Gefühlen von Angst, Zorn und Trauer stellt sich jetzt ein ruhiger Gemütszustand ein. Es ist, wie es ist. Sie wissen, was Sie können und was nicht. Sie beschließen, das Beste daraus zu machen, und akzeptieren die neue Rolle.

5. Integration: Mittlerweile sind Sie nicht mehr nur der hierarchische Vorgesetzte, sondern eine tatsächliche Führungskraft geworden. Die Mitarbeiter haben irgendwann gemerkt, dass Sie innerlich in der neuen Rolle angekommen sind und diese ausfüllen. Sie wirken souverän, und das Führen von Mitarbeitern ist Teil Ihres Alltags geworden.

Auch dieses Beispiel zeigt, wie eine Einzelperson die Change-Achterbahn mit den Höhen und Tiefen durchlaufen kann.

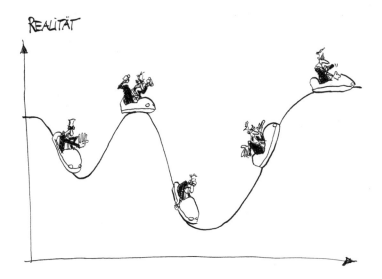

Genaue Betrachter der Achterbahn sehen, dass das Aktivitätsniveau am Ende des Prozesses höher liegt als am Startpunkt (siehe Grafik auf Seite 29). Viele Mitarbeiter haben am Ende eines Wandels, wenn auch die letzten beiden Phasen durchlaufen worden sind, tatsächlich neue Fähigkeiten erworben. Das können konkrete Techniken oder auch neue Sichtweisen und mentale Einstellungen sein. Das neu Gelernte führt wiederum zu mehr Aktivitäten als in der dem Wandel vorangegangenen Phase der Selbstgefälligkeit. Auch Gruppen können sich durch die gemeinsame Bewältigung von Krisen positiv verändern. So wie eine Freundschaft oder eine Beziehung durch das Meistern einer Krise reifer und gefestigter wird, ist dies auch bei schwierigen beruflichen Veränderungen möglich. Gemeinsame schwere Zeiten schweißen Teams oft erst richtig zusammen, und so finden sie zu einer bis dahin nicht da gewesenen Produktivität. Oder wie die alte Binsenweisheit besagt: In jeder Krise steckt eine Chance. Es gibt jedoch auch ein Risiko. Führt die Führungskraft im Wandel ängstlich oder übertrieben hart und mit wenig Einfühlungsvermögen, baut sie massiv Vertrauen ab. Schlimmstenfalls zeigen die Mitarbeiter danach Dienst nach Vorschrift. In diesem Fall endet die emotionale Achterbahn auf einem niedrigeren Niveau als dem Startpunkt.

Diese Beispiele haben Ihnen den Ablauf eines Wandels mithilfe der sechs Phasen veranschaulicht. Sie können den Praxisnutzen des Modells für sich noch erhöhen, indem Sie es mit einem konkreten Wandelprojekt vergleichen, das Sie für sich oder mit Ihren Mitarbeitern bereits durchlaufen haben. Sie werden feststellen, dass die sechs Phasen tatsächlich meist in dieser Reihenfolge auftreten. Das Modell gilt auch für privaten Wandel wie zum Beispiel das Ende einer langjährigen Beziehung, das Elternwerden oder einen Umzug in eine fremde Umgebung.

Das Wissen über diese Muster ermöglicht Ihnen, das Verhalten Ihrer Mitarbeiter bei Veränderungen besser vorauszusehen und entsprechend vorzugehen, um extreme Reaktionen zu vermeiden.

Erkennen Sie die Phasen an den typischen Verhaltensmustern

Jede Phase ist durch typische Verhaltensmuster gekennzeichnet. Auf den folgenden Seiten finden Sie erste Antworten auf jeweils drei zentrale Fragen, mit denen die Phasen charakterisiert werden können:

1. Welches kollektive Gefühl dominiert bei den Beteiligten in der jeweiligen Phase?
2. Welche Gedanken bewegen Ihre Mitarbeiter in dieser Phase?
3. Welches Verhalten zeigen die Mitarbeiter typischerweise in dieser Phase?

Eine erste Orientierung, in welcher der sechs Phasen sich Ihre Mitarbeiter befinden, gibt Ihnen deren aktives, passives oder neutrales Verhalten (siehe Y-Achse der Graphik auf S. 29). In der Verneinungs- und Trauerphase verhalten sich die Mitarbeiter deutlich wahrnehmbar passiv, in der Zorn- und Integrationsphase dagegen sehr aktiv und in der Selbstgefälligkeits- und Akzeptanzphase eher neutral.

Es folgen jeweils Empfehlungen auf die Frage: Was können Sie als Führungskraft in der jeweiligen Phase für Ihre Mitarbeiter tun?

Phase 0: Selbstgefälligkeit (vor dem eigentlichen Wandel)

Emotion	Gleichgültigkeit
Gedanken	»Mir kann keiner was.« »Da müsste man mal etwas tun.« »Ist nicht mein Problem.«
Verhalten	• Die Mitarbeiter ignorieren, dass bestimmte Zustände verändert werden müssten. • Die Konsequenzen des Nicht-Handelns werden verdrängt statt durchdacht. • Die Verantwortung wird abgelehnt

Phase 1: Verneinung

Emotion	Angst
Gedanken	»Das kann nicht sein.« »Das betrifft mich nicht.« »Das wird schon nicht so schlimm werden.«
Verhalten	• Die Mitarbeiter sind schockiert und desorientiert. • Sie suchen nach Gründen, weshalb nichts passieren wird, warum sie nicht betroffen sind oder warum es nicht so schlimm sein wird. • Sie verhalten sich passiv und abwartend.

Phase 2: Zorn

Emotion	Zorn
Gedanken	»Das ist eine Sauerei.« »Nicht mit mir/uns.« »Die … sind schuld.«
Verhalten	• Die Mitarbeiter sind aufgebracht. • Sie zeigen aktiven und pasiven Widerstand. • Es werden Schuldige gesucht.

Phase 3: Depression

Emotion	Trauer
Gedanken	»Es wird nie wieder so werden wie früher.« »Früher war alles besser.« »Ich will nicht mehr.«
Verhalten	• Die Mitarbeiter realisieren emotional (»mit Bauch und Herz«), welche Konsequenzen der Wandel für sie persönlich hat. • Bereits entstandene und noch zu erwartende Verluste rücken in den Mittelpunkt der Wahrnehmung. • Trauerarbeit findet statt.

Phase 4: Akzeptanz

Emotion	Gleichmut
Gedanken	»Es ist, wie es ist.« »Machen wir das Beste daraus.« »Gehen wir es an.«
Verhalten	• Es entsteht wieder Energie. • Erste neue Verhaltensweisen werden ausprobiert. • Erfahrungen werden gesammelt, Fehler gemacht, aber auch erste Erfolge erzielt.

Phase 5: Integration

Emotion	Friede
Kommentare	»Wie schnell man sich daran gewöhnt.« »War es schon mal anders?« »Letztendlich ist es gut so!«
Verhalten	• Der Humor ist zurückgekehrt. • Die Mitarbeiter sind entspannt und fühlen sich wieder sicher. • Zum Teil sind sie sogar stolz auf die vollbrachten Leistungen.

Die Beteiligten durchlaufen die Phasen unterschiedlich

Aus dem Phasen-Modell der emotionalen Achterbahn habe ich Konsequenzen für Ihre Wandelprozesse abgeleitet, die Ihnen zusätzlich helfen, bestimmte Verhaltensmuster besser zu verstehen und darauf zu reagieren. Die im Folgenden beschriebenen Phänomene erklären Ihnen, warum einzelne Mitarbeiter sich anders verhalten als der Rest der Gruppe.

Die Mitarbeiter durchlaufen den Wandel ungleich schnell

Position der Mitarbeiter beim Durchlaufen der Phasen

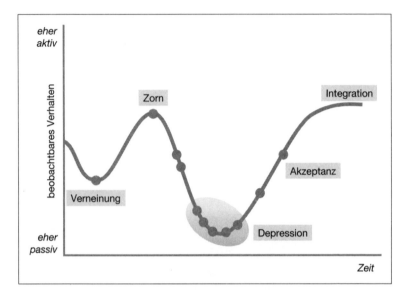

Bei einem Wandel innerhalb eines Bereichs oder einer Abteilung durchlebt der größere Teil der Gruppe die emotionale Achterbahn meist gemeinsam. Aber Sie werden beobachten können, dass einige Menschen in Wandelprozessen die emotionale Achterbahn bei gleicher Betroffenheit anders erleben als ihre Kollegen. Manche durchfahren sie mit angezogener Handbremse, andere dagegen im Höchsttempo. Das bedeutet für Sie, dass Sie jeden Mitarbeiter einzeln beobachten und einschätzen müssen. Wie stellen Sie aber fest, wo ein Mitarbeiter sich gerade befindet? Eine Orientierungshilfe bietet Ihnen in der Grafik oben das beobachtbare Verhalten. Nehmen wir an, dass Ihr Mitarbeiter sich eher passiv verhält und sich zurückzieht. Laut der Grafik befindet er sich wahrscheinlich entweder in der Phase der »Verneinung« oder der »Depression«. Ein Hinweis ist, ob Sie bei ihm die Zornphase schon wahrnehmen konnten. In welcher der beiden Phasen sich der Mitarbeiter befindet, macht für Ihr Verhalten einen großen Unterschied. Mit einem Mitarbeiter in der Verneinungsphase ist anders umzugehen als mit jemandem, der in der Depressionsphase steckt. Beide verhalten sich eher passiv. Bei der Verneinungsphase sollten Sie Ihrem Mitarbeiter zum Durchlaufen aber nur wenig Zeit lassen, da das in dieser Phase vorherrschende Gefühl der Angst Lähmung und Orientierungslosigkeit erzeugt. Helfen Sie Ihren Mitarbeitern dann durch klare Aussagen, dass der Wandel kommt, und durch das Zuteilen kurzfristig umsetzbarer Aufgaben. In der Depressionsphase müssen Sie den Mitarbeitern dagegen Zeit lassen, da das hier allgemein vorherrschende Gefühl der Trauer diese zur Verarbeitung benötigt.

Die Mitarbeiter durchlaufen den Wandel ungleich intensiv

Wenn Sie einen organisatorischen Wandel umsetzen, sind die Mitarbeiter unterschiedlich stark betroffen. Während der eine beispielsweise seinen geliebten Titel und damit deutlich an Ansehen verliert, muss der andere nur den Ablauf einer gewohnten Tätigkeit verändern. Dementsprechend werden Ihre Mitarbeiter die Phase der Verneinung, des Zorns und der Depression unterschiedlich stark erleben.

Hinzu kommt der biografische Hintergrund der einzelnen Menschen. Die meisten Ihrer Mitarbeiter haben schon in der Vergangenheit Veränderungsprozesse im Unternehmen durchlaufen, in denen sie mit falschen Versprechen getäuscht und damit letztendlich enttäuscht wurden. Oder aber sie mussten bei mehreren aufeinanderfolgenden Veränderungen im Sinne des Allgemeinwohls wiederholt nur geben, ohne aber selbst etwas zu bekommen. Sich wiederholt als Verlierer zu fühlen hinterlässt Narben, die bei einem neuen Wandelprozess wieder aufbrechen können. Dies kann zu stärkeren bis hin zu extremen Ausprägungen der emotionalen Ausschläge in den einzelnen Phasen führen. Da Sie als Vorgesetzter diese Hintergründe nur zum Teil kennen, können Sie die emotionalen Reaktionen mitunter nur schwer nachvollziehen.

Ausprägung der einzelnen Phasen bei den Mitarbeitern

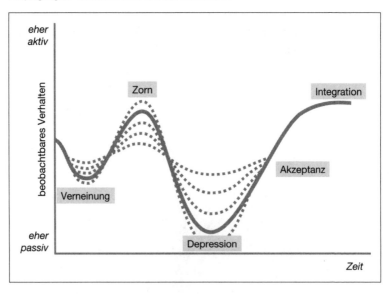

Die Mitarbeiter können in vorherige Phasen zurückfallen

Ihre Mitarbeiter durchfahren die Achterbahn manchmal nicht in einem Rutsch bis zum Ende, sondern sie drehen Schleifen und durchlaufen vorherige Phasen erneut. Dies kann zu unerwarteten Gefühlsschwankungen führen. Es kann zum Beispiel sein, dass einer Ihrer Mitarbeiter in der Phase der Depression seine Trauer als zu intensiv empfindet. Wenn dieses Gefühl übermächtig wird, lenkt er es in Zorn um und kehrt somit in die vorangegangene Phase zurück. Dieser Rückfall kann für Sie sehr überraschend sein; jemand, der Ihnen gestern noch wie ein Häufchen Elend erschien, wirkt am nächsten Tag latent aggressiv. Eine andere Möglichkeit besteht darin, dass ein Mitarbeiter immer wieder in die Verneinung von Teilaspekten des Wandels geht. Diesen müssen Sie dann unter Umständen erneut durch das Benennen von Fakten aus der Verneinung herausführen. Es ist auch möglich, dass erfolglose Lernversuche in der Phase der Akzeptanz zur Rückkehr in die Depression führen. Hier können Sie dem Mitarbeiter neuen Mut zusprechen.

Zurückfallen in vorherige Phasen

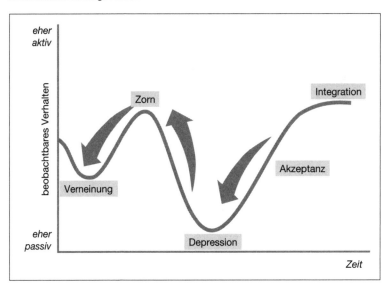

Die Mitarbeiter können in einer Phase stecken bleiben

Es kann passieren, dass einzelne Mitarbeiter länger in einer Phase verweilen. Die Verneinungsphase wird normalerweise nach einer bestimmten Zeit allein dadurch abgeschlossen, dass der Wandel voranschreitet, weil er umgesetzt wird. Es kann aber passieren, dass ein Mitarbeiter in der Zorn- oder der Depressionsphase verbleibt und den Wandel nicht akzeptieren will oder kann. Hier müssen Sie ein Gespräch mit dem Mitarbeiter führen, in dem Sie ihm klar mitteilen, wie Sie ihn wahrnehmen und welche Konsequenzen sein Verhalten langfristig hat. Manchmal ist es auch so, dass Mitarbeiter eine neue Ausrichtung oder Kultur nicht mehr mittragen wollen oder können. Von diesen müssen Sie sich dann notgedrungen trennen. Vorher sollten Sie aber ernsthaft versuchen, den Menschen für die Sache zu gewinnen.

Steckenbleiben in einer Phase

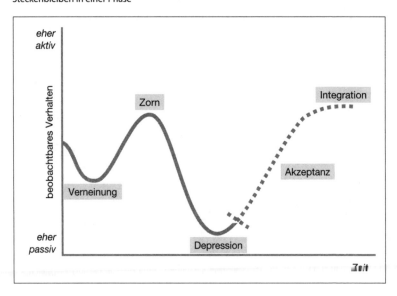

Die Hierarchieebenen durchlaufen die Phasen unterschiedlich

Change-Vorhaben werden häufig im Topmanagement beschlossen und gestartet. Deshalb durchläuft dieses die Change-Achterbahn zuerst. Weil sie das Projekt selbst initiiert haben, gelingt dies wahrscheinlich auch vergleichsweise schnell und mit weniger innerem Widerstand. Mit etwas zeitlicher Verzögerung erfährt das mittlere Management von dem Vorhaben. Es beginnt also später mit der emotionalen Achterbahnfahrt. Da es dieses Vorhaben nicht selbst entwickelt hat beziehungsweise oft auch nicht eingebunden wurde, dauert das Durchlaufen der Phasen länger. Auch wenn es kein Mitbestimmungsrecht hat, so sorgt aber zumindest das Gestaltungsrecht bei der Umsetzung für etwas Fahrt. Der Mitarbeiter ganz unten in der Pyramide wird als Letzter eingeweiht und steigt lange nach dem Topmanagement in seinen Achterbahnwagen. Da er oft weder ein Mitbestimmungs- noch ein Gestaltungsrecht hat, wird der Wandel als besonders unangenehm empfunden. Er fühlt sich völlig fremdbestimmt, was zu einer deutlichen Verlängerung der einzelnen Phasen und damit der Achterbahnfahrt führt.

Die Hierarchieebenen durchlaufen die Phasen nicht gleichzeitig

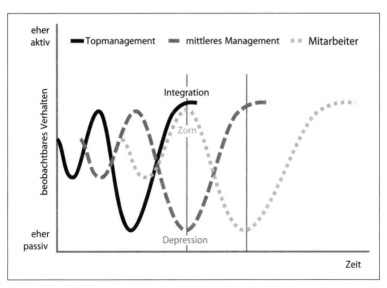

Die Konsequenz dabei ist folgende: Die verschiedenen Hierarchieebenen durchlaufen die Phasen zu unterschiedlichen Zeiten und unterschiedlich schnell. Wenn zum Beispiel das Topmanagement bereits bei der Integrationsphase angelangt ist, durchläuft das mittlere Management die Depressions- und die Mitarbeiter die Zornphase. Aus Sicht der mittlerweile von der Sache begeisterten Topmanager verhalten sich die mittleren Manager also passiv/depressiv, während die Mitarbeiter aktiv/aggressiv sind. Wenn die mittleren Manager dann endlich auch bei der Integration angekommen sind, also das neue Verhalten erlernt haben oder zumindest aktiv umsetzen wollen, durchlaufen deren Mitarbeiter wiederum gerade die Depressionsphase. Das führt dazu, dass die unterschiedlichen Ebenen die Emotionen, Bedürfnisse und das Verhalten der anderen Ebenen nicht nachvollziehen können.

Zu viel Wandel führt zu Paralyse

Wenn Ihre Mitarbeiter innerhalb kurzer Zeit zu vielen Veränderungen ausgesetzt werden, führt dies zu Ablehnung, Erschöpfung und zum Teil zu spontanen Aggressionen. Das Problem liegt vor allem darin, dass die Akzeptanz- und die Integrationsphase, die normalerweise positiv erlebt werden, keine aufbauende Wirkung mehr zeigen. Dieser Zeitraum der Erholung wird neutralisiert, weil die Mitarbeiter zeitgleich schon die Phasen Verneinung und Zorn eines neuen, für sie unangenehmen Wandels durchlaufen. Passiert dies mehrfach hintereinander, fahren die Mitarbeiter in einer gefühlten Endlosschleife aus Verneinung – Zorn – Depression – Verneinung – Zorn – Depression ...

Wenn Sie als Führungskraft mit Ihren Mitarbeitern mehrere Change-Prozesse hintereinander durchlaufen, ist es trotz Zeitknappheit und Stress sehr wichtig innezuhalten, erzielte Erfolge zu würdigen und gegebenenfalls auch zu feiern, damit die Mitarbeiter diese überhaupt noch bewusst wahrnehmen. So wird die negative Endlosschleife zumindest für einen kurzen Moment unterbrochen. Ich hatte einmal mit der Abteilung eines großen Konzerns zu tun, in der mir die völlige Abwesenheit jeglicher Lebensfreude und -energie auffiel. Als ich das ansprach, sagte mir ein Mitarbeiter: »Wir haben hier innerhalb von vier Jahren fünf unterschiedliche Chefs erlebt, und jeder von denen dachte, er müsse das Pferd neu aufzäumen.« Die Mitarbeiter dieser Abteilung steckten genau in dieser negativen Endlosschleife.

Die Endlosschleife negativer Emotionen bei zu häufigem Wandel

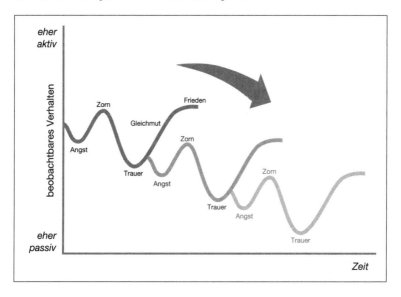

Sie haben nun mithilfe dieses Kapitels einen Überblick darüber bekommen, wie Menschen und Gruppen auf Veränderungen reagieren. Sie kennen erste empfehlenswerte Reaktionsweisen für die einzelnen Phasen und die damit verbundenen Emotionen. Die folgenden Kapitel bieten Ihnen konkrete Praxistipps, wie Sie mit kollektiven und individuellen emotionalen Reaktionen umgehen können. Im nächsten Kapitel beschäftigen wir uns mit der Frage, was Sie tun können, wenn die Mitarbeiter sich gar nicht auf den Wandel einlassen wollen, da es aus ihrer Sicht keinen ernst zu nehmenden Grund für eine Veränderung gibt. Die Frage ist also: Wie können Sie Ihre Mitarbeiter für einen Wandel gewinnen, dessen Notwendigkeit zwar von Ihnen, aber nicht von Ihren Mitarbeitern gesehen wird?

Zusammenfassung

1. Teams und Einzelpersonen erleben in einem Wandel starke Gefühlsschwankungen.
2. Die emotionale Achterbahn hat sechs Phasen mit jeweils einer vorherrschenden Emotion.
3. Erkennen Sie die Phasen an den typischen Verhaltensmustern.
4. Die Mitarbeiter durchlaufen den Wandel ungleich schnell.
5. Die Mitarbeiter durchlaufen den Wandel ungleich intensiv.
6. Die Mitarbeiter können in vorherige Phasen zurückfallen.
7. Die Mitarbeiter können in einer Phase stecken bleiben.
8. Die Hierarchieebenen durchlaufen die Phasen unterschiedlich.
9. Zu viel Wandel führt zu Paralyse.

Eine Powerpoint-Präsentation über die emotionale Achterbahn zum Präsentieren vor Kollegen oder Mitarbeitern und vieles mehr finden Sie zum Download unter www.alexander-groth.de/fuehrungsstark-im-wandel oder mit dem Smartphone über den nebenstehenden QR-Code (Passwort: Wandel).

3. Wenn alle durchdrehen
So gehen Sie mit Ihren eigenen Emotionen und denen Ihrer Mitarbeiter um

Die Hälfte aller Fehler entsteht dadurch, dass wir denken sollten, wo wir fühlen, und dass wir fühlen sollten, wo wir denken.
John Churton Collins (Britischer Professor und Literaturkritiker)

Haben Sie mit dem Gedanken gespielt, dieses Kapitel zu überspringen? »Wenn alle durchdrehen« klingt ja noch ganz interessant, aber das Thema Emotionen ist doch nun wirklich abgegriffen, oder? Ganz und gar nicht! Dieses Kapitel spricht die zentrale Problematik der meisten Manager an. Die Mitarbeiter empfinden im Wandel Angst, Zorn und Trauer, doch in der Praxis zeigt sich, dass viele Manager große Probleme haben, damit richtig umzugehen. Wer als Führungskraft seine eigenen unangenehmen Gefühle verdrängt, wegdrückt und nicht wahrhaben will, wird auch auf die Emotionen seiner Mitarbeiter nicht angemessen reagieren. Das jedoch ist zwingend notwendig, wenn Sie Ihre Ziele erreichen wollen. In diesem Kapitel werden wir uns deshalb mit beiden Seiten beschäftigen. Im ersten Schritt geht es jeweils darum, wie Sie für sich mit den drei Gefühlen umgehen können, um Ihrer Vorbildrolle als Vorgesetzter gerecht zu werden. Im zweiten Schritt werden Sie erfahren, wie Sie darauf reagieren können, wenn Ihre Mitarbeiter in den einzelnen Phasen einer Veränderung diesen starken Emotionen ausgesetzt sind.

Stellen Sie sich Ihren Ängsten

Auch Manager haben Angst! Doch sie geben das nicht gern zu, noch nicht einmal sich selbst gegenüber. Viele Führungskräfte verdrängen ihre

Ängste, sie sind ihnen also zum Teil gar nicht bewusst. Wie ich an anderer Stelle erläutert habe[4], werden die meisten Jungen so erzogen und von ihrer Umwelt geprägt, dass sie unangenehme Emotionen, die mit dem Gefühl von Schwäche verbunden sind, systematisch verdrängen. Dazu gehören Angst und Trauer. Vielen Männern fällt es daher schwer, sich der eigenen Angst bewusst zu werden und sich diese einzugestehen.

Ich habe diese Verdrängung selbst einmal sehr deutlich erlebt, als mich mit nur 32 Jahren eine sehr renommierte und elitäre Institution beauftragte, eine zweitägige Weiterbildungsveranstaltung abzuhalten. Diese verpflichtete sonst eher namhafte Universitätsprofessoren, bekannte Redner und DAX-Vorstände. Mein Publikum bestand aus erfahrenen Managern, die fast alle mindestens zehn Jahre älter waren als ich. Noch dazu wusste ich, dass zwei sehr erfahrene und fachlich exzellente Dozenten in ähnlichen Veranstaltungen an dieser Institution »durchgefallen« waren. Nach der Evaluation hatte man sie von weiteren Programmen ausgeschlossen. Der Verantwortliche für das Programm war nun trotz sehr guter Referenzen besorgt, ich könnte zu unerfahren sein, und kündigte seine durchgehende Teilnahme als kritischer Beobachter an, um gegebenenfalls sofort einschreiten zu können. Natürlich war ich nervös und bereitete mich akribisch vor. Wenige Tage vor der Veranstaltung wachte ich in einer Nacht zweimal schweißgebadet auf. Erst jetzt wurde mir bewusst, dass ich nicht nur etwas nervös war, wie ich bis dahin geglaubt hatte, sondern große Angst hatte. Die Chance, sich zu blamieren, schien riesig. Diese Angst, die ich mir vorher nicht eingestehen wollte, ließ sich nicht mehr leugnen. Sie raubte mir im wahrsten Sinn des Wortes den Schlaf. Ich war verblüfft, wie ich sie die ganze Zeit über verdrängt hatte. Ich überlegte sogar für einen kurzen Augenblick, das Ganze abzusagen. Da kam mir ein Spruch von Mark Twain in den Sinn: »Mut ist nicht die Abwesenheit von Angst, sondern die Überwindung derselben.« Dies war meine Chance, Mut zu zeigen. Ich beschäftigte mich mit meiner Angst und überlegte, welche Konsequenzen ein Versagen schlimmstenfalls haben könnte. Nachdem ich die möglichen Folgen akzeptiert hatte, machte ich mich daran, mich mental auf die Feuerprobe vorzubereiten. Ich war bereit anzutreten und zu verlieren, wenn es denn sein sollte. Das Ende vom Lied: Der Programmleiter verließ nach zwei Stunden Beobachtung entspannt die Veranstaltung. Das Feedback nach den zwei Tagen war exzellent und das beste von den vier Modulen des gesamten Managementprogramms.

Angst vor solchen Risiken zu haben, ist normal. Wenn Sie sich diese aber nicht eingestehen und mit ihr umgehen, sondern sie stattdessen verdrängen, bleibt sie bestehen, und Sie strahlen das aus. Hätte ich mir meine Angst vor der Veranstaltung nicht bewusst gemacht und sie akzeptiert, hätten die erfahrenen Manager sie gespürt und mir dies durch Mikrosignale in ihrer Mimik gespiegelt. Es wäre wahrscheinlich ein Fiasko geworden.

Manager in Veränderungsprozessen haben ebenfalls Angst.

Ich erinnere mich an den Personalabbau in einem großen Konzern, den ich als externer Berater begleitete. Unter anderem sollte ich in einer Veranstaltung »meinen« Führungskräften vermitteln, wie man wertschätzend und professionell Trennungsgespräche führt. Das Auswahlverfahren für den Sozialabbau sah vor, dass sowohl jüngere als auch ältere Mitarbeiter, sowohl Best- als auch Minderleister in eine Auffanggesellschaft übergeleitet werden sollten. Das spezielle Verfahren konnte dazu führen, dass eine Führungskraft einem 55-jährigen Mitarbeiter, der seit vielen Jahren der Bestleister der Abteilung war, kündigen musste. Wenn eine Führungskraft diesen Mitarbeiter nun seit zwei Jahrzehnten kennt und weiß, dass er Alleinverdiener der Familie ist und zwei studierende Kinder hat, dass das Eigenheim noch nicht abbezahlt ist und die Wiedereinstellungschancen aufgrund des Alters gegen null gehen, ist das Überbringen der Nachricht enorm belastend. Erschwerend kam hinzu, dass in einem anderen Bereich des Konzerns ein Mitarbeiter nach seinem Kündigungsgespräch vom Gebäude gesprungen und am Unfallort verstorben war. Jeder hatte davon gehört und fürchtete sich vor der Wiederholung einer solchen Verzweiflungstat.

In dem Workshop ließen sich die geballte Angst der Manager vor diesen Gesprächen und die ohnmächtige Trauer über die Trennung von verdienten und persönlich geschätzten Kollegen mit Händen greifen. Nicht wenige hatten feuchte Augen und eine belegte Stimme, wenn sie sprachen. Bezeichnend war aber, dass niemand das Wort »Angst« in den Mund nahm. Man sprach sehr sachlich von »Bedenken« ob der Reaktion und von »Respekt vor der Aufgabe«. Erst als ich verständlich machte, dass Angst ein Teil unseres Lebens und völlig normal ist, öffneten sich die Manager und konnten sich selbst eingestehen, dass auch sie Angst verspürten. Dieses Wahrnehmen und Zugestehen von Angst baut Druck ab. Zu sehen, dass es auch anderen so geht, hilft Führungskräften, mit der Situation und der eigenen Hilflosigkeit umzugehen. Wir sprachen dann darüber, dass es erlaubt ist, auch in einem Trennungsgespräch mit verdienten Mitarbeitern Emotionen zu zeigen. Ein Mitarbeiter darf durchaus sehen, dass es der Führungskraft nicht gleichgültig ist. Das Zeigen von Emotionen und eine professionelle Gesprächsführung schließen sich nicht aus, sondern ergänzen sich.

Viele Manager lenken sich lieber ab, um die eigene Angst nicht wahrzunehmen. Wenn ein solches Gefühl sich seinen Weg ins Bewusstsein bahnt, werden etwa schnell E-Mails geöffnet und gelesen. Ablenkung durch Geschäftigkeit ist ein gern genutzter Mechanismus. Der Preis ist ein Mangel an Authentizität und emotionale Überflutung zu denkbar ungünstigen Zeitpunkten.

Manche Führungskräfte des Personal abbauenden Konzerns, die an keiner Schulung teilgenommen und ihre Ängste bis zum Tag des Kündigungsgesprächs verdrängt hatten, merkten kurz vor den Gesprächen, wie ihre Angst die Oberhand gewann. Herzrasen und übermäßiger Schweißausbruch ließen sich nicht mehr verleugnen. Um dem Mitarbeiter die eigene starke Verunsicherung und emotionale Bewegtheit nicht zu zeigen, konzentrierten sich diese Vorgesetzten auf die reine Vermittlung der Sachinformation. Das können Sie sich dann ungefähr so vorstellen: Ein verdienter Mitarbeiter, der Jahrzehnte mit ganzem Einsatz für das Unternehmen gearbeitet hat, wird zu seinem Chef gerufen. Dieser bittet ihn, Platz zu nehmen. Dann sagt der Vorgesetzte mit regungslosem Gesicht: »Sie sind entlassen. Das ist die Kündigung. Bitte quittieren Sie hier den Erhalt. ... Danke. Wir melden uns bei Ihnen. Sie können jetzt gehen.« Kein Wunder, wenn der Mitarbeiter sich eiskalt abserviert fühlt und genau das auch allen verbleibenden Kollegen erzählt. Die Führungskraft hat damit einen enormen Vertrauensverlust in der Belegschaft verursacht. Respekt und Vertrauen gewinnen Sie als Führungskraft nur durch ein menschliches und reifes Führungsverhalten, das die Wahrnehmung der eigenen Emotionen und eine kritische Selbstreflexion voraussetzt.

Was bedeutet das für Sie? Wenn Sie als Manager einen unangenehmen Wandel umsetzen müssen, dann werden Sie mit großer Wahrscheinlichkeit Angst haben. Angst warnt uns vor Gefahren, und davon gibt es in einem Veränderungsvorhaben meist genug:

- Sie könnten das Vertrauen Ihrer Mitarbeiter in Sie reduzieren oder ganz verspielen.
- Sie könnten Widerstand und Dienst nach Vorschrift in der Belegschaft verursachen.
- Sie könnten sich blamieren.
- Sie könnten mit Ihren eigenen menschlichen Grenzen und Unzulänglichkeiten konfrontiert werden.
- Sie könnten Ihre Karriere empfindlich schädigen.

Wenn Sie in ein wichtiges Gespräch mit der Angst vor einer dieser Gefahren gehen, werden Sie wahrscheinlich verkrampft und wenig überzeugend wirken. Werden Sie sich deshalb Ihrer Ängste bewusst und akzeptieren Sie diese. Treffen Sie die bewusste Entscheidung, etwas trotz der Angst zu tun. Damit beweisen Sie Mut! Und das ist auch der große Unterschied in der Außenwirkung. Ihre Entscheidung, mutig zu sein, lässt Sie in der Außenwirkung völlig anders erscheinen, als wenn Sie Ihre Angst verdrängen.

Machen Sie den Mitarbeitern klar, was passieren wird, und setzen Sie kurzfristig erreichbare Ziele

Ein weiteres Problem ist, dass Mitarbeiter Angst statt Furcht haben. Was wir im allgemeinen Sprachgebrauch synonym verwenden, wird in der Psychologie tatsächlich unterschieden. Angst wird als das diffuse Gefühl einer Gefahr verstanden, deren Quelle oder tatsächliches Eintreten nicht eindeutig auszumachen ist. Furcht dagegen wird als emotionale Reaktion auf eine konkrete, klar identifizierbare Gefahr bestimmt. Man nennt sie daher auch Realangst.

Schauen wir uns als Beispiel die Flugangst an. Wer darunter leidet, wird bei jedem Flug starke Emotionen bis hin zur Panik verspüren und körperliche Reaktionen wie Herzrasen und Schwitzen zeigen, obwohl die Wahrscheinlichkeit eines Flugzeugabsturzes statistisch gesehen extrem gering ist. Die meisten Flugzeuginsassen sind relativ frei von Flugangst. Kommt das Flugzeug aber in starke Turbulenzen, werden fast alle Passagiere Furcht vor dieser konkreten, deutlich wahrnehmbaren Bedrohung haben.

Mit Furcht können Sie als Führungskraft besser umgehen, weil sie konkret ist. Wenn die Mitarbeiter einer Abteilung zum Beispiel die konkrete Furcht haben, dass infolge eines Wandels die Abteilung aufgelöst wird, können Sie ihnen diese wahrscheinlich nehmen, indem Sie die tatsächlichen Pläne oder zumindest Teile davon kommunizieren. Vorausgesetzt natürlich, dass der Plan die Auflösung wirklich nicht vorsieht und die Mitarbeiter Ihrem Wort trauen. Haben Menschen insbesondere in der Anfangsphase eines Wandels aber keine Furcht, sondern Angst, dann richtet sich diese nicht gegen einen konkreten Aspekt des Vorhabens, sondern ist wie die Flugangst diffus und deshalb schwieriger aufzulösen.

In einem Wandel haben die meisten Mitarbeiter zu Beginn der emotionalen Achterbahn eher Angst. Diese reduziert die Produktivität. Je höher der Angstpegel ansteigt, desto weniger sind wir fähig, klar zu denken. Ist die Angst zu groß, beschäftigt das Gehirn sich nur noch mit der Verarbeitung der Situation. Es ist dabei egal, ob die Angst berechtigt oder unberechtigt ist, die Wirkung auf das Gehirn ist dieselbe. Außerdem verwenden die Mitarbeiter viel Zeit darauf, sich in Flurgesprächen über die drohende Gefahr auszutauschen. Angst zieht Lähmung, Desorientierung und Unsicherheit nach sich. Die Mitarbeiter empfinden diese Wirkung und den daraus resultierenden Zustand der Hilflosigkeit als äußerst unangenehm. Ein weiterer Nachteil der Angst und der damit verbundenen Unsicherheit ist, dass Mitarbeiter in gewohntes Verhalten zurückfallen, weil dieses ihnen vermeintlich Sicherheit gibt. Das macht es zusätzlich schwierig, Veränderungen umzusetzen.

Die Angst bezieht sich also auf keine konkrete Bedrohung, sondern ist ein allgemeiner Alarmzustand des Körpers. Sie lässt sich durch die richtige Kommunikation reduzieren (siehe Kapitel 8). Sie sollten den Mitarbeitern verständlich machen, was genau auf sie zukommt. Machen Sie dabei unmissverständlich klar, dass der geplante Wandel auf jeden Fall kommt, denn nicht wenige Mitarbeiter neigen in der Phase der Verneinung zur Verdrängung (siehe Kapitel 2). Typische Gedanken in dieser Phase sind: »Das betrifft mich nicht.« Oder: »Erst mal abwarten, ob die das wirklich umsetzen.« In diesem Zustand wird keine Energie für die Umsetzung freigesetzt. Deshalb ist es wichtig, die Mitarbeiter schnell durch die Phase der Verneinung und der dazugehörigen Angst zu führen.

Eine Möglichkeit besteht darin, die Mitarbeiter so früh und so konkret wie möglich zu informieren. Das schafft Tatsachen. Nur so können Sie Gerüchtebildung und die Entstehung diffuser Ängste einschränken, wenn auch nicht ganz verhindern. Zum Teil wandelt sich Angst dann in konkrete Furcht, auf die Sie besser reagieren können, bestenfalls löst sie sich sogar ganz auf.

Sie wissen mittlerweile, dass die beste Form, mit eigener Angst umzugehen, darin besteht, sich diese bewusst zu machen, sie zu akzeptieren und dann trotzdem zu handeln. Mut zu zeigen, also etwas trotz der Angst zu tun, verleiht Ihnen innere Stärke, die Sie nach außen ausstrahlen. Wie Ihre Mitarbeiter mit ihren Ängsten umgehen, können Sie nicht beeinflussen. Ihnen bleibt als Führungskraft hauptsächlich, das Handeln Ihrer Mitarbeiter zu beeinflussen.

Manche Mitarbeiter befinden sich, nachdem sie eine unangenehme Nachricht bekommen haben, in einer Art Schockzustand. Lassen Sie ihnen nicht allzu viel Zeit, um sich daraus zu lösen, und setzen Sie ihnen kurzfristig erreichbare Ziele, die auf die ersten Umsetzungsschritte der Veränderung gerichtet sind. Eine Sache verliert meist an Schrecken, sobald man sich ihr stellt. Viele Mitarbeiter fühlen sich in einem ängstlichen Zustand verwirrt und konfus. Eine Aktivität, die auf ein kurzfristig erreichbares Ziel ausgerichtet ist, hilft vielen, sich aus der Schockstarre zu lösen.

Einen Beitrag zur Reduzierung von Angst leistet oft die Möglichkeit, diese auszusprechen. Fragen Sie Ihre Mitarbeiter besser nicht direkt, wovor sie Angst haben. Angst ist im beruflichen Umfeld noch immer ein Tabuthema. Sie können daher im nächsten Meeting eher nach »Bedenken« fragen. Dieser Begriff ist neutraler und weniger belastet als das Wort »Angst«.

Bei einem Meeting werden zurückhaltende oder stark verunsicherte Mitarbeiter auch bei der Frage nach Bedenken wahrscheinlich schweigen. Eine Möglichkeit der Vertiefung ist ein Workshop zur Umsetzung des Wandels. Bei diesem können Sie eine Kartenabfrage einsetzen, bei der jeder seine »Bedenken« auf Karten schreibt, die dann eingesammelt werden. So bekommen Sie auch von den zurückhaltenden Mitarbeitern eine Rückmeldung und können sehen, welche Themen am häufigsten genannt werden. Aus dem Inhalt der Karten lassen sich die Ängste zum Teil ableiten.

Hinterfragen Sie Ihren Zorn

Neben Angst und Furcht sind mit einem Wandel weitere starke Emotionen verbunden: Ärger, Zorn und Wut. Ich nutze diese drei Begriffe, um die Stärke des Gefühls zu unterscheiden. Ärger ist die schwächste Ausprägung der Emotion, wenn man sie mit Zorn und Wut vergleicht. Der Zorn unterscheidet sich von der Wut dadurch, dass er noch kontrolliert werden kann, während Wut sich zum Teil unkontrolliert entlädt. Die meisten Führungskräfte sind im Lauf eines Wandels an irgendeinem Punkt mehr als nur verärgert, können ihre Reaktion auf das Gefühl aber noch kontrollieren. Sie sind also zornig. Wutausbrüche sind in der Praxis weniger zu beobachten, da in unserem Kulturkreis von Führungskräften Selbstbeherrschung erwartet wird. Schreien gilt als unbeherrscht und wenig souverän.

Zorn hat wie jedes Gefühl eine Signalwirkung, und er liefert Ihnen Handlungsenergie. Entscheidend ist, ob Sie das Signal richtig entschlüsseln und die Energie in eine Richtung leiten können, die Sie Ihrem Ziel näher bringt.

Wie können Sie mit Zorn umgehen, den Sie aufgrund des Verhaltens einzelner Mitarbeiter oder auch von Mitarbeitergruppen verspüren? Als Erstes sollten Sie sich bewusst machen, dass Ihr Zorn durch das Verhalten der anderen Person nur ausgelöst, nicht aber verursacht wird. Die Ursache ist meistens Ihr Denken beziehungsweise Ihr Urteil über das Verhalten des anderen. Das folgende Beispiel zeigt, wie ich selbst wegen einer Lappalie innerhalb von Sekunden zornig wurde und was ich dabei gelernt habe:

Ich fuhr mit meiner Familie im Auto und hielt an einer ampellosen T-Kreuzung zu einer Schnellstraße mit rasch fließendem Verkehr. Vor mir stand ein anderes Auto, dessen Fahrer sich nicht entschließen konnte loszufahren. Während ich eine ganze Minute hinter ihm gewartet hatte, war mein Blutdruck merklich angestiegen. Die Schnarchnase in dem Auto vor mir wagte sich trotz großer Lücken, die einem 40-Tonner zum Beschleunigen gereicht hätten, nicht auf die Schnellstraße. Sollte ich die Polizei um eine Straßensperrung bitten und ihn rauswinken lassen? Meine Kommentare wurden immer sarkastischer. Irgendwann legt meine Frau mir die Hand aufs Knie und sagte: »Schatz, reg dich doch nicht so auf.« Ich erklärte ihr, dass man sich da doch aufregen müsse. Man könne wohl kaum erwarten, dass ich angesichts eines vor mir mitten auf der Kreuzung geparkten Autos ruhig bliebe. Daraufhin meinte meine Frau liebevoll: »Schau mal, der Autofahrer merkt ja noch nicht mal, dass du dich so aufregst. Der ist mit dem Verkehr beschäftigt und fährt gleich glücklich weiter. Der Einzige, der jetzt schlechte Laune hat, bist du, und damit verpestest du die Luft hier im Auto.« Dabei zeigte sie nach hinten auf unsere Söhne, die sich mein Gezeter wortlos angehört hatten. Schlagartig wurde mir bewusst, dass sie Recht hatte, und ich fühlte mich etwas beschämt. War mein Zorn hier angebracht? Natürlich nicht. Vielleicht war die Person vor mir Fahranfänger oder aus einem anderen Grund ängstlich. In jedem Fall hätte ich mich nicht aufregen müssen. Mein Zorn entsprang einzig und allein meinem Urteil, welches ungefähr so lautete: »Nur wer sicher und zügig fahren kann, sollte überhaupt ein Auto fahren. Alle anderen mögen bitte zu Fuß gehen!« Da war das Ego mit mir durchgegangen.

Mit Urteilen, die Verantwortliche in Veränderungsprozessen vorschnell treffen, sieht es oft ähnlich aus. Wenn Mitarbeiter nicht das umsetzen, was die Führungskraft ihnen gesagt hat, meldet sich ganz schnell deren Ego: »Das darfst du dir nicht bieten lassen. Das macht der/die doch mit Absicht. Die sabotieren die Umsetzung.« Oder: »Kein Wunder bei dieser Person. Die ist doch sowieso immer …« Das Ego ist nur leider meist kein guter Ratgeber. Von außen betrachtet könnten viele Führungskräfte innerlich ruhig bleiben (oder es zumindest wieder werden) und professionell und wertschätzend ansprechen, welches Verhalten sie als störend wahrgenommen haben. In der Praxis passiert dies aber häufig nicht, weil Vorgesetzte das Verhalten der Mitarbeiter sofort negativ interpretieren. Das Problem dabei ist, dass sie ihre Bewertung für die Realität halten und sie nicht mehr überprüfen.

Die Tatsache, dass das Verhalten der Mitarbeiter der Auslöser, nicht aber die Ursache ihres Ärgers ist, verstehen Führungskräfte zwar in der Theorie, können es aber in der Praxis oft nicht anwenden. Die Ursache für Ärger ist und bleibt unsere Bewertung einer Situation. Ich will übrigens keineswegs ausschließen, dass Ihr Zorn auf eine Person mitunter berechtigt ist. Natürlich kann Ihr intuitives negatives Urteil über das Verhalten eines Mitarbeiters einmal zu 100 Prozent zutreffen. Sie können nur nicht davon ausgehen, dass es immer so ist. Selbst wenn Sie sich für jemanden halten, der Menschen gut einschätzen kann, sollten Sie sich die Zeit für die Überprüfung Ihrer Urteile nehmen. Das erfordert aber Reflexion und Geduld. Beides ist im Management rar.

Fragt man Führungskräfte in einer entspannten Atmosphäre, woran es liegen könnte, dass Mitarbeiter eine Maßnahme nicht umsetzen, finden sie in wenigen Minuten viele gute Gründe, nur leider wollen ihnen diese in einer erhitzten Situation unter starkem Leistungsdruck nicht mehr einfallen.

Wenn wir zornig sind, neigen wir mehr als sonst dazu, vom konkreten beobachtbaren Verhalten übereilt Rückschlüsse auf die Eigenschaften einer Person oder Gruppe zu ziehen. Ein daraufhin geführtes Gespräch verläuft meistens in drei Eskalationsstufen, wie das Beispiel zeigt:

Der Vorgesetzte hat einem Mitarbeiter in einem Veränderungsprozess eine Aufgabe übertragen, die sich für den weiteren Projektverlauf als kritisch erwiesen hat. Die Führungskraft steht also unter Druck. Der Mitarbeiter weiß das aber nicht und ist sich der Dringlichkeit nicht bewusst. Weil der Vorgesetzte vom Mitarbeiter noch keine Rückmeldung bekommen hat, geht er davon aus, dass bisher nichts passiert ist (erste Bewertung). Das macht ihn zornig. Da der Mitarbeiter zwar an sich gute Leistungen erbringt, aber manchmal dazu neigt, sich zu verzetteln, denkt der Vorgesetzte: »Typisch, der bekommt es wieder mal nicht hin, Prioritäten zu setzen« (zweite Bewertung). Diese Einschätzung macht ihn noch zorniger, denn »offensichtlich« sind es die Eigenschaften des Mitarbeiters, die das Projekt verzögern. Also führt der zornige Vorgesetzte nun mit dem Mitarbeiter ein Gespräch.

Stufe 1: Kritik am Verhalten
Führungskraft (FK): »Ich hatte Sie gebeten, xy zu tun, aber bis heute ist nichts passiert.«
Mitarbeiter (MA): »Aber Chef, ich habe wirklich zu viele Aufgaben. Da kann ich mich nicht auch noch darum kümmern.«

Stufe 2: Kritik an der Person (oft in Kombination mit Verallgemeinerungen wie »immer«, »nie« oder »jedes Mal«)
FK: »Meinen Sie denn, die anderen hätten weniger zu tun? Jeder muss hier sein Päckchen tragen. Ich kann auch nichts dafür, wenn Sie sich

dauernd und bei allem überfordert fühlen. Da müssen Sie halt mal Prioritäten setzen.«

MA: »Aber das tue ich doch, nur zaubern kann ich nicht.«

Stufe 3: Implizite oder explizite Drohung
FK: »Von Zaubern ist hier keine Rede. Projektmanagement nennt man so etwas. Sie sollten besser schauen, dass Sie das endlich auf die Reihe bekommen, sonst wird das irgendwann Konsequenzen haben.«

Der Zorn der Führungskraft über das Verhalten des Mitarbeiters hat zu einer wenig fruchtbaren Diskussion geführt. Was ist das Ergebnis des Gesprächs? Der Vorgesetzte hat Dampf abgelassen, und der Mitarbeiter ist demotiviert. Wie hätte es besser laufen können? Hinter jedem Verhalten, das Sie stört, kann ein guter und nachvollziehbarer Grund liegen. Diesen werden Sie aber nicht erfahren und dementsprechend auch keine Lösung für das Problem finden, wenn Sie sich im Zorn bereits ein Urteil gebildet haben und als einzige Wahrheit ansehen.

Wichtig wäre also, dem Mitarbeiter erst einmal wertungsfrei zu sagen, was Sie wahrgenommen haben, und ihn nach dem Grund der Verzögerung zu fragen. Selbst wenn er keinen guten Grund liefern kann, beeinflusst Ihre Reaktion darauf seine weitere Motivation. Nehmen wir einmal den schlechtesten Fall an, dass der Mitarbeiter wirklich bis jetzt nichts umgesetzt hat. Dann können Sie dasselbe Gespräch wie eben führen, nur diesmal ohne die destruktiven Stufen 2 und 3. Schauen wir uns das Gespräch noch einmal an, wenn der Vorgesetzte das Thema konstruktiv und ohne Zorn angeht:

FK: »Herr Müller, ich hatte Sie doch gebeten, sich um xy zu kümmern. Bis jetzt habe ich noch keine Rückmeldung. Konnten Sie das schon umsetzen?«

MA: »Aber Chef, ich habe wirklich zu viele Aufgaben. Da kann ich mich nicht auch noch darum kümmern.«

FK: »Ich kann Sie verstehen. Momentan ist es wirklich sehr viel Arbeit, für jeden von uns. Welche andere Aufgabe könnten Sie denn fürs Erste zurückstellen?«

MA: »Da fällt mir jetzt nichts ein.«

FK: »Gut, dann schauen Sie doch mal in Ruhe auf Ihren Schreibtisch und überlegen Sie sich was. Ich bin in meinem Büro. Kommen Sie rüber, wenn Sie eine Idee haben. Die Aufgabe xy ist wirklich sehr wichtig, weil der weitere Projektverlauf davon abhängt. Ich will, dass Sie das heute noch angehen!«
MA: »Kann das nicht ein anderer machen?«
FK: »Nein, Sie können das am besten. Außerdem geht es den Kollegen wie Ihnen. Sehen wir uns also gleich bei mir im Büro?«
MA: »Ja, ist gut, ich mache mir Gedanken.«

Führung bedeutet unter anderem, Menschen nicht zu demotivieren. Das klingt nach einer Binsenweisheit, tatsächlich ist in der Praxis aber oft das Gegenteil der Fall. Es dürfte klar sein, dass das zweite Gespräch im Vergleich zum ersten vom Mitarbeiter eher als motivierend oder zumindest neutral wahrgenommen wird. Um es so zu führen, muss die Führungskraft zuerst einmal an sich selbst arbeiten und mit den eigenen Emotionen umgehen.

Stellen Sie sich den zornigen Mitarbeitern

Welche Erwartungen haben zornige Mitarbeiter an Sie? Machen wir dazu ein Gedankenexperiment: Stellen Sie sich bitte einmal vor, Sie bauen ein Haus, und trotz mehrfacher Zusagen wurden bestimmte Materialien nicht geliefert, ohne die Ihre Handwerker heute nicht weiterarbeiten können. Sie haben eine Stunde auf der Baustelle gewartet, um dann eine halbe Stunde lang nach Hause zu fahren und sich die Kontaktdaten der Lieferfirma rauszusuchen. Voller Zorn rufen Sie dort an. Was erwarten Sie von dem Anruf?

1. Sie erwarten, dass jemand Ihre Beschwerde annimmt. Wenn niemand für Sie erreichbar ist oder – noch schlimmer – sich niemand für Ihr Anliegen interessiert, wird dies Ihren Zorn vielleicht bis zur Wut und einer spontanen Entladung steigern.
2. Sie erwarten, dass Ihr Gegenüber Verständnis, wenn nicht sogar Be-

troffenheit äußert. Einfache Sätze wie: »Ich kann verstehen, dass Sie verärgert sind ... Ich werde für Sie tun, was in meinen Möglichkeiten steht. Geben Sie mir bitte einen Moment Zeit zu verstehen, was genau das Problem ist«, nehmen Ihnen wahrscheinlich schon viel Wind aus den Segeln. Wenn Sie dann noch das Gefühl haben, dass man sich im Sinne Ihrer Interessen bemüht, werden Sie wahrscheinlich ruhiger werden.

3. Sie erwarten nicht, dass sich in den nächsten Minuten wie durch Zauberhand alle Wünsche erfüllen und das Problem sich in Luft auflöst.
4. Sie wollen keine Bemerkungen im Sinne von »Jetzt regen Sie sich mal bitte schön nicht so auf« oder »Das kann ja gar nicht sein« hören. Und am allerwenigsten wollen Sie, dass man Ihnen unterstellt, Sie seien sogar selbst schuld an der Situation.

Treffen meine Vermutungen zu? Und nun wechseln Sie die Perspektive: Ihre Mitarbeiter in der Zornphase entsprechen dem Kunden, und Sie als Führungskraft sind die Lieferfirma, die den Anruf erhält. Reagieren Sie den Erwartungen Ihrer Mitarbeiter entsprechend? Bitte nehmen Sie sich jetzt 30 Sekunden Zeit, um die Erwartungen noch einmal mit dem veränderten Blickwinkel zu lesen. Ersetzen Sie das »Sie« dabei durch »Mitarbeiter«.

Mitarbeiter wollen mit ihrem Anliegen vor allem jemanden erreichen. Sie wollen, dass ihnen jemand zuhört, ihren Zorn ernst nimmt und sie emotional abholt. Das ist Ihre Aufgabe! Ihre Mitarbeiter erwarten nicht, dass Sie alle Probleme lösen, aber sie verlangen zu Recht, dass Sie sich für ihre Sichtweisen interessieren und als Ansprechpartner bereitstehen. Wenn Sie Ihren Leuten die Möglichkeit bieten, ihrem Zorn im geschützten Rahmen Ausdruck zu geben, setzt dies bereits sehr viel blockierte Energie frei. Die dadurch erhöhte Produktivität erleichtert wiederum Ihnen als Führungskraft die Arbeit.

Damit ist nicht gemeint, dass Sie bei jeder Verstimmung gleich zu den Mitarbeitern hinlaufen und fragen müssen, ob eventuell Diskussionsbedarf besteht. Wenn aber über Tage und Wochen merklich dicke Luft oder ungewöhnliches Schweigen herrscht, sollten Sie als Führungskraft den Mut haben, auf die Mitarbeiter zuzugehen und Ihre Beobachtung anzusprechen. Solche Situationen einfach nur auszusitzen, scheint zwar gelegentlich zu funktionieren, spricht aber nicht für eine starke Führungspersönlichkeit und reduziert letztendlich das Vertrauen der Mitarbeiter.

In der Zornphase ist der aktive und damit deutlich wahrnehmbare Widerstand erfahrungsgemäß am größten. Hier braucht die Führungskraft Mut, auf die Mitarbeiter zuzugehen und einen Dialog zu beginnen. Dabei erfüllt der Vorgesetzte manchmal auch die Funktion eines Blitzableiters, an dem sich die aufgestauten Emotionen entladen. Wie Sie auf zornige Mitarbeiter zugehen und dabei souverän bleiben können, erfahren Sie im Kapitel über den Umgang mit Widerstand (Kapitel 5).

Lassen Sie Belastendes los, indem Sie bewusst trauern

Das Wort Trauer verbinden wir spontan meist mit dem Verlust eines geliebten Menschen. Wenn Ihnen das Wort Trauer im Managementkontext nicht angemessen scheint, ersetzen Sie es einfach durch »Verlustschmerzen« oder »Trennungsschmerzen«. Bei den meisten Veränderungsvorhaben müssen Sie und Ihre Mitarbeiter sich tatsächlich von etwas trennen, das Ihnen lieb geworden ist. Dazu gehören zum Beispiel Orte, Menschen, Aufgaben, Einstellungen, Gewohnheiten oder Teile Ihres Selbstbildes. Wie bei der Angst nützt Verleugnen auch bei der Trauer nicht. Sie hilft uns, Dinge loszulassen und einen Verlust zu akzeptieren. Erst wenn wir den Trauerprozess bewältigt haben, können wir uns mit voller Kraft einer neuen Aufgabe zuwenden.

Nicht wenige Führungskräfte versuchen, die Trauer über einen wie auch immer gearteten Verlust zu verdrängen, indem sie sich mit der täglichen Arbeit ablenken. Das ist auch erst einmal nachvollziehbar und verständlich. Das Gefühl von Trauer stellt sich nämlich manchmal zu sehr unpassenden Momenten ein, in denen man als Führungskraft unter der besonderen Beobachtung der Mitarbeiter steht. Zu einem geeigneten Zeitpunkt sollten Sie das Gefühl aber zulassen und annehmen. Was passieren kann, wenn Sie es nicht tun, erläutere ich an einem Beispiel aus der Praxis.

Nehmen wir an, eine Führungskraft musste zum ersten Mal in ihrer Karriere im eigenen Bereich einen Personalabbau umsetzen, weil das Unternehmen im harten Wettbewerb stand und die Kosten reduzieren wollte. Der Abbau wurde sozialverträglich umgesetzt. Einige ältere Mitarbeiter verabschiedeten sich mit etwas Druck vonseiten der Firma in den Vorruhestand. Anderen Mitarbeitern wurde der »goldene Handschlag« offeriert. Zwar hatte die Führungskraft versucht, den gesamten Prozess für alle Beteiligten fair und transparent abzuwickeln, aber der eine oder andere Betroffene fühlte sich natürlich trotzdem ungerecht behandelt. Noch dazu misslang eine Informationsveranstaltung für die Mitarbeiter, weil die Führungskraft sich schlecht vorbereitet hatte. Das wurde von den Mitarbeitern wahrgenommen und führte dazu, dass sie sich nach dem Ereignis deutlich reservierter zeigten.

Das Eingestehen der eigenen Fehler erzeugt ein Gefühl von Scham. Das zehrt an den Nerven. Überhaupt sind die letzten Monate sehr anstrengend gewesen. Der Manager fühlt sich erschöpft. Er weiß, dass das Vertrauen der verbliebenen Mitarbeiter in ihn als Chef aufgrund der Personalabbaumaßnahmen an sich und zusätzlich durch das sehr unglücklich gelaufene Meeting reduziert ist. Es ist manchmal ungerecht. Die viele Mühe, die er sich gemacht hat, wird kaum anerkannt. Die kleinsten Fehler werden dagegen über den Flurfunk sofort kommuniziert. Der Vorgesetzte merkt, dass er im Alltag blockiert ist, weil er immer wieder mit sich selbst und der Situation hadert. Er nimmt deshalb eine

Auszeit und lässt das Gefühl der Trauer zu. Er akzeptiert sein teilweises Versagen und den Verlust an Standing als Führungskraft. Es ist, wie es ist. Damit beendet er auch seine Selbstvorwürfe. Der wahrgenommene innere Druck reduziert sich dadurch merklich, und er entspannt sich. Er wirkt danach den Mitarbeitern gegenüber wieder gefasster, präsenter und authentischer.

Was passiert, wenn eine Führungskraft das Gefühl der Trauer beziehungsweise des Verlustschmerzes dauerhaft verdrängt? Die belastenden Themen bleiben im Kopf und sorgen für ein ungutes Gefühl. Sie wird versuchen, sich nichts anmerken zu lassen und nach außen hin entspannt und souverän aufzutreten. Die tatsächliche Wirkung ist jedoch meistens genau umgekehrt. Die Führungskraft wirkt verkrampft und gehemmt. Wenn wir Gefühle wie Trauer oder auch Ängste regelmäßig und systematisch verdrängen, führt dies irgendwann zu Erschöpfung, Überforderung und langfristig zu ernsthaften Erkrankungen. Alles, was Sie verdrängen, schränkt Sie in Ihrer Führungsarbeit ein, denn es will an die Oberfläche. Mit der Zeit müssen Sie immer mehr Energie aufbringen, um die angestauten Emotionen zu kontrollieren. Deswegen ist das Entwickeln des Zugangs zu den eigenen Gefühlen und einer guten Intuition eine der wichtigsten Baustellen für die meisten Führungskräfte.

Reduzieren Sie bei besonders betroffenen Mitarbeitern den Druck

Ein Job kann nicht immer Spaß machen. Das Leben ist kein Ponyhof. Sollen Sie sich jetzt wirklich auch noch um die Trennungsschmerzen Ihrer Mitarbeiter kümmern? Ist das überhaupt Ihre Aufgabe? Manch ein Manager mag da denken: »Mich fragt auch keiner, wie ich das finde. Wer damit nicht klarkommt, muss sich fragen, ob er hier richtig ist. ›Augen zu und durch‹ heißt die Parole.«

Diese Einstellung ist zwar weit verbreitet, hat aber nichts mit Führung zu tun. Gute Führungskräfte bringen die emotionale Intelligenz mit, sich die eigenen Gefühle bewusst zu machen und damit umzugehen. Sie wissen aufgrund dessen aber auch, wie man mit den Emotionen anderer Menschen umgeht. Und sie verstehen, dass das emotionale Eingehen auf die Mitarbeiter nichts mit Händchenhalten zu tun hat, sondern den Widerstand abbaut und den Wandel ermöglicht. Selbstverständlich können und müssen Sie von Ihren Mitarbeitern Leistung verlangen. Wenn aber beispielsweise jemand durch die Abschaffung ganzer Hierarchiestufen im Unternehmen seinen Jobtitel und seine Führungsposition verliert, dann wird er starke Verlustschmerzen verspüren. Besonders wenn unser langjährig aufgebautes Selbstbild beschädigt wird, sind emotionale Achterbahn und Trauerprozess unausweichlich. Natürlich müssen Sie den Mitarbeiter jetzt nicht mit Samthandschuhen anfassen, aber Sie können auch nicht so tun, als wenn nichts passiert wäre. Einen vorübergehenden Leistungsabfall sollten Sie als Führungskraft hinnehmen. Trauerarbeit benötigt Zeit und kann nur sehr bedingt von außen beschleunigt werden. In solchen Phasen sind bei den betroffenen Mitarbeitern häufig Konzentrationsverlust, Vergesslichkeit und Desorientierung zu beobachten. Körperliche Reaktionen wie zum Beispiel Schlafstörungen, Müdigkeit und Appetitlosigkeit können dies noch verstärken. Der Kontakt mit anderen wird reduziert. Die Betroffenen ziehen sich zurück. Sie fühlen sich verletzlich. Lassen Sie ihnen etwas Zeit und begegnen Sie ihnen auf der menschlichen Ebene.

Wie stark ein Ende oder ein Verlust von einem Mitarbeiter emotional empfunden wird, können Sie als Vorgesetzter nur erahnen. Sie selbst nehmen durch Ihr Mitbestimmungsrecht einen Wandel und die damit verbundenen Verluste und Trennungen oft als weniger schmerzhaft wahr. Rational zu bleiben fällt Vorgesetzten deshalb leichter. Von ihren Mitarbeitern fordern viele daher eine ähnlich rationale Herangehensweise. Führungskräfte neigen dazu, sich eher an den Verstand der Mitarbeiter zu richten und sich weniger mit den Gefühlen zu beschäftigen. Mit Appellen an die Vernunft der Betroffenen werden Sie aber erfahrungsgemäß nur wenig erreichen. Dazu ein Beispiel:

Stellen Sie sich vor, man schickt eine Gruppe Kinder in ein einwöchiges Feriencamp. Einige der Kinder blühen dort auf und genießen die Zeit, andere dagegen vergehen fast vor Heimweh und sind unendlich traurig. Stellen Sie sich weiter vor, ein kleines Mädchen bekommt jetzt von einem erwachsenen Betreuer drei zwingend logische Gründe genannt, warum es nicht traurig sein muss und sich wohlfühlen sollte. Was nützt das? Richtig, gar nichts!

Ähnlich verhält es sich auch mit Erwachsenen. Viele Führungskräfte glauben, sie könnten den Ängsten und Verlustschmerzen ihrer Mitarbeiter mit logischen Argumenten oder aufmunternden Sprüchen (»Sie sind doch in den besten Jahren ...«) beikommen. Das Gegenteil ist oft der Fall. Der Mangel an Einfühlungsvermögen verstärkt die Trauer eher noch. Wie also sollten Sie sich verhalten?

Es ist nicht sinnvoll, Druck auf einen Menschen auszuüben, der im Zustand einer Krise oder tiefer Trauer ist. Leider bekommen Sie als Vorgesetzter zu genau dem Zeitpunkt, wenn der Mitarbeiter unter den Folgen des Wandels leidet, den Druck durch das Topmanagement oder das Marktgeschehen oft besonders zu spüren. Von Ihnen und Ihren Mitarbeitern wird Leistung erwartet. Dennoch sollten Sie den Druck in so einer Situation nicht ungefiltert nach unten weitergeben. Lassen Sie zumindest den am stärksten betroffenen Mitarbeitern etwas Zeit, sich selbst zu sortieren, bevor Sie diese einer zusätzlichen Arbeitsbelastung aussetzen. Planen Sie Gesprächstermine mit den besonders hart betroffenen Mitarbeitern ein. Sprechen Sie diese aktiv an. Viele Führungskräfte beschäftigen sich in kritischen Wandelphasen lieber damit, neue Strukturen und Abläufe zu planen, weil sie sich auf diesem Gebiet sicher fühlen. Es ist aber für den Erfolg eines Wandels tatsächlich essenziell, dass Sie Zeit in Ihre Mitarbeiter investieren. Durch die Bereitschaft zum Dialog und ein ehrliches Interesse steigern Sie den Respekt, den Ihre Mitarbeiter Ihnen gegenüber empfinden. Selbst wenn ein Mitarbeiter sich Ihnen nicht öffnen will und abwiegelt, wird er Ihre Geste zu schätzen wissen. Wie Sie ein solches Gespräch mit Betroffenen einleiten können, finden Sie im Kapitel 9 dargestellt.

Sie sehen, dass es in allen drei Phasen für einen Vorgesetzten sinnvoll ist, sich auf die Emotionen der Mitarbeiter einzulassen. Sie können nicht vermeiden, dass Ihre Mitarbeiter diese Emotionen haben. Es ist ein Teil der Veränderung, die sie durchlaufen, um sich auf das Neue einstellen und es annehmen zu können. Wenn Sie mit den Bedürfnissen Ihrer Mitarbeiter in dieser Zeit gut umgehen, schaffen Sie nachhaltig Vertrauen und Leistungsbereitschaft.

Zeigen Sie Ihre eigenen Emotionen und übernehmen Sie Verantwortung

Jetzt stellt sich noch die Frage, ob Sie Ihre eigenen Emotionen gegenüber den Mitarbeitern zeigen dürfen. Gerade wenn Sie von dem Change-Projekt nicht überzeugt sind, stecken Sie als Vorgesetzter in einer Zwickmühle. Sie sollen einen von oben vorgegebenen Wandel umsetzen, sind aber vom Sinn des Ganzen oder der geplanten Umsetzung nur bedingt überzeugt. Genau wie später Ihre Mitarbeiter durchfahren Sie erst einmal die Change-Achterbahn mit allen Phasen. Wenn der Termin erreicht ist, an dem Sie Ihre Mitarbeiter informieren dürfen, sind Sie vielleicht gerade selbst in der Phase der Depression (siehe Kapitel 2). Es geht Ihnen nicht nur emotional schlecht, sondern Sie sehen auch ganz rational, welche Nachteile der Wandel für Sie und Ihre Mitarbeiter bringen wird. Trotz dieser Zweifel wird von Ihnen erwartet, dass Sie bei der Umsetzung des Wandels als Vorbild mit viel Begeisterung vorausgehen. Sie sind der Fahnenträger, auf den alle Mitarbeiter schauen. Sie stecken in einem Dilemma: Entweder Sie sagen deutlich, was Sie von dem Ganzen halten, dann wird keiner mehr das Projekt umsetzen wollen, oder Sie tun so, als fänden Sie alles wunderbar, das wirkt jedoch aufgesetzt und ist nicht authentisch.

Viele Führungskräfte haben in diesem Konflikt den Eindruck, dass sie nur verlieren können. Der richtige Weg liegt, wie so oft, in der Mitte. Wenn Sie Nachteile oder Verluste sehen, die auch für Ihre Mitarbeiter früher oder später offensichtlich werden, können Sie diese offen ansprechen. Auch Ihre Emotionen können Sie ausdrücken. Wenn Ihnen etwas leidtut oder Sie zornig macht, ist es völlig legitim, das klar zu sagen. Aber es gibt eine Grenze, die Sie keinesfalls überschreiten sollten. Sie dürfen sich nicht an der kollektiven Nörgelei beteiligen und Sie dürfen niemals die Verantwortung abgeben. Manche Vorgesetzte weisen in Situationen, bei denen sie ihren Mitarbeitern etwas Unangenehmes sagen müssen, die Verantwortung von sich und verbrüdern sich lieber mit ihnen. Das klingt dann so:

»Ich kann auch nichts dafür, was die da oben sich wieder für einen Unsinn ausgedacht haben. Wenn es nach mir ginge, würde das ganz anders ablaufen, aber auf uns hören die hohen Herren ja nicht. Wie auch immer, ihr wisst jetzt, wo es langgeht ...«

Das verschafft zwar kurzfristig Erleichterung, bringt einer Führungskraft langfristig aber zu Recht keinen Respekt ein. Besser ist es, die Verantwortung zu übernehmen, dabei aber authentisch zu bleiben. Das hört sich beispielsweise so an:

»Wir alle wissen, dass der vorgegebene Prozess nicht das Gelbe vom Ei ist. Es macht mich natürlich auch sauer, dass unsere Verbesserungsvorschläge nicht eingearbeitet worden sind. Aber es hilft nichts. Wir müssen da durch. Je schneller wir das schaffen, desto eher kehrt hier wieder Normalität ein, und wir können mal wieder vor 20 Uhr nach Hause gehen. Also lasst uns anfangen. Ich zähle auf eure Unterstützung ...«

Sie dürfen als Führungskraft Ihre Emotionen zeigen. Das ist authentisch und macht Sie in den Augen der Mitarbeiter auch sympathisch. Machen Sie aber immer klar, dass Sie trotzdem die Verantwortung für die Umsetzung übernehmen. Anderenfalls wird niemand Sie unterstützen.

Zusammenfassung
1. Stellen Sie sich Ihren Ängsten.
2. Machen Sie den Mitarbeitern klar, was passieren wird, und setzen Sie kurzfristig erreichbare Ziele.
3. Hinterfragen Sie Ihren Zorn.
4. Stellen Sie sich den zornigen Mitarbeitern.
5. Lassen Sie Belastendes los, indem Sie bewusst trauern.
6. Reduzieren Sie bei besonders betroffenen Mitarbeitern den Druck.
7. Zeigen Sie Ihre eigenen Emotionen und übernehmen Sie Verantwortung.

4. Wenn keiner mitmacht

So bringen Sie Ihre Mitarbeiter dazu, das Neue zu tun

»Ohne Emotionen kann man Dunkelheit nicht in Licht und Apathie nicht in Bewegung verwandeln.«
Carl Gustav Jung (Schweizer Psychologe)

Stellen Sie sich vor, Sie wollen ein Wandelprojekt auf den Weg bringen, aber keiner Ihrer Mitarbeiter macht mit. Es spielt dabei keine Rolle, ob Sie den Wandel aus eigener Initiative umsetzen wollen oder ob er von oben vorgegeben ist. Woran liegt es, dass Mitarbeiter sich einer vorgegebenen Initiative oft verweigern? Sehen wir uns dazu einmal den typischen Beginn eines Wandelvorhabens an.

Ein Vorgesetzter erläutert in einer Sitzung, welche Veränderungen er sich vorstellt. Der Wandel wird dabei rational begründet, beispielsweise mit der notwendigen Anpassung an Marktentwicklungen, einem Anstieg der Kosten oder mit besseren Zukunftschancen. Die Mitarbeiter nicken und zeigen Verständnis. Die Führungskraft hat den Eindruck, jeder habe es verstanden, und glaubt, die Truppe werde nun gemeinsam loslegen. Tatsächlich passiert zur Verwunderung des Vorgesetzten aber nichts. Er beginnt sich zu fragen, ob er chinesisch geredet hat. Bei einem der nächsten Meetings mit den ihm unterstellten Führungskräften macht er noch einmal klar, worum es geht, und fordert alle Anwesenden unmissverständlich auf, sofort anzufangen. Dies passiert dann auch. Alle setzen sich hektisch in Bewegung. Wochenlang geht es im Bereich zu wie in einem Bienenstock. Die Führungskraft ist zufrieden – die Botschaft scheint angekommen. Es dauert Wochen, bis sie merkt, dass zwar alle betriebsam und bis zur Erschöpfung arbeiten, aber niemand wirklich produktiv ist. Es wird nach wie vor nichts umgesetzt. Die Führungskraft ist ratlos. Sie beruft neue Meetings ein, die wiederum zu hektischer Betriebsamkeit aller Mitarbeiter führen, ohne dass sich etwas ändert. Was ist passiert? Welchen Fehler hat die Führungskraft begangen?

Der Verstand entscheidet nicht über die Annahme eines Wandels

Die Führungskraft hat klar kommuniziert, was sie will. Dabei hat sie den Verstand der Mitarbeiter angesprochen, der die Informationen aufgenommen und als sinnvoll bewertet hat. Trotzdem handeln die Mitarbeiter nicht wie vorgesehen. Was ist der Grund? Der Verstand steuert unser Verhalten nur zu einem kleinen Teil. Veranschaulichen wir dies an einem alltäglichen Beispiel:

Sie haben sich vorgenommen, ein paar Kilogramm abzunehmen. Der Verstand liefert Ihnen auch gute Gründe für dieses Vorhaben. Schlanksein ist nicht nur gesünder, sondern erhöht auch Ihre Attraktivität. Eine der Maßnahmen, die Ihr Verstand Ihnen verordnet hat, besteht darin, spätabends nicht mehr zu essen oder zu naschen. Trotzdem finden Sie sich nachts vor dem Kühlschrank wieder. Während der Verstand noch gute Gründe aufzählt, warum Enthaltsamkeit sinnvoll wäre, grabscht die Hand schon nach dem Objekt der Begierde. Ohne ernst zu nehmenden Widerstand findet dieses seinen Weg in Ihren Magen.

Halten wir also fest, dass der Verstand in dieser Situation zwar etwas zu sagen, aber nichts zu entscheiden hat. Entscheidungen werden von einem anderen Teil unseres Gehirns getroffen, auf den wir gleich zu sprechen kommen. Bevor wir das tun, will ich Sie aber noch auf ein interessantes Phänomen aufmerksam machen. Der Verstand müsste sich jetzt eigentlich eingestehen, dass er nichts zu entscheiden hat. Das tut er aber nicht gerne. Stattdessen sucht er blitzschnell eine rationale Begründung für das von ihm nicht gewollte und damit eigentlich irrationale Handeln. Noch während wir beherzt zubeißen, liefert der Verstand einen dazu passenden Gedanken: »Es war aber auch ein verdammt harter Tag heute. Irgendeine Belohnung muss man sich doch gönnen.« Halten wir also fest, dass der Verstand zwar nicht die Entscheidungen trifft, diese aber im Nachhinein rational begründet. Das ergibt für uns den Eindruck, als hätte tatsächlich der Verstand das Geschehen gesteuert. Wäre der Verstand der tatsächliche Meister über unser Verhalten, wer würde dann noch ungesund leben? Jeder weiß doch, wie man sich verhalten sollte, um gesund zu bleiben. Verabschieden Sie sich also von der Illusion,

Sie seien ein rational gesteuertes Wesen. Jetzt stellt sich die spannende Frage, wer denn eigentlich die wirklichen Entscheidungen trifft.

Das menschliche Gehirn ist in vier funktionale Gehirnebenen aufgeteilt.[5] Grob unterscheiden kann man zuerst einmal das rationale System der Großhirnrinde und das limbische System, in dem die Emotionen erzeugt und als Gefühl wahrgenommen werden.

Funktionale Ebenen des menschlichen Gehirns (Modell nach Gerhard Roth, 2012)

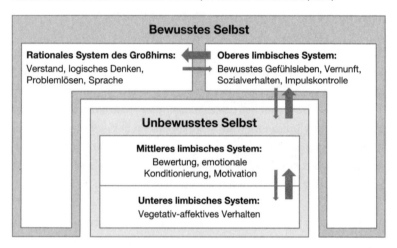

Das limbische System wird weiter untergliedert. Das untere limbische System steuert das vegetativ-affektive Verhalten. Es regelt unter anderem unser Kreislaufsystem, den Stoffwechsel und den Hormonhaushalt. Außerdem werden hier unsere affektiven Verhaltensweisen und Empfindungen wie zum Beispiel das Angriffs- und Verteidigungsverhalten sowie das Paarungsverhalten gesteuert.

Das mittlere limbische System ist für die Bewertung von Sinneseindrücken und deren emotionale Konditionierung zuständig: Es wird von den Sinnesorganen mit Informationen versorgt, die es erfahrungsgeleitet mit »angenehm« und »unangenehm« bewertet und mit den entsprechenden Emotionen fest verknüpft. Ein Teil dieses mittleren limbischen Systems ist auch dafür verantwortlich, ob wir motiviert sind, etwas zu tun oder zu lassen. Es produziert bei bestimmtem Verhalten hirneigene Belohnungsstoffe, die bei ihrer Freisetzung Lustgefühle erzeugen. Diese endogenen, das heißt vom Menschen selbst erzeugten Stoffe sind Drogen chemisch sehr ähnlich. Je nach der Menge der freigesetzten Belohnungsstoffe fühlen wir uns zufrieden, glücklich, euphorisch oder sogar ekstatisch. Das mittlere limbische System produziert diese Stoffe aber nicht nur, sondern entscheidet auch darüber, für welches Verhalten sie ausgeschüttet werden. Da wir den positiven Zustand der »Drogenausschüttung« immer wieder herbeizuführen versuchen, liegt im mittleren limbischen System die Steuerungseinheit für unser Verhalten. Das untere und das mittlere limbische System liegen beide im Unbewussten und können vom Verstand nur indirekt und minimal beeinflusst werden.

Das obere limbische System gehört zum Bewusstsein und ist die Schnittstelle, über die das Unbewusste dem Bewussten Impulse gibt und umgekehrt. Hier treffen die Verbindungsfasern des unteren und des mittleren limbischen Systems auf die Großhirnrinde. In diesen limbischen Arealen der Großhirnrinde werden die Emotionen, die zuerst einmal nur vom Unbewussten veranlasste Körperreaktionen sind (zum Beispiel erhöhter Puls, flache Atmung, Schwitzen), als bewusste Gefühle wahrgenommen. In diesem Bereich werden zum Teil auch die aus dem Unbewussten kommenden Affekte kontrolliert und die Konsequenzen unseres Handelns eingeschätzt. Dazu werden die sozialen Regeln der Gesellschaft, unsere Erziehung, aber auch unsere eigenen ethischen Vorstellungen herangezogen, die hier ebenfalls gespeichert sind. Damit befinden sich im oberen limbischen System auch die Vernunft und die sozialen Gefühle, die uns von manchen Handlungen abhalten.

Der vierte und letzte Teil ist das rationale System des Großhirns, das ebenfalls zum Bewussten gehört. Hier sitzt unser Verstand. Er ist verantwortlich für das logische Denken, die Fähigkeit, Probleme zu lösen, und fortgeschrittene Sprache. Der Verstand ist allerdings von der Vernunft zu unterscheiden. Ein intelligenter Mensch ist nicht zwangsläufig vernünftig. Den Verstand beziehungsweise die eigene Intelligenz kann man auch nutzen, um grausame Dinge wie terroristische Anschläge zu planen. Gerade einige Despoten, Tyrannen und Soziopathen waren sehr intelligente Menschen, deren Verhalten aber keiner Kontrolle durch die Vernunft unterlag.

Interessant für Sie als Führungskraft ist, welcher Teil des Gehirns welchen Einfluss auf die anderen Gehirnebenen hat. Dies ist in der Grafik auf Seite 68 durch die Dicke der Pfeile dargestellt. Wie Sie sehen, beeinflusst das untere limbische System besonders das mittlere. Beide zusammen geben starke Impulse an das obere limbische System. Dieses wiederum beeinflusst das rationale System der Großhirnrinde. Mit anderen Worten: Das Unbewusste erzeugt unsere bewussten Gefühle, und diese haben wiederum einen deutlichen Einfluss auf den Verstand. In die umgekehrte Richtung findet ebenfalls eine, wenn auch deutlich schwächere Beeinflussung statt. Der Verstand liefert der Vernunft beispielsweise komplexe Analysen. Die Vernunft wiederum kontrolliert zum Teil Affekte aus dem Unbewussten, schwächt zum Beispiel Wutausbrüche ab. Der Informationsfluss und die Beeinflussung sind also keine Einbahnstraßen, aber der Verkehr vom Unbewussten zum Bewusstsein ist deutlich stärker.

Wir wissen jetzt, welcher Teil des Gehirns das Sagen hat. Die drei Ebenen des limbischen Systems beeinflussen unseren Verstand, wie das Kühlschrankbeispiel gezeigt hat, deutlich mehr als umgekehrt.

Eine weitere zentrale Frage ist jetzt noch, welcher der Gehirnteile unser konkretes Handeln auslöst, also einen Impuls setzt, etwas zu tun. Tatsächlich hat der Verstand, also der rationale Teil unserer Großhirnrinde, keine direkte Verbindung zu diesem auslösenden Gehirnteil. So erklärt es der Neurowissenschaftler Gerhard Roth[6]:

»Dies geschieht über die so genannten Basalganglien, die tief im Innern unseres Gehirns lokalisiert sind und völlig unbewusst arbeiten. Sie bereiten jede Art von Handlungen vor, bei denen wir das Gefühl haben, wir hätten sie gewollt. Letzteres jedoch ist eine Täuschung, denn die Basalganglien stehen weitgehend unter Kontrolle des limbischen Systems. [...]

Das limbische System hat gegenüber dem rationalen corticalen System [Anm.: = dem Verstand] das erste und das letzte Wort. Das erste beim Entstehen unserer Wünsche und Zielvorstellungen, das letzte bei der Entscheidung darüber, ob das, was sich Vernunft und Verstand ausgedacht haben, jetzt und so und nicht anders getan werden soll. Der Grund hierfür ist, dass alles, was Vernunft und Verstand als Ratschläge erteilen, für den, der die eigentliche Handlungsentscheidung trifft, *emotional akzeptabel* sein muss. Es gibt also ein rationales Abwägen von Handlungen und Alternativen und ihren jeweiligen Konsequenzen, es gibt aber kein rein rationales Handeln. Am Ende eines noch so langen Prozesses des Abwägens steht immer ein *emotionales Für oder Wider*. Die Chance der Vernunft ist es, mögliche Konsequenzen unserer Handlungen so aufzuzeigen, dass damit starke Gefühle verbunden sind, denn nur durch sie kann Verhalten verändert werden.«

Es bleibt also festzuhalten:

Emotionen beeinflussen unser Verhalten wesentlich mehr als der Verstand.
Verhalten lässt sich hauptsächlich durch das Auslösen starker Gefühle verändern.

Emotionen steuern unser Verhalten im Wandel

Nehmen wir einmal an, jemand hat starke Rückenschmerzen und schläft dadurch auch noch schlecht. Trotz der Behandlung mit Schmerzsalbe über einige Tage tritt keine Besserung ein und die Person geht zum Orthopäden, der folgende Diagnose stellt: »Ihre Rückenmuskulatur ist unterentwickelt. Sie müssen dringend anfangen, Sport zu treiben, sonst wird das noch schlimmer. In absehbarer Zeit werden Sie wegen der unnatürlichen Schonhaltung auch Schmerzen im Nacken bekommen und dadurch noch schlechter schlafen.« Was denken Sie, wie hoch jetzt bei der Person mit den Rückenschmerzen die emotionale Betroffenheit ist?

Vergleichen wir das mit einer Person, die wegen eines Hustens zu ihrem Hausarzt geht. Dieser stellt beim Abhören der Lunge beiläufig fest: »Ihre Rückenmuskulatur ist unterentwickelt. Es wäre gut, wenn Sie etwas Sport machen würden.« Wie hoch schätzen Sie bei dieser Person die emotionale Betroffenheit über diese Nachricht ein?

Sehen Sie! Und genau das ist das Problem. Das Topmanagement hat die »Rückenschmerzen« und die Mitarbeiter nicht. Ihre Mitarbeiter können weit und breit keinen ernst zu nehmenden Grund dafür erkennen, dass sie bei sich oder ihren täglichen Abläufen etwas ändern sollten. Das Topmanagement dagegen bekommt mit, dass die Konkurrenz ein revolutionäres Produkt entwickelt hat, welches das eigene alt aussehen und den Umsatz schrumpfen lassen wird. Oder es ist abzusehen, dass zwei große Wettbewerber fusionieren und damit den Markt verändern werden. Oder die Kennzahlen laufen gefährlich aus dem Ruder. All diese Dinge nimmt das obere Management deutlich wahr, und sie bereiten ihm Rücken- oder besser gesagt Kopfschmerzen. Die von der Geschäftsleitung getroffenen Maßnahmen sind für die Mitarbeiter auf den unteren Ebenen aber nicht nachvollziehbar. Wie soll man denn glauben, dass sich das Unternehmen einer Krise nähert oder sich angeblich sogar schon darin befindet, wenn für die Mitarbeiter keine Veränderung spürbar ist? Schließlich bekommen alle ihr Gehalt pünktlich, es bröckelt kein Putz von den Wänden, und die mondäne Eingangshalle des Unternehmens suggeriert nach wie vor finanzielle Potenz. Die Mitarbeiter fühlen sich sicher und empfinden das Gerede des Chefs als übertrieben. Bis das Empfinden von Dringlichkeit von ganz oben bis nach ganz unten gedrungen ist, kann es lange dauern – manchmal zu lange. Das trifft übrigens auch andersherum häufig zu. Die Mitarbeiter an der Basis entdecken, dass der Markt oder die Kundenanforderungen sich ändern, aber es dauert zu lange, bis diese Erkenntnis im Topmanagement ankommt und ernst genommen wird. Bis zur Umsetzung geeigneter Maßnahmen können Monate vergehen.

Wenn wir uns emotional nicht angesprochen fühlen, entwickeln wir auch meist keine Energie für die Umsetzung von notwendigen Maßnahmen. Nehmen wir beispielsweise einmal folgende Tatsache: Etwa alle drei Sekunden stirbt weltweit ein Kind unter fünf Jahren. Sie denken wahrscheinlich: »Schlimm, wieso lässt man das zu?« Und weiter? Haben Sie spontan den Entschluss gefasst, ab heute monatlich 50 Euro zu spenden? Wollen Sie irgendetwas Konkretes unternehmen? Und warum nicht? Weil dieser Satz nur an den Verstand gerichtet ist. Er löst keine Emotionen aus, und wir bleiben inaktiv. Wir müssen auch emotional betroffen sein, denn der Teil des Gehirns, der Emotionen auslöst, aktiviert auch unser Handeln.

Medien und Hilfsorganisationen berücksichtigen das längst, indem sie die blanken Zahlen durch emotionale Bilder und Geschichten von betroffenen Kindern und Familien illustrieren. Die traurigen Augen eines einzigen leidenden Kindes bewirken mehr als die Nachricht, dass etwa alle drei Sekunden weltweit ein Kind unter fünf Jahren an den Folgen von Unterernährung oder vermeidbaren Krankheiten stirbt!

Was bedeutet das für den Wandel in Ihrem Unternehmen? Stellen Sie sich vor, Ihr Vorgesetzter eröffnet Ihnen und den Kollegen in einem Meeting, dass der Gewinn des bisher florierenden Unternehmens um 7,31 Prozent eingebrochen ist und deshalb dringend Kosten eingespart werden müssen. Wie reagieren Sie? Ihr Verstand mag sagen: »Ja, da muss man etwas tun.« Und gleich darauf: »Da fällt mir ein, dass ich gerade heute Morgen wieder eine der großen schwarzen Vorstandslimousinen mit Chauffeur gesehen habe. Die könnten doch auch mal sparen.« Der schwächere Umsatz weckt keine Emotionen bei Ihnen, also werden Sie auch keine konkreten Maßnahmen zur Kosteneinsparung planen. Genau so verhält es sich mit Ihren Mitarbeitern: Erst wenn Sie es schaffen, die richtigen Emotionen zu erzeugen, werden Sie Ihre Mitarbeiter dazu bringen, zu handeln und Verantwortung zu übernehmen.

Machen Sie das Problem emotional erlebbar

Der erste Schritt, um Mitarbeiter aus der Gleichgültigkeit herauszuholen, besteht also darin, den Grund für den Wandel emotional erlebbar zu machen. Zwei Beispiele mögen das Prinzip verdeutlichen:

In einem internationalen Telekommunikationsunternehmen waren die Prozesse für die Anmeldung eines Telefonanschlusses kompliziert und langwierig. Vorstand und oberes Management erhielten regelmäßig Kennzahlen darüber, wie lange es nach der Bestellung dauerte, bis ein Anschluss beim Kunden wie gewünscht funktionierte. Die Zahlen waren schlecht. Die Manager nickten regelmäßig mit in leichter Sorge gefalteter Stirn. Das Problem war also allen bekannt, dennoch änderte sich trotz verschiedener Initiativen nichts. Die eingeschaltete Unternehmensberatung hatte schließlich eine Idee. Sie veranlasste alle Vorstände und Topmanager, für die eigene private Wohnung einen zusätzlichen Telefonanschluss zu beantragen. Dies sollten sie als Privatperson und auf telefonischem Wege tun. Da das Unternehmen Kunden stets mitteilte, ein Neuanschluss funktioniere normalerweise nach zwei Wochen, war dies die zeitliche Vorgabe. Die Manager erlebten ihr blaues Wunder. Schlechte Kennzahlen auf schicken PowerPoint-Folien zu sehen und diese rein rational zu verarbeiten, ist eine Sache. Die Frustration, die entsteht, wenn man zum zweiten Mal in Folge nach acht Minuten Warteschleife aus der Leitung geworfen wird, ist eine ganz andere. Die Manager mussten sich 16 Minuten lang mit Dudelmusik und Tonbandansage hinhalten lassen, ohne dass irgendein menschliches Wesen mit ihnen gesprochen hatte. Waren sie im dritten Anlauf endlich zu einem Callcenter-Mitarbeiter durchgedrungen, reagierte dieser nicht mal betrübt auf die energische Schilderung aller bisherigen Pannen, sondern nahm neutral bis unterkühlt die Bestellung entgegen. Legendär ist der Vorstand, dem die Nerven durchgingen. Er lief während eines solchen Telefonats rot an und brüllte schließlich in den Hörer: »Wissen Sie was, ich bin der Vorstand von diesem Scheißunternehmen, und ich will jetzt diese verdammte Leitung haben.« Das Ergebnis der gesamten Aktion war, dass von allen Managern nach zwei Wochen nur einer einen funktionierenden Anschluss hatte. Den hatte er allerdings bei der Konkurrenz bestellt. Von diesem Tag an veränderte sich etwas im Unternehmen. Die Führungsebene hatte emotional erlebt, was die Kennzahlen schon seit geraumer Zeit aussagten, und das Problem wurde in Angriff genommen.

Ein anderes Beispiel, wie man eine Emotion erzeugen kann, spielt an der Harvard-Universität:

Ein renommierter Professor nimmt mit seinen Studenten eine der typischen Fallstudien durch, mit denen in Harvard unterrichtet wird. An diesem Tag geht es um einen besonders schwierigen Praxisfall, in dem ein Manager sich falsch verhalten hat. Der Professor fragt die Studenten, wie sie mit diesem Mann umgehen würden. Daraufhin meldet sich ein Student und sagt: »Ich würde ihn feuern!« Der Professor starrt den Studenten eine Zeit lang schweigend an. Dann sagt er langsam mit ruhiger, gepresster Stimme: »Ich möchte Sie in diesem Kurs nie wieder sehen. Bitte nehmen Sie Ihre Sachen und gehen Sie.« Alle Studenten sind fassungslos. Es herrscht peinlich berührtes Schweigen. Der Betroffene packt nach einer Schrecksekunde seine Sachen zusammen. Er steht auf und arbeitet sich durch die Sitzreihe der Kommilitonen bis zum Gang vor. Alle schauen betreten nach unten. Es scheint ewig zu dauern, bis er endlich unter den Augen aller die Treppen des Vorlesungssaales hinaufgelaufen ist. Als er den Türgriff der großen Saaltür bereits in der Hand hat, ruft ihn der Professor mit den Worten zurück: »Sie können sich wieder setzen! Jetzt wissen Sie, wie es sich anfühlt, wenn man gefeuert wird.«

Diese ungewöhnliche Lehrstunde dürfte niemand der Anwesenden je wieder vergessen haben. Der Professor hat es mit seiner Intervention geschafft, eine rationale und ohne emotionalen Bezug getroffene Entscheidung mit einer starken Emotion zu verknüpfen. Der junge Mann hat für einen Moment am eigenen Leib gefühlt, welche Konsequenz seine Entscheidung hätte, und wird sich in Zukunft genauer überlegen, ob er vorschnell jemanden »feuert«.

Diese Beispiele zeigen, dass die Einsicht auf der Verstandesebene nicht ausreicht, um Menschen zu einer Veränderung Ihres Verhaltens zu bewegen. Die Vorstände des Telekommunikationskonzerns wussten, dass die Neuschaltung einer Telefonleitung zu lange dauerte und der Service nicht freundlich genug war. Der Harvard-Student wusste, dass eine Kündigung für einen Mitarbeiter unangenehm sein muss. Und trotzdem passierte in beiden Fällen nichts, bis das Wissen mit einem starken Gefühl verbunden wurde.

Natürlich sollen Sie auch den Verstand Ihrer Mitarbeiter ansprechen, indem Sie zum Beispiel nachvollziehbare Gründe für den Wandel nennen. Da Sie als mittlerer Manager aber wahrscheinlich schon sehr gut darin sind, Dinge rational zu begründen und auf der Verstandesebene zu argumentieren, werde ich darauf nicht weiter eingehen. Interessanter ist die Frage, wie Sie die rationalen Argumente mit einer Emotion verknüpfen können.

Ihre Einstellung spielt eine entscheidende Rolle für den Erfolg

Die Kunst besteht darin, die richtigen Gefühle bei Ihren Mitarbeitern auszulösen. Gefühle wie Tatkraft, Neugier, Kampfeswille, Dringlichkeit, Energie, Ermutigung, Motivation, Kraft, Konzentration, Klarheit, Entschlossenheit oder Begeisterung unterstützen einen Wandel beispielsweise. Gefühle wie Zwang, Angst, Ärger, Wut, Scham, Schuld, Empörung, Frustration, Panik, Hilflosigkeit und Überforderung dagegen erschweren eine Veränderung.

Es geht also darum, Gefühle auszulösen, die Aktivität fördern. Kontraproduktiv sind Emotionen, die Stillstand und Rückschritt erzeugen. Nun hängen die ausgelösten Gefühle leider nur zum Teil von Ihrer Aktion ab. Sie können sich etwas Gutgemeintes ausdenken, um eine Aufbruchsstimmung zu erzeugen, damit aber genau das Gegenteil bewirken. Wie Menschen auf eine bestimmte Aktion reagieren, hängt eben nicht nur von dieser selbst ab, sondern zu einem großen Teil von der situativen Bewertung dieser Aktion durch die Mitarbeiter. Diese Wertung wird von vielen Faktoren beeinflusst. Dazu gehören beispielsweise kollektive Erwartungen an und bisherige Erfahrungen mit Wandel in diesem Unternehmen. Auch die individuellen Glaubenssätze und Erfahrungen mit Veränderungen spielen eine wichtige Rolle. Ein und dieselbe Aktion kann in einem Kontext Begeisterung auslösen und in einem anderen Empörung.

Wie lässt sich dann überhaupt eine Aktion planen, ohne ein zu hohes Risiko negativer Konsequenzen einzugehen? Die Antwort lautet: Ein gewisses Restrisiko lässt sich nicht vermeiden. Das sollte Sie aber nicht vom Handeln abhalten. Aus meiner Erfahrung in der Praxis weiß ich, dass eine Maßnahme oft dann gut angenommen wird und förderliche Emotionen bewirkt, wenn Sie als Führungskraft eine positive Einstellung gegenüber Ihren Mitarbeitern haben.

> Meine Mitarbeiter sind intelligente Menschen, die grundsätzlich motiviert sind und unser Unternehmen weiterbringen wollen. Wenn sie bisher das Neue noch nicht umsetzen, haben sie gute Gründe dafür. Mit dieser Aktion möchte ich den Mitarbeitern meine Gründe näher bringen, bin dabei aber auch offen für deren Sichtweise.

Wie Sie in der Grafik auf Seite 41 gesehen haben, laufen die Entwicklungen auf den unterschiedlichen Managementebenen zeitlich unterschiedlich ab. Wenn eine Managementebene auf der Wandelachterbahn in der Phase der Integration angekommen ist und schon voll hinter dem Projekt steht, befindet sich die darunterliegende oft noch in der Phase der Depression und damit in der Trauerarbeit. Für die Depressionsphase typische Symptome sind Leistungsabfall und Orientierungslosigkeit. Ein Vorgesetzter kann dann schnell den Eindruck bekommen, einen unmotivierten Hühnerhaufen zu führen. In der Tat habe ich in Gesprächen mit Vorständen und Topmanagern schon häufiger Aussagen wie diese gehört:

- »Ich verstehe nicht, warum die nicht mitziehen. Die sind völlig resistent.«
- »Jeder, der etwas gesunden Menschenverstand hat, müsste diese Maßnahme nachvollziehen können. Bei einigen hakt es da aber wohl etwas.«
- »Es ist unglaublich, wie langsam die Umsetzung läuft. Die Leute sind so was von träge.«

Hinter solchen Sätzen verbirgt sich unter Umständen eine ganz andere Einstellung, nämlich folgende, die zugegebenermaßen etwas überspitzt formuliert ist: »Meine Mitarbeiter sind träge, resistente Bedenkenträger ohne strategischen Weitblick. Sie lehnen Veränderung ab, weil sie dann mal aus ihrer Bequemlichkeit rausmüssen. Mit dieser Aktion mache ich ihnen klar, was ich von ihnen erwarte.«

Ich bin überzeugt davon, dass Ihre Mitarbeiter spüren, welche Grundeinstellung hinter einer Aktion liegt. Wenn der Chef denkt: »Alles Idioten hier, denen werde ich mal einheizen«, kommt das genauso an. Da nützt es auch nichts, wenn die Personalabteilung oder ein externes Trainingsinstitut ein Veranstaltungsformat wählt, das Wertschätzung für die Mitarbeiter signalisieren soll. Wenn die Leitung kein Interesse an der Sichtweise der Mitarbeiter hat, zeigt sich das schnell und deutlich an scheinbaren Kleinigkeiten. Wie lange hört ein Manager der Wortmeldung eines Mitarbeiters zu, ohne ihn zu unterbrechen? Geht er auf den Beitrag ein oder redet er sofort wieder von seiner Sichtweise? Will er nur senden oder ist er auch bereit zu empfangen? Die Mitarbeiter analysieren das Verhalten des Chefs nicht nach professionellen psychologischen Kriterien, aber sie bekommen trotzdem sehr schnell ein Gefühl dafür, ob sich jemand dafür interessiert, was sie denken, oder nicht. Sie müssen den Mitarbeitern keineswegs in allen Punkten entgegenkommen. Selbst wenn Sie nur zuhören, ohne etwas verändern zu können, bewirkt allein das schon einiges.

Emotionale Betroffenheit führt zur Übernahme von Verantwortung

Wenn Mitarbeiter etwas verändern sollen, müssen sie vom Wandel emotional betroffen sein und den Eindruck gewinnen, dass ihre aktive Teilnahme notwendig und sinnvoll ist. Sie sollten sich also Gedanken machen, wie Sie diese Betroffenheit bewirken wollen. Im Folgenden finden Sie einige Beispiele dafür, welche Aktionen Sie durchführen können, um hilfreiche Emotionen auszulösen.

Werden Sie ein radikales Vorbild für den Wandel

Das wichtigste Signal, um Betroffenheit überhaupt zu ermöglichen, besteht darin, als Vorbild mit gutem Beispiel voranzugehen. Manager sind bekanntlich begeisterte Verfechter des Wandels, wenn es um die anderen geht. Den eigenen Dienstwagen ein Jahr länger zu fahren oder gegen ein kleineres Modell einzutauschen, geht dann aber doch zu weit. Wo kämen wir da hin ...

Wie dumm, wenn die neue teure Designer-Büroeinrichtung des Vorstands genau zu Beginn eines neuen Sparprogramms angeliefert wird. Bezogen auf den Konzernumsatz sind die Kosten dafür zwar »Peanuts«, aber natürlich spricht sich dieses kleine Detail herum, und niemand nimmt den Vorstand mehr ernst, wenn er mal wieder über dringend notwendige Einsparungen doziert. Darauf angesprochen, wird er sich rechtfertigen, die Möbel seien lange vor der Kosteneinsparaktion budgetiert und bestellt worden. Die Frage ist aber nicht, ob man es rational begründen kann, sondern wie die Signalwirkung nach außen ist. Vorbildlich sind auch die Vorstände eines DAX-Konzerns, die sich ihre eigenen Gehälter massiv anhoben, während den einfachen Mitarbeitern zeitgleich das Gehalt gekürzt wurde. Nun sind Sie wahrscheinlich kein Vorstandsmitglied, aber für Ihre Mitarbeiter sind Sie die im wörtlichen Sinne »maßgebende« Bezugsperson: Sie setzen das Maß. Wer Economy-Flüge von den Mitarbeitern fordert, aber selbst Business-Class fliegt, ist nicht glaubwürdig.

Fragen Sie sich also zuerst einmal selbst, woran Ihre Mitarbeiter sehr deutlich merken und sehen können, dass Sie ein Thema ernst nehmen. Interessanterweise fallen einem da meist ein paar eher unangenehme Dinge ein, wie zum Beispiel der Economy-Flug, ein kleinerer Dienstwagen oder drei Tage im Außendienst mitzureisen. Schnell hat man auch Gründe parat, warum das nicht möglich ist: »Was soll denn der Kunde denken, wenn ich mit einem kleinen Auto oder per Economy-Flug anreise?« Oder: »Ich habe immer so viel Gepäck. Das bekomme ich doch gar nicht unter.« Wenn wir ehrlich wären, sind das Ausreden, die wir bei unserem eigenen Vorgesetzten auch problemlos als solche entlarven. Nur wenn es uns selbst betrifft, empfinden wir sie auf einmal als zwingend logisch. Leider sind wir da die Einzigen. Einem Mitarbeiter fällt es sicher leichter, etwas für ihn Unangenehmes zu tun, wenn er mitbekommt, dass der Vorgesetzte es in einer noch stärkeren Form praktiziert. Die Treppe wird bekanntlich von oben gekehrt. Überlegen Sie sich also, wie Sie den Wandel radikal vorleben können. Eine solche Radikalität löst Betroffenheit aus. Wie man Mitarbeiter kontraproduktiv betroffen macht, zeigt folgendes Beispiel:

In einem Versicherungskonzern sollte in erheblichem Maße Personal abgebaut werden. Die Verhandlungen zwischen Betriebsrat und Vorstand waren festgefahren, und ein Schlichter wurde eingeschaltet. Kurz vor der entscheidenden Sitzung passierte Folgendes: Der CEO des Konzerns hatte sich ein Jahr zuvor eine luxuriöse Villa am Zürichsee fertigstellen lassen. Dieses Haus war so außergewöhnlich, dass ein international bekanntes Hochglanzmagazin für Architektur es vorstellen wollte. Der CEO fühlte sich geschmeichelt und stimmte dem Bericht zu. Vom Fotografieren des Hauses bis zur Veröffentlichung verging aber ein Dreivierteljahr. Die Ausgabe erschien schließlich wenige Tage vor der abschließenden Verhandlung über den Personalabbau. In dem Text wurde unter anderem erwähnt, dass der Hausherr nur in absolut frischer Leinenbettwäsche von bester Qualität schlafen kann und das Personal sein Bett deshalb jeden Tag frisch bezieht. Am Tag der Verhandlung betrat der CEO den Verhandlungsraum, und jeder Vertreter des Betriebsrats hatte eine Ausgabe des Hochglanzmagazins vor sich liegen.

Wie steht es um Ihre Berechtigung, über Personalabbau bei Mitarbeitern zu sprechen, wenn jeder weiß, dass Sie in einer riesigen Luxusvilla wohnen und Ihre Hausangestellten das Bett jeden Tag frisch mit exquisiter belgischer Leinenwäsche beziehen lassen? Richtig! Der Schlichter war ein bekannter Schweizer Professor kurz vor der Emeritierung. Er ist der wohl höflichste Mensch, den ich kenne, noch dazu sehr bescheiden und stets bedacht auf die korrekte Wahl seiner Worte. Ich erinnere mich noch heute an seinen fassungslosen Kommentar nach der offiziellen Sitzung, die all sein bisheriges Bemühen zunichte gemacht hatte: »Schlimm genug, dass dieser Mensch sich jeden Tag den Arsch wickeln lässt, aber muss er das auch noch in die Zeitung setzen?«

Vermitteln Sie Informationen emotional

Häufig werden die Gründe für einen bevorstehenden Wandel durch eine Präsentation von Zahlen, Daten und Fakten (ZDF) aufgezeigt. Das Problem bei ZDF ist aber, dass diese keine große Wirkung auf uns haben. Sie lösen keine Bilder in unseren Köpfen und damit keine Emotionen aus. Natürlich kommen wir nicht umhin, manche Dinge mit einer PowerPoint-Präsentation zu erklären. Das darf aber keine Rechtfertigung für das An-die-Wand-Werfen von möglichst viel Text auf möglichst wenig Raum sein. Solche Präsentationen enthalten meist auch keine Bilder. Beschränken Sie sich stattdessen lieber auf wenig Text und sprechen Sie in für die Anwesenden nachvollziehbaren plastischen Beispielen. Stellen Sie sich beispielsweise vor, auf der PowerPoint-Folie eines Managers stehen verschiedene Zahlen, die aufzeigen, dass es bei den Stammkunden einen wahrnehmbaren Trend gibt, zur Konkurrenz zu wechseln. Die Führungskraft sagt dazu Folgendes:

»Wie Sie sehen können, hatten wir eine Abwanderung bei den Stammkunden von 6,8 Prozentpunkten im letzten Halbjahr. Dies ist in der Verbindung mit den kumulierten Umsatzzahlen, die Sie unten dargestellt sehen, als ein durchaus kritischer Vorgang zu betrachten. Wenn wir das mit der Neukundengewinnung vergleichen, die sehen Sie auf der Folie unten rechts, dann ergibt sich ein Delta von nahezu 4,3 Prozentpunkten. Es ist mir wichtig, darauf hinzuweisen, dass ein solcher Trend ...«

Diese Art der Präsentationen erleben Sie wahrscheinlich Tag für Tag zur Genüge. Die emotionale Wirkung ist gering, wenn nicht sogar gleich null. Vergleichen Sie das mal mit dieser Argumentation eines Vorgesetzten ohne Folien:

»Gestern war ich bei der Firma Schwebel und habe mit Herrn Schwebel senior über das nächste Jahr gesprochen. Fast alle hier kennen den alten Herrn persönlich oder zumindest vom Hörensagen. Ich schätze Herrn Schwebel sehr, nicht nur weil er seit mittlerweile zwölf Jahren ein loyaler Kunde ist. Sie alle haben ihn mit seiner freundlichen, zuvorkommenden und verbindlichen Art schon erlebt. Es gibt wenig Menschen, mit denen man sich so gewinnbringend über die Branche austauschen kann wie mit ihm. Gestern hat er mir etwas erzählt, was ich kaum glauben konnte. ... [Pause] ... Herr Schwebel ist ab sofort nicht mehr unser Kunde! Er wird seine Waren ab nächstem Monat von der Konkurrenz beziehen. ... [Pause] ... Und mir fällt auf, dass er nicht der einzige Stammkunde ist, der gerade geht.«

Die zweite Geschichte wird sehr viel eher Betroffenheit auslösen als die Ansammlung von Daten aus der ersten Präsentation. Vor allem dann, wenn Sie Herrn Schwebel als Kunden tatsächlich kennen und schätzen. Die Überlegung, wie Sie abstrakte Zahlen anschaulich und lebhaft darstellen können, lohnt sich also unbedingt.

Machen Sie Veränderungsbedarf im Umfeld sichtbar

Verändern Sie etwas im sichtbaren Umfeld Ihrer Mitarbeiter, um zu verdeutlichen, welche Veränderung jetzt gerade passiert. Wenn der Kundenservice verbessert werden soll, hängen Sie doch einfach Fotos Ihrer Kunden auf. Räumen Sie verstaubte Blumenarrangements und nicht genutzte Sitzgelegenheiten weg und stellen Sie stattdessen die Produkte Ihrer Kunden aus.

Entfernen Sie bei notwendigen Kosteneinsparungen alle offensichtlichen Luxusgegenstände und Dekorationen aus Ihrem Büro und den öffentlichen Räumen. Zusätzlich können Sie an einem zentralen Platz für alle einsehbar eine Grafik aufhängen, die veranschaulicht, welche Gewinnentwicklung das eigene Unternehmen im Vergleich mit den größten Konkurrenzunternehmen in letzter Zeit gemacht hat. Ein solcher Vergleich kann Betroffenheit auslösen. Tragen Sie regelmäßig die aktuellen Werte ein und markieren Sie das Ziel, das erreicht werden soll. Bei einer solchen Grafik zählt wie immer Ihre Einstellung. Die Botschaft sollte »Wir schaffen das gemeinsam!« und nicht »Kapiert ihr es jetzt endlich?« sein.

Wenn der Wettbewerber ein besseres Produkt auf den Markt bringt, stellen Sie dieses mitten in Ihrer Abteilung zusammen mit dem eigenen Produkt aus oder lassen Sie es Ihre Mitarbeiter sogar benutzen, wenn das möglich ist. So können sich diese ein konkretes Bild davon machen, wo das Unternehmen mit seinem Angebot steht.

Eine solche Absicht hatte auch ein Manager mit seiner Aktion. Er hängte in der Abteilungsküche ein großes Infobrett auf, an dem er grafisch aufbereitete aktuelle Informationen zu den Mitbewerbern zeigte. Regelmäßig hängte er aber auch für ein oder zwei Tage ein Dartboard mit Pfeilen an das Brett. Auf die Zielscheibe pinnte er Internetausdrucke mit Fotos der Vorstände der Hauptkonkurrenten, von deren neuesten Produkten oder deren Firmengebäuden. Das ist natürlich politisch nicht korrekt, aber keiner konnte in die Küche gehen, ohne ein paar Pfeile zu werfen. Gleichzeitig lernte man so die Manager, Produkte und Standorte der Konkurrenz kennen. Automatisch fingen viele Mitarbeiter an, sich mehr mit den Mitbewerbern zu beschäftigen und die Entwicklungen auf dem Markt gezielt zu verfolgen.

Ich kenne einen Manager, der in einem bis dahin konservativen und eher als altmodisch verschrienen Unternehmen einen Bereich übernahm. Sein Ziel war es, das verstaubte Image dieses Bereichs zu verbessern und unternehmerisches Denken zu fördern. Dass er der Abteilung frischen Wind bringen würde, war nach einem der ersten Wochenenden nicht mehr zu übersehen. Er hatte die Betonpfeiler und die Wände in den Büros sowie die Flure in einem frischen Grün anstreichen lassen. Die Aktion hatte er allein und heimlich veranlasst, ohne die Konzernleitung zu konsultieren, die im selben Gebäude im obersten Stock residierte. Wahrscheinlich wäre die Verschönerungsmaßnahme viele Monate lang diskutiert und zum Schluss nicht genehmigt worden, unter anderem deshalb, weil »Grün« nicht zu den Firmenfarben gehörte. Nach der Aktion fand es aber jeder ausgesprochen gut, und keiner änderte es mehr. Das frische Grün und die unkonventionelle Umsetzung symbolisierten die neue unternehmerische Denkhaltung, die auch in seinen weiteren Handlungen deutlich wurde. Der Manager bekam übrigens keinen Ärger wegen dieser Aktion, obwohl er damit rechnete und ihn in Kauf genommen hätte.

Mit solchen Aktionen kann man sich völlig lächerlich oder »unsterblich« machen. Wird der Bereich im Anschluss erfolgreich modernisiert, erinnern sich die Mitarbeiter nach zehn Jahren noch gerne so an den damaligen Chef: »Weißt du noch, das war der, der alles grün streichen ließ.« Bleibt die symbolische Aktion aber das Einzige, was passiert, wird das natürlich eher ins Lächerliche gezogen, und die Führungskraft hat schneller einen neuen Spitznamen, als ihr lieb ist.

Wenn Sie einen Wandel initiieren wollen, überlegen Sie sich, wie Sie die zu vermittelnde Botschaft im Arbeitsumfeld der Mitarbeiter sichtbar machen, sodass diese ihn sehen und erleben können.

Lassen Sie Mitarbeiter die Probleme selbst erleben

Manchmal kann man die Mitarbeiter auch Dinge selbst erleben lassen, wie am Beispiel des Telekommunikationsunternehmens bereits gezeigt. Wenn Sie beispielsweise der Meinung sind, das elektronische Ablagesystem in Ihrer Abteilung sei unübersichtlich, weil jeder seine eigene Ordnerstruktur festlegt und betitelt, sagen Sie das nicht nur. Geben Sie jedem Mitarbeiter zwei Suchaufträge für Dokumente, die bei den Kollegen abgelegt sind. Wenn man selbst entnervt ist, weil man nichts findet, versteht man besser, warum der Chef das ändern will.

Wenn das Problem beispielsweise mit einem Produkt verbunden ist, lassen Sie die Mitarbeiter das Produkt und dessen Macken einmal in der Anwendung erleben, wenn das möglich ist. Das eigene Erleben schlägt jede Beschreibung und löst Betroffenheit aus.

Ein sehr anschauliches Beispiel, wie man als Mitarbeiter sogar in zwei Richtungen Betroffenheit auslösen kann, stammt von John Kotter und Dan S. Cohen in ihrem Buch *The Heart of Change*:

Ein Mitarbeiter war überzeugt davon, dass sein Arbeitgeber, ein großes amerikanisches Unternehmen, viel zu hohe Beschaffungskosten hatte. Die Geschäftsführung zeigte aber wenig Bereitschaft, das Thema anzugehen und ein Projekt zur Optimierung zu initiieren. Deshalb wollte der Mitarbeiter das Problem zuerst einmal erlebbar machen. Er gab einem Praktikanten den Auftrag herauszufinden, wie viele verschiedene Arbeitshandschuhe in allen Werken eingekauft und welche Preise dafür bezahlt wurden.

Das Ergebnis war überwältigend. Das Unternehmen bestellte über alle Werke hinweg 424 verschiedene Arbeitshandschuhmodelle, noch dazu bei unterschiedlichen Anbietern zu unterschiedlichen Preisen. Ein und derselbe Handschuh wurde beispielsweise von einem Werk für 5 Dollar eingekauft und von einem anderen für 17 Dollar. Nach dieser Erkenntnis gab der Mitarbeiter dem Studenten den Auftrag, von jedem der 424 Handschuhe ein Exemplar zu besorgen und es mit einem Schild zu versehen, auf dem jeweils das Werk und der Einkaufspreis notiert waren.

Der Mitarbeiter ließ sich einen Termin beim Vorstand geben und platzierte kurz davor die 424 Handschuhe auf dem großen Konferenztisch. Die Vorstände konnten kaum fassen, was ihnen der Mitarbeiter erzählte. Sie begannen schweigend, die Preise von ähnlich aussehenden Handschuhen zu vergleichen. Sofort wurde jedem klar, wie dringend gehandelt werden musste, und ein Projekt wurde initiiert.

Zu einem späteren Zeitpunkt wurde aus dem Handschuhberg sogar eine Roadshow. Die 424 Handschuhe wurden nach und nach in allen Werken ausgestellt. Neben den Handschuhen zeigten Präsentationswände, wie kostengünstig und effizient die Konkurrenz ihre Beschaffung organisiert hatte. Jetzt wurde auch jedem Mitarbeiter klar, warum die Beschaffung in Zukunft zentral abgewickelt werden würde.

Dieses Beispiel zeigt Ihnen, wie jemand ein Problem mit wenig Aufwand sowohl nach oben als auch nach unten erlebbar machen konnte. Damit hat er ein Projekt an der Unternehmensspitze initiiert und gleichzeitig den Widerstand an der Basis gegen die Umsetzung reduziert.

Sorgen Sie für Kontakte mit Kunden

Manche Mitarbeiter haben aufgrund ihrer Position keine Kontakte zu Endkunden. Es ist aber schwierig, kundenorientiert zu denken und zu handeln, wenn diese unbekannte Wesen sind. Es kann Wunder wirken, die Innendienstmitarbeiter beispielsweise für ein paar Tage einem erfahrenen Vertriebsmitarbeiter an die Seite zu stellen. Während des Kundenbesuchs kann der Innendienstler selbst erfahren, welche Anforderungen der Kunde an die Produkte oder Dienstleistungen stellt. So relativiert sich schnell die eine oder andere für wichtig gehaltene Eigenschaft, während die tatsächlichen Bedürfnisse in den Vordergrund rücken.

Ein Unternehmen, das dies vorbildlich umsetzt, ist die deutsche Würth-Gruppe mit ihren über 60 000 Mitarbeitern. Im Innendienst tätige Führungskräfte von der Konzernleitung bis zum Teamleiter begleiten den Außendienst viermal im Jahr einen ganzen Tag zu Kunden. Der Konzerngründer, Reinhold Würth, Milliardär und Träger vieler Ehrentitel, hat bis zu seinem Ausscheiden jedes Jahr selbst für zwei bis drei Wochen den Außendienst zum Kunden begleitet. Nur so erfuhr er, was die Kunden wirklich wollen und wie sich der Markt verändert.

Ein Produktionsleiter trieb seine Kollegen vom Vertrieb in die Verzweiflung, weil er sich weigerte, vom Kunden bestellte Produkte in zwei Tagen auszuliefern. Seine Begründung war, dass die internen Produktionsprozesse drei Tage benötigen. Als ihn ein Gebietsleiter aus dem Vertrieb einmal zu einem wichtigen Kundentermin mitnahm, hörte er, wie dieser A-Kunde sagte: »Entweder Sie liefern das in zwei Tagen, oder ich bestelle das in Zukunft bei der Konkurrenz. Da ist das kein Problem.« Von diesem Zeitpunkt an überlegte er nicht mehr, wie er seine Prozesse rechtfertigen, sondern wie er sie beschleunigen konnte. Und er fand eine Lösung.

Bevor Sie also versuchen, Ihren Mitarbeitern rational klarzumachen, warum die Kunden einen Wandel wünschen, lassen Sie es diese einfach mal selbst erleben. Ein solcher Kontakt kann echte Betroffenheit auslösen.

Wenn Ihre Leute nicht zum Kunden gehen können, holen Sie diese doch einfach ins Haus. Laden Sie beispielsweise mehrere Endkunden ein und bitten diese, von ihren Erlebnissen zu berichten. Einen Kunden vor sich zu haben und seine Emotionen zu spüren, ist etwas anderes als eine PowerPoint-Folie, auf der ein Problem beschrieben wird. Wenn das nicht möglich ist, nehmen Sie Beschwerden von Kunden mit Ihrem Handy auf. Natürlich muss der Kunde dazu sein Einverständnis geben. Dies wird er gern tun, wenn Sie ihm signalisieren, dass Sie sein Anliegen wichtig nehmen und es gerne ungefiltert an die Kollegen weiterleiten möchten. Bitten Sie den Kunden, kein Blatt vor den Mund zu nehmen, und schneiden Sie dann mehrere Kommentare für die Kollegen zusammen. Wichtig ist auch hier wieder Ihre Einstellung. Zeigen Sie das Video nicht vorwurfsvoll, sondern lösungsorientiert. Natürlich können Sie auch eine Aufnahme mit positiven Rückmeldungen zusammenstellen. Mitarbeiter freuen sich außerordentlich über positives Feedback. Ich empfehle gern, den Abschluss eines Wandels mit einem informellen Mittagessen zu feiern. Wie wäre es, bei einer solchen Gelegenheit ein kurzes Video von Kunden zu zeigen, die sagen, was sich aus ihrer Sicht durch den Wandel verbessert hat? Eine kurze Schilderung von wahrgenommenen positiven Veränderungen auf Kundenseite kann ein echtes Aha-Erlebnis für die Mitarbeiter sein und das Erfolgsgefühl deutlich verstärken.

Eine ebenfalls sehr schöne Möglichkeit besteht darin, mit Business-Artists ein Video zu drehen.

Solche auf Unternehmensbelange spezialisierten Schauspieler wurden von einem großen Versicherungsunternehmen, das Bürokratie abbauen wollte, beauftragt, ein Drehbuch zu schreiben. Darin wurden auf sehr humorvolle Art bürokratisch geprägte Alltagsszenen der Mitarbeiter überspitzt dargestellt. Der Film wurde professionell erstellt und anschließend im Rahmen einer größeren Kampagne allen Mitarbeitern gezeigt. Es gab viel Gelächter und Kopfnicken. Obwohl die Darstellung humorvoll war, wurde der Inhalt ernst genommen. Das Video bewirkte einen Perspektivenwechsel hin zu der Sichtweise von Kunden. Die Mitarbeiter mussten sich eingestehen, dass sie den Protagonisten des Videos in vielen Alltagssituationen sehr ähnlich waren, und sie begannen, ihr Verhalten zu ändern. Von der gesamten Kampagne blieb das Video allen Mitarbeitern am besten im Gedächtnis.

Nutzen Sie Best-Practice-Vergleiche

Wenn Sie eine bestimmte Veränderung anstreben, ist es hilfreich zu überlegen, wer ein ähnliches Vorhaben innerhalb oder außerhalb Ihres Unternehmens schon erfolgreich umgesetzt hat. Besuchen Sie den entsprechenden Kollegen und seine Abteilung und lassen Sie sich von den Erfahrungen berichten. Wenn die Ergebnisse Sie überzeugen, bringen Sie zum nächsten Termin eine Auswahl Ihrer Mitarbeiter mit, denn Tatsachenberichte sind anschaulicher als reine Theorie. Vergleichen Sie: Dass im Reiseprospekt steht, das Piemont sei schön, ist das eine. Etwas anderes ist die begeisterte Erzählung einer Freundin über ihren Urlaub in der Region. Jetzt verbinden Sie mit dem Ort auch ein Gefühl.

Seien Sie kreativ bei der Wahl Ihres Vergleichsunternehmens. Es muss keineswegs aus derselben Branche sein. Denken Sie dabei nicht nur an die großen bekannten Unternehmen. Interessante Lösungen finden Sie oft auch bei den Hidden Champions, das heißt Unternehmen, die Weltmarktführer mit hohem Exportanteil, aber relativ unbekannt sind. Da sie weniger Anfragen bekommen als die großen Unternehmen, freuen sie sich oft darüber, ihre Erfolge einmal Externen vorstellen zu können. Im Anschluss an eine solche Begegnung gestalten Sie gemeinsam mit Ihren Mitarbeitern einen Workshop mit der Fragestellung: Wenn wir der Hidden Champion unserer Branche wären, wie müssten die Prozesse dann aussehen?

Vielleicht können Sie sogar jemanden zu sich einladen. Wenn Sie ein richtig professionelles Verkaufsgespräch erleben wollen, laden Sie doch beispielsweise mal jemanden von Vorwerk und ein paar anderen für exzellente Leistungen im Verkauf bekannten Unternehmen in Ihre Abteilung ein. Auch solche positiven Erlebnisse können Betroffenheit auslösen, wenn einem anhand von Spitzenleistungen bewusst wird, wie groß das unausgeschöpfte Potenzial noch ist.

Alle diese Aktionen eignen sich, Ihren Mitarbeitern ein Gefühl für einen kritischen Umstand oder ein Verbesserungspotenzial zu vermitteln. Nur mit Emotionen holen Sie diese ins Boot. Viele Mitarbeiter stehen bei einem Wandel am Ufer bereit, um den Kollegen zu winken, aber keiner steigt ein, um selbst die Reise anzutreten. Die genannten Maßnahmen können dazu beitragen, Ihre Mitarbeiter zu aktivieren. Sie sollen dazu führen, dass diese anheuern.

Um die positive Wirkung Ihrer Aktion voll zu entfalten, ist es sehr wichtig, dass Sie weder Furcht wecken noch Schuldige suchen.

Vermeiden Sie es, Furcht zu verbreiten

Der nicht ganz einfache Drahtseilakt besteht darin, Betroffenheit auszulösen, ohne Furcht zu erzeugen. Furcht weckt keine positive Energie, die damit einhergehende Unsicherheit führt vielmehr zu Handlungs- und Entscheidungshemmungen. Wer diffuse Angst oder sogar konkrete Furcht hat, will sich schützen und versucht, Fehler zu vermeiden, um nicht unangenehm aufzufallen. Die Grenze zwischen dem Auslösen von Betroffenheit für mehr Handlungsenergie und der Erzeugung von Angst mit einhergehender Erstarrung ist leider oft fließend. Insbesondere das bewusste Schüren von Zukunftsängsten, die gerne genutzt werden, um Menschen zu „motivieren", ist meistens kontraproduktiv.

Ein als recht herrisch bekannter Vorstandsvorsitzender eines Konzerns sagte mir einmal während eines Unternehmensumbaus, er ersticke in Memos und Protokollen seiner Manager, obwohl er ihnen mehrfach mitgeteilt habe, dass er nur das Wichtigste wissen wolle. Mit etwas Nachdenken hätte er den Grund für diese Flut selbst herausfinden können. Denselben Vorstand erlebte ich nämlich bei einem als Team-Event angesetzten Kaminabend mit der ersten Managementebene. Einige der Anwesenden wurden von ihm in aller Öffentlichkeit und rhetorisch abgewatscht, nur weil sie eine durchaus sinnvolle Frage gestellt hatten, die ihm aber missfiel. Um sich vor diesem Despoten zu schützen und das Risiko der eigenen Entscheidungen zu minimieren, gaben die Manager während des Konzernumbaus alle Informationen an den CEO weiter. Dieser Vorstand neigte auch dazu, den Überbringer schlechter Nachrichten zu »köpfen«, auch wenn dieser sie nicht oder nur zum Teil verursacht hatte. Dies führte dazu, dass er wichtige Informationen manchmal erst sehr spät erhielt, weil niemand es ihm sagen wollte. Seine Reaktion war dann umso härter. Auch hier war ihm nicht bewusst, dass er das unerwünschte Verhalten selbst erzeugt hatte.

Natürlich fördert eine solche Umgebung auch keine Meinungsvielfalt. Wer mögliche Kritikpunkte und zu erwartende Probleme zu einem Wandel im Vorfeld nicht hören will, der kann sich auch keine Gedanken darüber machen, wie man diese vermeidet. Als Folge muss er wesentlich mehr auftretende Probleme bewältigen, deren Entstehung er mit seiner Ignoranz gefördert hat. Seine Manager hatten durchaus sehr gute Ideen für die Umsetzung des Wandels, wie sich in einem Workshop zeigte. Auch konnten sie die allgemeine Situation sehr gut einschätzen. Aber dieses Potenzial an Ideen wurde aus Furcht vor der derben Kritik des CEO nur sehr begrenzt in den Prozess eingebracht. Erstaunlicherweise würde genau dieser Vorstand sich nicht angesprochen fühlen, würde er diese Zeilen lesen, da er sich selbst für einen äußerst fähigen CEO hält, der »immer eine offene Tür hat, wenn jemand Verbesserungsvorschläge einbringen kann«. Tatsächlich nehmen wir unsere eigenen Beschränkungen meistens nicht wahr.

Um sicher zu gehen, können Sie sich folgende Fragen stellen:

- Hören Sie regelmäßig Gegenmeinungen von Ihren unterstellten Führungskräften oder Mitarbeitern zu Ihren Vorschlägen?

- Wie gut hören Sie zu? Unterbrechen Sie Ihre Mitarbeiter oder lassen Sie diese ausreden? Fassen Sie deren Beitrag regelmäßig zusammen, um zu sehen, ob Sie den Inhalt richtig verstanden haben?
- Fordern Sie andere Kollegen auf, ihre Meinung zu einem Vorschlag zu sagen, um ein breiteres Bild zu bekommen, bevor Sie selbst etwas sagen? Oder kommentieren Sie sofort mit Ihrer Sichtweise?
- Richten Sie bei Bedarf Workshops aus, um das Wissen und das Potenzial Ihrer Mitarbeiter für einen Wandel zu nutzen?

Falls Sie alle vier Fragen ehrlich mit »Ja« beantwortet haben, gratuliere ich Ihnen. Jedes »Nein« könnte dagegen ein Denkanstoß sein.

Nicht nur die Furcht vor dem Vorgesetzten kann zu Beeinträchtigungen im Wandelprozess führen. Auch die Angst vor dem Verlust des Arbeitsplatzes hat fast immer eine negative Wirkung. Folgendes Beispiel handelt von einem Personalabbau, den ich in einem internationalen Konzern begleitet habe:

In einem großen Bereich des Unternehmens war allen Mitarbeitern schnell klar, dass auch sie von den betriebsbedingten Kündigungen betroffen sein würden. Von dem Bekanntwerden des massiven Personalabbaus bis zur Bekanntgabe der tatsächlich betroffenen Mitarbeiter vergingen unglaubliche 13 Monate. So lange dauerten die Vorstandsdiskussionen, die Verhandlungen mit dem Betriebsrat und die Gründung einer Auffanggesellschaft. Während der ganzen Zeit gab es keine positive Zukunftsaussicht. Vielmehr sickerte nach unten durch, dass dies nur die erste Welle sein würde. Was glauben Sie, wie es sich auswirkt, wenn fast 400 Tage lang Damoklesschwerter über den Köpfen der Belegschaft schweben? Ein Damoklesschwert hängt der Geschichte nach nur an einem Rosshaar befestigt von der Decke herab. Niemand weiß, ob vielleicht eines herunterfällt und wen es erschlagen wird. Noch schlimmer ist, dass die Schwerter auch über den nicht gekündigten Mitarbeitern hängen bleiben und zu einem späteren Zeitpunkt herunterfallen können. In diesem Fall war es so, dass sich neben Existenzängsten allgemeine Untergangsstimmung und Lähmung verbreitete. Die Produktivität des Bereichs fiel deutlich ab.

In solchen Situationen beschäftigen sich die Mitarbeiter geistig leicht mehrere Stunden pro Tag mit den Auswirkungen des Wandels, anstatt zu arbeiten. Dies kann durch das Austauschen von Gerüchten in der Kaffeeküche oder durch individuelles Grübeln am Arbeitsplatz passieren. Vermeiden Sie es also, Angst zu erzeugen. Die von Ihnen ausgelösten Aktionen sollen dazu führen, dass Ihre Mitarbeiter sich eines Zustands bewusst und dann aktiv werden, um diesen zu ändern. Dafür darf aber nicht das Gefühl der Hoffnungslosigkeit vorherrschen. Vielmehr brauchen sie den entschlossenen Willen zur Meisterung der Situation mit Ausblick auf ein zumindest akzeptables, wenn möglich sogar inspirierendes Ergebnis.

Zusammenfassung

1. Der Verstand entscheidet nicht über die Annahme eines Wandels.
2. Emotionen steuern unser Verhalten im Wandel.
3. Machen Sie das Problem emotional erlebbar.
4. Ihre Einstellung spielt eine entscheidende Rolle für den Erfolg.
5. Emotionale Betroffenheit führt zur Übernahme von Verantwortung.
6. Vermeiden Sie es, Furcht auszulösen.

 Die Cartoons aus diesem Buch in Farbe zum Ausdrucken oder Posten auf Facebook und vieles mehr finden Sie zum Download unter www.alexander-groth.de/fuehrungsstark-im-wandel oder mit dem Smartphone über den nebenstehenden QR-Code (Passwort: Wandel).

5. Wenn alle auf die Barrikaden gehen
So agieren Sie souverän bei aktivem Widerstand

People don't resist change;
they resist being changed.

Dean Ornish (Amerikanischer Mediziner)

Widerstand tritt in allen ernst zu nehmenden Veränderungsprozessen auf. Mit Widerstand meine ich keineswegs, dass Ihre Führungskräfte oder auch Mitarbeiter Argumente gegen eine Veränderung oder die Art der Umsetzung vorbringen. Es gehört dazu, dass die geplanten Umsetzungsschritte und manchmal sogar der Sinn des Ganzen diskutiert werden. Dabei darf auch leidenschaftlich argumentiert werden. Gegenargumente und alternative Vorschläge sind erlaubt. Einst große Unternehmen existieren heute nicht mehr, weil im Vorstand falsche Managemententscheidungen getroffen wurden. Ich bin mir sicher, dass es auch in diesen Unternehmen Führungskräfte gab, die auf die Konsequenzen dieser falschen Entscheidungen hingewiesen haben. Das meine ich nicht, wenn ich von Widerstand spreche. Das sind mutige Mitarbeiter, die ihre Meinung sagen, obwohl sie damit manchmal ein Karriererisiko eingehen. Seien Sie froh, wenn Sie solche Mitarbeiter haben. Nichts gefährdet die Überlebensfähigkeit und den Erfolg eines Unternehmens mehr als eine Kultur der Ja-Sager. Natürlich gibt es einen Punkt, an dem Entscheidungen mit deutlicher Mehrheit getroffen sind. Von da an sollten zumindest alle Führungskräfte dahinterstehen, auch wenn ihnen nicht gefällt, was umgesetzt werden soll.

Mit Widerstand meine ich also nicht Gegenargumente, auch wenn diese manchmal lautstark vorgetragen werden, sondern etwas anderes. Ich übernehme hier die Definition von Klaus Doppler und Christoph Lauterberg[7]:

»Von Widerstand kann immer dann gesprochen werden, wenn vorgesehene Entscheidungen oder getroffene Maßnahmen, die auch bei sorgfältiger Prüfung als sinnvoll, ›logisch‹ oder sogar dringend notwendig erscheinen, aus zunächst nicht ersichtlichen Gründen bei einzelnen Individuen, bei einzelnen Gruppen oder bei der ganzen Belegschaft auf diffuse Ablehnung stoßen, nicht unmittelbar nachvollziehbare Bedenken erzeugen oder durch passives Verhalten unterlaufen werden.«

Eine Ergänzung füge ich hinzu: Auch ein aktives Verhalten kann dazugehören, wenn es nicht der Annäherung und konstruktiven Lösung, sondern einzig der Verhinderung des Wandels dient.

Aktiver Widerstand hat den Vorteil, dass die Führungskraft weiß, woran sie ist und wer die Ansprechpartner sind. Mit einer diffusen Ablehnung umzugehen, ist dagegen schwieriger, weil sie nur schwer greifbar ist. Meistens handelt es sich dabei eher um einen Gesamteindruck der Führungskraft. Die Mitarbeiter sind beispielsweise bei den Meetings unkonzentriert, sie albern herum, in Diskussionen kommen sie vom Hölzchen aufs Stöckchen, aber in bestimmten Momenten herrscht auf einmal Schweigen.

Mitarbeiter zeigen im Wandel immer Widerstand

Erstaunlich ist, dass Mitarbeiter auch bei offensichtlich positiven Veränderungen Widerstand zeigen. Das folgende Beispiel von der Einführung von Fertigungsinseln verdanke ich den Vorlesungen von Professor Alfred Kieser während meines Studiums an der Universität Mannheim:

Bei einem nordeuropäischen Automobilbauer wurde am Fließband produziert, die Arbeiter mussten also immer wieder dieselben Bewegungen ausführen und hatten keinerlei Spielräume. Nun wollte man die aus Japan kommende und insbesondere von Toyota umgesetzte schlanke Produktion einführen. Bei einer Fertigungsinsel lernt jeder, alle dort notwendigen Arbeiten auszuführen. Die Arbeiter wechseln regelmäßig den Platz, was die Arbeit vielseitiger und interessanter macht. Außerdem können sie sich gegenseitig unterstützen, wenn beispielsweise durch eine notwendige Reparatur während des laufenden Betriebs bei einer Maschine ein Engpass entsteht. Zusätzlich ist mit diesem System die gesamte Produktion flexibler und kann schneller auf Produktänderungen oder neue Kundenanforderungen umgestellt werden als bei herkömmlicher Fließbandproduktion. Es gibt noch eine ganze Reihe weiterer guter rationaler Gründe, warum das System besser ist.

Trotzdem weigerten sich die Mitarbeiter des Werkes, die Umstellung zu akzeptieren. Daraufhin lud man Arbeiter aus anderen Werken ein, die begeistert berichteten, wie positiv sich die Arbeit und die Stimmung nach der Umstellung entwickelt hatten. Die Wirkung war gleich null. Die Werksleitung glaubte nun, den Mitarbeitern mehr gute Gründe für die Umsetzung liefern zu müssen. Also lud man renommierte Professoren der Arbeitspsychologie ein, die der Belegschaft mithilfe ihrer wissenschaftlichen Studien zum Einsatz von Fertigungsinseln bewiesen, dass sie nach der Einführung zufriedener sein würden.

Doch all die guten Gründe halfen nichts gegen die Angst, dem Neuen nicht gewachsen zu sein. Die Arbeiter fragten sich, ob sie die neuen Aufgaben verstehen und erfolgreich bewerkstelligen könnten. Auch war man sich nicht sicher, ob die Teamarbeit funktionieren würde oder Einzelne auf Kosten des Gruppenergebnisses nur einen Mindesteinsatz erbringen würden. Selbst die Vorarbeiter und Meister wollten das neue System nicht, da sie Bedenken hatten, der neuen Führungskultur, weg von der Anweisung hin zur Moderation von Gruppen, nicht gewachsen zu sein. Die Unternehmensleitung sah zum

Schluss nur einen Ausweg: Sie bot den Arbeitern an, das neue System ohne Risiko auszuprobieren. Sollten sie nach einem vereinbarten Zeitraum mit einfacher Mehrheit beschließen, das alte System sei besser, würde das Unternehmen zur alten Produktionsstraße zurückkehren. Der damit verbundene finanzielle Aufwand beziehungsweise Verlust wäre enorm gewesen. Doch bereits kurz nach der Einführung wollte niemand mehr das alte System zurückhaben.

Dieses Beispiel zeigt, dass Mitarbeiter bei Wandel stark emotional reagieren und entscheiden. Alle rationalen Gründe sprachen für die Umstellung, das Gefühl beziehungsweise die Angst der Mitarbeiter aber dagegen.

Unser Gedächtnis erzeugt Widerstand

Warum zeigen Mitarbeiter selbst bei für sie vorteilhaften Veränderungen Widerstand? Das liegt daran, dass wir unsere Entscheidungen ganz überwiegend emotional treffen. Diese Emotionen werden vom limbischen System erzeugt. Dort sitzen auch Teile unseres Langzeitgedächtnisses, die uns unbewusst steuern. Das Langzeitgedächtnis besteht aus dem im Bewussten sitzenden deklarativen Gedächtnis (Faktenwissen, biografische Erinnerungen) und aus dem im Unbewussten befindlichen prozeduralen und emotionalen Gedächtnissen. Letztere können durch ihre Funktionsweise zum Entstehen von Widerstand beitragen.

Im prozeduralen Gedächtnis sind alle Tätigkeitsabläufe abgespeichert, die wir durch Übung und Wiederholung automatisiert haben. Wenn wir eine neue Fähigkeit wie beispielsweise Autofahren erlernen, müssen wir uns zu Beginn noch auf jede einzelne Bewegung konzentrieren. Hier wird zunächst vor allem das Arbeitsgedächtnis gefordert. Mit der Zeit wird der Ablauf automatisiert, und wir denken nicht mehr bewusst darüber nach, dann ist er im prozeduralen Gedächtnis abgespeichert und kann von dort abgerufen werden, ohne das Arbeitsgedächtnis zu beanspruchen. Sicherlich sind auch Sie schon einmal Auto gefahren und haben sich dabei gedanklich mit etwas anderem beschäftigt. Vor Ihrer

Wohnung angekommen, waren Sie überrascht, schon zu Hause zu sein. Ihr prozedurales Gedächtnis hatte Sie als eine Art Autopilot nach Hause gefahren, während Ihr Denken anderweitig beschäftigt war.

Was passiert nun, wenn Sie durch äußere Umstände gezwungen werden, einen im prozeduralen Gedächtnis gespeicherten Ablauf umzustellen? Nehmen wir einmal an, Sie machen Urlaub in einem Land mit Linksverkehr. Der im prozeduralen Gedächtnis gespeicherte automatisierte Fahrablauf funktioniert nicht mehr. Wie ein Fahranfänger müssen Sie sich wieder bewusst auf den Straßenverkehr konzentrieren und dabei auch noch gegen den automatisierten Ablauf ankämpfen. Dieser lässt Sie den Schulterblick auf die falsche Seite machen und gibt Ihnen dauernd Steuerimpulse, die zu einem Unfall führen könnten. Da Sie sich anders verhalten, als dies abgespeichert ist, gibt das prozedurale Gedächtnis eine Fehlermeldung nach der anderen in Form unangenehmer Emotionen heraus. Diese können je nach Stärke des automatisierten Verhaltens mehr oder weniger ausgeprägt sein.

Wandel führt dazu, dass die Betroffenen vertraute Gewohnheiten aufgeben müssen. Wenn ein Mitarbeiter zum Beispiel in eine andere Abteilung versetzt wird, muss er viele Dinge wieder neu lernen, also mit vollem Bewusstsein ausüben – wie in der ersten Fahrstunde. Dies erfordert eine hohe Aufmerksamkeit und wird als anstrengend empfunden. Dabei auch noch gegen die alten, im prozeduralen Gedächtnis abgespeicherten Abläufe anzugehen, anstatt von diesen Unterstützung zu erhalten, fordert zusätzlich Energie. Erst durch die Veränderung bemerken wir, dass ein Großteil unseres Alltags durch Gewohnheiten bestimmt wird. Es bleibt also festzuhalten, dass die meisten Veränderungen im Beruf sich für die Mitarbeiter zunächst unangenehm und anstrengend anfühlen. Das Fehlen von abgespeicherten Verhaltensmustern sorgt für Unsicherheit und damit Angst.

Das emotionale Gedächtnis speichert als Teil des Langzeitgedächtnisses die Gefühle, die wir mit bestimmten Ereignissen oder Sinneseindrücken verbinden. Wenn wir beispielsweise einmal von einer Wespe gestochen wurden, verbindet es mit Wespen die Gefühle Schmerz und Angst. Je öfter das Ereignis stattgefunden hat oder je stärker die Emotion war, desto deutlicher ist die Verbindung eingebrannt. Wurden Sie also schon oft von Wespen gestochen oder hatten Sie gar einmal einen allergischen Schock mit Erstickungsanfall, ist das beim Anblick des Tieres ausgelöste Gefühl der Angst besonders groß und kann sich bis zur Panik steigern.

Das emotionale Gedächtnis hilft uns in vielen Situationen dabei, unbewusst und sehr schnell Entscheidungen zu treffen, da es viele wichtige Informationen speichert, die uns bewusst nicht mehr zugänglich sind. Tritt nun eine Situation ein, die einer als unangenehm oder bedrohlich abgespeicherten Erinnerung gleicht, erkennt das emotionale Gedächtnis dies und verknüpft den Sinneseindruck mit der passenden Emotion. Da der Verstand auf die Daten des emotionalen Gedächtnisses nicht bewusst zugreifen kann, können wir uns dieses Gefühl manchmal nicht erklären.

Für Wandelprozesse können solche im emotionalen Gedächtnis gespeicherten Erfahrungen nachteilig oder aber auch vorteilhaft sein, je nachdem, welche Erlebnisse ein Mitarbeiter bisher mit Wandel im Unternehmen hatte. Da der Umgang mit Emotionen in vielen Unternehmen aber als rudimentär zu bewerten ist, sind die Vorerfahrungen der meisten Menschen leider negativ.

Es kann aber auch sein, dass ein Mitarbeiter gar keine negativen Erlebnisse mit Wandel an sich, dafür aber mit einer bestimmten Art von Verhalten, zum Beispiel mit autoritärem Führungsverhalten, gesammelt hat. Wenn Sie als Führungskraft in einer schwierigen Veränderung genau dieses Verhalten zeigen, weil es aufgrund der Umstände durchaus angebracht ist, kann das bei dem Mitarbeiter starken Widerstand erzeugen. Er reagiert dann vielleicht in einer für Sie nicht nachvollziehbaren und völlig übertriebenen Art und Weise.

Da Sie als Führungskraft nie wissen, welche Erfahrungen zusammen mit welchen Emotionen bei den Mitarbeitern in der Vergangenheit gespeichert wurden, können Sie sich in diesem Fall nur überraschen lassen.

Wenn Sie aber sensibel und wertschätzend auf Widerstand reagieren, kann das beim Mitarbeiter positive Emotionen fördern, die das bisherige Negativmuster durchbrechen. Ihre Art der Reaktion ist also ein Teil des wahrgenommenen Musters. Mitarbeiter, die Widerstand zeigen, als Verweigerer anzusehen und ihnen auf hierarchischer

Macht beruhende Anweisungen zu geben, unterstützt dagegen sehr wahrscheinlich das wahrgenommene negative Muster und führt zu einer Verstärkung des Widerstands.

Schauen Sie hinter die Fassade der rationalen Argumente

Nehmen wir einmal an, ein Mitarbeiter spürt, dass er etwas nicht will, weil das emotionale Gedächtnis unangenehme Emotionen auslöst. Er kann es aber nicht begründen, weil er sich an das zugrunde liegende Ereignis bewusst gar nicht mehr erinnern kann. Da in unserer vom Verstand dominierten Kultur die Begründung »Ich habe da einfach ein schlechtes Gefühl« nicht zählt, muss der Mitarbeiter sein Gefühl rational rechtfertigen. Meist läuft dieser Prozess unbewusst ab, wie das Kühlschrankbeispiel (siehe Kapitel 4) gezeigt hat. Der Verstand sucht blitzschnell eine rationale Begründung für das von ihm nicht gesteuerte Verhalten und erzeugt so die Illusion der rationalen Steuerung. Es kann aber auch sein, dass Ihr Mitarbeiter ganz bewusst einen rationalen Grund »erfindet«, weil er denkt: »Ich muss das jetzt irgendwie begründen können.« Dieses bewusste oder unbewusste Suchen und Vortragen rationaler Gründe für die Ablehnung des Wandels, die tatsächlich auf Emotionen beruht, hat für Sie als Führungskraft wichtige Konsequenzen.

Wenn Sie Ihre Mitarbeiter fragen, weshalb sie gegen eine Veränderung sind, wird Ihnen häufig ein rational nachvollziehbarer Grund genannt, der den Kern des Widerstands aber nicht trifft. Kaum haben Sie den Grund aus dem Weg geräumt, kommt ein neues Gegenargument, und so geht es weiter. Tatsächlich ist der wahre Grund der Ablehnung oft die Angst, den neuen Anforderungen nicht gewachsen zu sein. Niemand sagt aber vor einer Gruppe oder auch gegenüber seinem Vorgesetzten einfach so: »Ich habe Angst, das nicht zu schaffen. Ich schlafe sogar nachts nicht mehr.«

Wie können Sie nun herausfinden, ob ein Grund wahr ist oder vorgeschoben? Eine sichere Methode gibt es natürlich nicht. Meine Empfehlung lautet: Hören Sie mit wirklichem Interesse zu und achten Sie auf Ihre Intuition. Menschen wollen über das sprechen, was sie beschäftigt und was ihnen am Herzen liegt. Dafür braucht es aber ein Gegenüber, das echtes Interesse an der Sichtweise des anderen hat. Ihre Mitarbeiter merken an Ihrem Verhalten, ob Sie dieses Interesse mitbringen.

Wenn Sie aufmerksam sind, hilft Ihnen Ihre Intuition zu entscheiden, ob jemand den echten oder einen vorgeschobenen Grund nennt. Unbewusst verarbeiten Sie viele Mikrosignale der Körpersprache des anderen, die Sie bewusst gar nicht wahrnehmen. Fragen Sie also Ihre »innere Stimme« beziehungsweise das emotionale Gedächtnis. Wenn Ihnen Ihr Gefühl sagt, dass Ihr Gegenüber um den heißen Brei herumredet, sollten Sie weiter zuhören und Fragen stellen, bis Sie den Eindruck haben, am Kern angekommen zu sein.

Falls Sie ein großer Anhänger des Verstands sind und das Bauchgefühl oder die innere Stimme bei Ihnen schon lange kein Mitspracherecht mehr hatte, ist Ihre Wahrnehmung wahrscheinlich verkümmert und muss erst wieder trainiert werden. Dies erreichen Sie, indem Sie sich angewöhnen, regelmäßig wieder nach innen zu hören.

Auch Wahrnehmungseffekte verursachen Widerstand

Neben der Funktionsweise unseres Gedächtnisses gibt es auch Wahrnehmungseffekte, die dazu führen, dass Mitarbeiter Widerstand zeigen. Diese Mechanismen sind den meisten Menschen im Alltag nur begrenzt bewusst. Sie werden die Effekte in den folgenden Beispielen aber mit Sicherheit wiedererkennen.

Wir lieben, was wir haben

Sie erleben dieses Phänomen, wenn Sie Ihren Keller entrümpeln wollen. Vielleicht stehen dort noch ein paar Kisten, die Sie seit dem letzten Umzug nicht geöffnet haben? Es kommt das Wochenende, an dem Sie sich vornehmen, diese zu entsorgen. Sie öffnen die erste Kiste und ziehen eine Tasse mit abgebrochenem Henkel heraus. Sie ist wirklich hässlich, aber gleichzeitig das letzte Erinnerungsstück an Ihre verstorbene Tante.

Den Griff haben Sie als kleines Kind selbst abgebrochen, und es gab ein ordentliches Donnerwetter. Sie schmunzeln und legen die Tasse in die Kiste zurück. So geht es weiter. Eigentlich hatten Sie vor, vieles wegzuwerfen. Wenn Sie es dann aber einzeln durchsehen, wollen Sie nichts davon hergeben, obwohl Sie es seit Jahren nicht mehr benutzt haben oder auch noch nie benutzt haben. Sie haben eine Beziehung zu den Sachen aufgebaut. Am Ende haben Sie die Kisten umgeräumt und neu beschriftet, aber fast alles ist noch da.

Dasselbe gilt für den Arbeitsplatz und die damit verbundenen Gewohnheiten. Mitarbeiter »besitzen« ihren Arbeitsplatz, haben ihn lieb gewonnen und wollen ihn nicht mehr hergeben. Wir gewöhnen uns an Dinge, Orte und Menschen. Nehmen wir einmal an, ein Mitarbeiter zieht in einen anderen Büroraum, der mit dem alten vergleichbar ist. Doch vor dem Fenster des alten Büros stand ein Baum, und jeden Morgen hat der Mitarbeiter erst einmal einen Kaffee getrunken, den Baum betrachtet und dabei den Tag strukturiert. Der vertraute Baum ist jetzt weg und der Mitarbeiter mit dem neuen Büro unzufrieden. Dieser Effekt tritt auch bei weniger angenehmen Umständen auf: Selbst an den Kollegen, der uns mit seinem »Gegrantel« immer etwas auf die Nerven geht, gewöhnen wir uns. Wechselt er das Unternehmen, vermissen wir auf einmal das Hintergrundgeräusch, und er fehlt uns.

Wir nehmen Verluste wesentlich stärker wahr als das, was wir bekommen

Dieser Effekt hängt mit dem eben genannten zusammen. Je stärker wir emotional an etwas gebunden sind, desto mehr ist es uns wert. Doch er gilt auch für solche Dinge, an die wir uns noch nicht gewöhnt haben. Wie stark dieser Effekt ist, zeigt ein sehr interessantes Experiment.[8]

An der amerikanischen Duke University müssen die Studenten bis zu eine Woche lang anstehen und in Zelten campen, um Karten für die sehr beliebten Basketballspiele der Universitätsmannschaft zu erwerben. Aber selbst wenn sie diese Wartezeit durchstehen, ist ihnen eine Karte noch nicht sicher. Halten nämlich zu viele Bewerber durch, entscheidet am Ende das Los. Nach Ablauf der Campwoche wird daher bei besonders wichtigen Spielen eine Liste veröffentlicht, wer von den Ausharrenden eine Karte in der Lotterie gewonnen hat. Dan Ariely, ein Professor am MIT, wollte wissen, welchen Wert die Studenten den Eintrittskarten beimessen. Er und sein Team riefen also all diejenigen Studenten an, die laut Gewinnerliste keine Karte bekommen hatten, und fragten sie als vermeintliche Schwarzhändler, welches der höchste Preis wäre, den sie für eine noch freie Karte zahlen würden. Der durchschnittlich gebotene Preis lag bei 175 Dollar. Ebenso riefen sie die Gewinner mit der Frage an, für welchen Preis sie das Ticket verkaufen würden. Was schätzen Sie, wie hoch die durchschnittliche Forderung für eine Karte war? _____ Dollar.

Wie Sie sich vielleicht schon gedacht haben, waren die Forderungen höher als die Gebote. Zur Begründung sagten die Besitzer einer Karte, dass ein solches Spiel ein unvergessliches Ereignis in der Studentenzeit sei und man ein solches nicht bezahlen könne. Tatsächlich lag der durchschnittlich geforderte Preis aller Studenten bei zweitausendachthundert Dollar!

Bezogen auf den Arbeitsplatz bedeutet dies, dass wir bei einer Veränderung einen verklärten Blick auf unsere Stelle haben. Wir nehmen sehr stark die Vorteile und den Nutzen wahr, die wir haben und aufgeben müssen. Die rosige Zukunft, die man uns stattdessen verspricht, ist dagegen ungewiss. Vielleicht wird auch alles schlechter. Wer weiß?

Wir fokussieren uns auf das Negative

Auch dies ist ein interessantes Phänomen. Nehmen wir einmal an, durch einen Wandelprozess könnten sich zehn verschiedene Faktoren des Arbeitsumfelds eines Mitarbeiters potenziell verändern. Zu den Faktoren gehört zum Beispiel das Gehalt. Es könnte sich verbessern, gleich bleiben oder verschlechtern. Ein weiterer Faktor könnte der Arbeitsinhalt sein. Dieser könnte spannender werden, gleich bleiben oder langweiliger sein. Nehmen wir weiterhin an, in der Folge zeigt sich, dass acht der zehn Faktoren gleich bleiben, einer verbessert sich und einer verschlechtert sich. Im Schnitt ergibt das eine Null. Wie wird das Ganze aber in den meisten Fällen vom Mitarbeiter wahrgenommen? Die acht Faktoren, die gleich bleiben, werden vollständig ausgeblendet. Der Faktor, der sich verbessert, wird zwar wahrgenommen, aber deutlich abgeschwächt. Der einzige Faktor aber, der sich verschlechtert, wird auf ein Mehrfaches aufgeblasen. Im Schnitt ergibt sich subjektiv empfunden ein deutliches Minus. Auch dazu ein Beispiel:

Ein mir bekannter Konzern hatte eine sehr schöne und architektonisch hochwertige Zentrale. Als man beschloss, den Sitz der Konzernzentrale in eine andere Stadt zu verlegen, wollte man den hohen Standard nicht nur beibehalten, sondern sogar noch steigern. Man ließ ein Gebäude von einem Stararchitekten entwerfen. Der Plan für die Innenraumgestaltung berücksichtigte die neuesten Erkenntnisse der Arbeitspsychologie. Zusätzlich interviewte man die Mitarbeiter, was sich im Vergleich zum alten Gebäude verbessern ließe. All dies wurde umgesetzt. Das neue Gebäude war perfekt. Architekten und Arbeitspsychologen aus ganz Europa reisten an, um sich das Wunderwerk der Arbeitsarchitektur anzuschauen. In diesem Gebäude zu arbeiten, musste ein Traum sein.

Doch eines war im neuen Gebäude nicht ganz so gut wie im alten: die Kantine! Genau genommen ging es um einige wenige Gericht, die nicht ganz die frühere Qualität hatten. Freitag war der sehr beliebte »Schnipo«-Tag (Schnitzel und Pommes). Leider war die Panade des Schnitzels nicht ganz so knusprig wie in der alten Kantine. Worüber redeten die Leute also? Richtig, über die schlechte Qualität des Schnitzels und ähnlich wichtige »Verschlechterungen«. Die Unternehmensleitung konnte es kaum fassen.

Neben den genannten Wahrnehmungseffekten kommt noch eine weitere Komponente ins Spiel, die darüber entscheidet, wie hoch der zu erwartende Widerstand eines Mitarbeiters ist.

Die Stärke des Widerstands steigt mit der Höhe der logischen Ebene

Die Idee der logischen Ebene stammt von dem Amerikaner Robert B. Dilts. Er entwickelte das Modell Ende der 1980er Jahre vor allem für die psychotherapeutische Behandlung. Nun erfreuen sich Wörter, die mit »psycho« beginnen oder mit »therapeutisch« enden, unter Managern nicht gerade großer Beliebtheit. Tatsächlich geht es aber in Therapien fast immer darum, Menschen dabei zu helfen, Blockaden zu lösen und neue Sichtweisen und Verhaltensmuster zu entwickeln, die ihnen eine bessere Zukunft ermöglichen. Das entspricht wohl ziemlich genau dem, was Sie als Führungskraft gerne bei Ihren Mitarbeitern im Widerstand erreichen würden. Es lohnt sich also, das Modell mit seinen fünf logischen Ebenen einmal genauer zu betrachten. Es trägt zur Erklärung von Widerstand bei, weil sich folgende Regel immer wieder als wahr erwiesen hat:

> Je höher die logische Ebene, auf der ein Mitarbeiter sich aufgrund eines Wandelprozesses verändern muss, desto größer ist im Allgemeinen der zu erwartende Widerstand.

Die logischen Ebenen

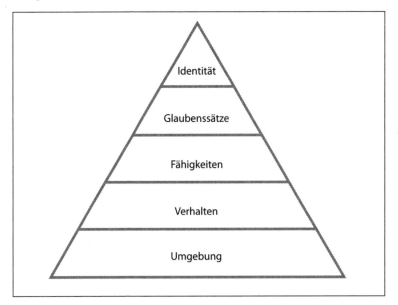

1. Identität Diese umfasst die ganz grundlegenden Aussagen zu unserer Person, wie zum Beispiel: Ich bin ein Mann/eine Frau. Ich bin ein Vater/ eine Mutter. Ich bin berufstätig.

2. Glaubenssätze[9] Glaubenssätze sind vereinfacht ausgedrückt Sätze, an deren Inhalt wir bewusst und in vielen Fällen auch unbewusst glauben. Diese Glaubenssätze formen unsere Wahrnehmungsfilter und bestimmen damit, wie wir die Welt sehen. Wenn zum Beispiel jemand der Meinung ist, das Leben sei hart und ungerecht, dann wird er bevorzugt die Ereignisse wahrnehmen, die diesem Glaubenssatz entsprechen. Begebenheiten, die das Gegenteil belegen, werden dagegen eher ausgeblendet oder sogar uminterpretiert (zum Beispiel: »Der hilft mir doch nur, weil er sich davon einen Vorteil verspricht«).

3. Fähigkeiten Damit ist alles gemeint, was eine Person aufgrund ihrer Persönlichkeit, ihres Willen, Ihrer Ausdauer, ihres Intellekts, ihrer Emotionen und ihrer Erfahrung zu tun in der Lage ist.

4. Verhalten Das Verhalten meint, wie ein Mensch sich in einer konkreten Situation verhält, also wie er agiert und auf die Reize von anderen reagiert.

5. Umgebung Der Begriff Umgebung umfasst alle äußeren Bedingungen, die auf eine Person einwirken. Im Zusammenhang mit dem Beruf gehören dazu zum Beispiel der Arbeitsort, die Kollegen, der Vorgesetzte sowie die Unternehmenskultur.

Je höher nun die Ebene ist, auf der Sie eine Veränderung erwarten, desto größer ist der Widerstand, mit dem Sie bei der betroffenen Person rechnen müssen. Ihre Lebenserfahrung und Ihr gesunder Menschenverstand dürften diese Regel bestätigen. Wenn ein Unternehmen zum Beispiel Mitarbeiter entlassen muss, so betrifft das fast immer deren Identität. Gerade im deutschsprachigen Raum definieren wir uns sehr über unseren Beruf.

Ein Beispiel handelt von Mitarbeitern, die Jahrzehnte bei einem Unternehmen gearbeitet hatten, das sie als »ihr« Unternehmen begriffen und auf das sie sehr stolz waren. Dieses wurde aber plötzlich von einem großen Konzern übernommen. Auf einmal empfanden sich die altgedienten Mitarbeiter nicht mehr als Säule des Unternehmens, sondern als »überaltertes Humankapital«, das man mit Abfindungsangeboten »entsorgen« wollte. Das Resultat war eine starke Zornphase, massive Trauer und natürlich Widerstand.

Das Modell der logischen Ebenen ist aber auch noch bezogen auf einen weiteren Punkt sehr aussagekräftig. Dilts hat darauf hingewiesen, dass ein Therapeut (in unserem Fall der Change Leader) auf der richtigen Ebene intervenieren muss, wenn er einen Erfolg bei einem Klienten (Mitarbeiter) erzielen will. Wählt der Therapeut die falsche Ebene, wird selbst mit einer langjährigen Therapie kein Erfolg erzielt.

> Eine Veränderung auf einer der oberen logischen Ebenen hat immer einen deutlichen Einfluss auf die darunterliegenden, während eine Veränderung einer unteren Ebene auf die darüberliegenden normalerweise kaum eine Wirkung hat.

Manager sollten sich also überlegen, auf welcher Ebene eine Veränderung erforderlich ist, damit etwas umgesetzt wird.

Eine der weltweiten Big Five unter den Wirtschaftsprüfungsgesellschaften hatte in der Krise Ende der 1990er Jahre plötzlich massive Umsatzprobleme. Viele der bis dahin immer voll ausgelasteten Wirtschaftsprüfer (WPs) hatten auf einmal keine Prüfungsprojekte mehr. Neue Mandate mit dem entsprechenden Umsatz mussten schnell gewonnen werden. Viele der WPs kamen bei den immer gleichen Unternehmen zum Einsatz, die sie daher meist sehr gut kannten. Das Topmanagement wollte die WPs nun dazu anhalten, zusätzliche Prüfungsthemen aufzuspüren und den Kunden aktiv anzubieten. Da die WPs aber bis dahin kaum akquiriert hatten, schickte man mehrere Hundert von ihnen in ein zweitägiges Seminar, um sie für die Auftragsakquisition fit zu machen und neue Fähigkeiten und neues Verhalten zu trainieren. Tatsächlich brachte die gesamte Maßnahme, deren Kosten im siebenstelligen Bereich lagen, nur eine geringe Wirkung. Weshalb? Man hatte auf der falschen logischen Ebene interveniert. Das Problem waren weniger die Fähigkeiten oder das Verhalten, sondern die Glaubenssätze. Ein Wirtschaftsprüfer hat nicht nur studiert, sondern nach mindestens drei erfolgreichen Berufsjahren zusätzlich die anspruchsvolle Prüfung zum Wirtschaftprüfer absolviert. Diese besteht unter anderem aus sieben vier- bis sechsstündigen schriftlichen Prüfungen. Nur wer die bewältigt und eine Reihe weiterer Voraussetzungen erfüllt, kann sich bestellen lassen und den Eid ablegen, denn der Wirtschaftsprüfer ist ein öffentliches Amt. Zu den festgelegten Berufspflichten gehören unter anderem die Unabhängigkeit, die Unbefangenheit und die Unparteilichkeit des Prüfers. Wie gut passen diese drei Pflichten zu Akquisitionsgesprächen mit eindeutiger Verkaufsintention? Eben! Wenn man die Eigenschaften beschreibt, die den perfekten Wirtschaftsprüfer ausmachen, dann steht auf der gegenüberliegenden Seite aus Sicht der meisten WPs der typische Gebrauchtwagenhändler, Strukturversicherungsvertreter oder Klinkenputzer. Der kritische Glaubenssatz zum Thema Akquisition ist daher: Ich bin kein Klinkenputzer! Und solange man den nicht verändert, bringt die Vermittlung von Akquisitionsfähigkeiten nichts, weil sie auf keinen Fall angewendet werden.

Erstaunlicherweise zeigte keiner der Wirtschaftsprüfer Widerstand gegen die Order von oben, in Zukunft mehr zu akquirieren und aus diesem Grund auch am Seminar teilzunehmen. Wie wir gleich noch sehen werden, ist kein Widerstand ein sehr ernstes Warnsignal – es zeigt fast immer, dass niemand an die Umsetzung glaubt. Und genau so war es auch, denn den WPs wurden keinerlei Umsatzziele für die Akquisition vorgegeben. Also setzen sich alle brav ins Seminar und brachten die zwei Tage hinter sich, ohne danach etwas an ihrem Verhalten zu ändern. Doch es wäre sehr wohl möglich gewesen, die Glaubenssätze zu bearbeiten, denn es gibt Wirtschaftsprüfer, die durchaus akquirieren: die Partner, und damit die Mitglieder der höchsten erreichbaren Karrierestufe. Deren Aufgabe ist eben nicht mehr die Prüfung, sondern hauptsächlich das Anbahnen neuer Kontakte und Geschäfte. Die Botschaft hätte lauten können: Wirtschaftsprüfer sind hoch qualifizierte, intelligente und integere Menschen, und die besten von ihnen können zusätzlich noch akquirieren. Dies ist ein gutes Beispiel dafür, dass nichts passiert, wenn Sie auf der falschen logischen Ebene intervenieren, und dass kein Widerstand auf ein Problem schließen lässt.

Sie sehen also, dass es viele Einflussgrößen für den zu erwartenden Widerstand gibt. Dazu gehören:

- die emotionale Achterbahn (Kapitel 2),
- die Funktionsweise des prozeduralen und des emotionalen Gedächtnisses,
- die negativen Wahrnehmungseffekte und
- die Höhe der logischen Ebene nach Dilts.

All diese Mechanismen führen dazu, dass Menschen in Veränderungen fast immer Widerstand zeigen. Sie müssen sich nicht alle merken. Wichtig ist vor allem diese eine Botschaft:

> **Widerstand ist normal. Sie können fest mit ihm rechnen.**

In der Tat sollten Sie Widerstand aber nicht nur als ein leidiges Phänomen, sondern sogar als ein positives Signal sehen.

Widerstand der Mitarbeiter ist gut!

Ich behaupte nicht, Widerstand sei angenehm. Mir ist völlig klar, dass er bei der Umsetzung von Wandelprozessen von den Führungskräften als problematisch und kräftezehrend empfunden wird. Und trotzdem ist Widerstand gut! Warum?

Widerstand zeigt, dass man die von Ihnen initiierten Maßnahmen ernst nimmt und die Mitarbeiter Ihnen als Vorgesetztem die Umsetzung auch zutrauen. Das Schlimmste, was Ihnen passieren kann, ist ausbleibender Widerstand. Denn das bedeutet im Normalfall nichts anderes, als dass Ihre Mitarbeiter nicht glauben, dass Sie es schaffen werden, oder dass jeder Mitarbeiter aus Erfahrung weiß, dass Ihr Projekt nicht funktionieren kann. In beiden Fällen ist es gar nicht nötig, Widerstand zu leisten. Das emotionale Gedächtnis der Mitarbeiter gibt also keine Warnmeldung in Form von unangenehmen Emotionen heraus, weil es keine Gefahr sieht. Die emotionale Achterbahn startet nicht.

Einer neu eingestellten Führungskraft wurde ein wichtiges Projekt übertragen. Sie freute sich sehr darüber und war erleichtert, dass keiner der betroffenen Mitarbeiter Widerstand zeigte. Später musste sie feststellen, dass die Initiierung des Projekts politisch motiviert gewesen war, für den Vorstand hatte es lediglich eine Alibifunktion. Da außer dem Projektleiter jeder wusste, dass es niemals ernsthaft umgesetzt werden würde, zeigte auch niemand Widerstand.

So gesehen, ist also das Ausbleiben und nicht das Auftreten von Widerstand ein starkes Warnsignal. Ein schönes Beispiel für fehlenden Widerstand sind Führungsleitbilder, die in Unternehmen regelmäßig erstellt werden. Dafür setzt sich meistens eine Arbeitsgruppe aus Vertretern der verschiedenen Bereiche zusammen und diskutiert, wie man Menschen in diesem Unternehmen führen will. Das Ergebnis ist normalerweise ein Katalog mit Gutmensch-Regeln, den alle Mitglieder der Geschäftsführung bereitwillig unterschreiben. Widerstand gibt es keinen. Warum? Weil keiner das Leitbild ernst nimmt. Ein typischer Satz lautet: »Wir wollen offen und ehrlich miteinander kommunizieren.« Nun haben Manager aber leider sehr oft ausgeprägte Egos, was dazu führt, dass sie entgegen ihren Beteuerungen nicht sehr kritikfähig sind. Kein Mitarbeiter wird dem Vorgesetzten seine Meinung auf einmal offen und ehrlich sagen, nur weil das im Leitbild steht. Zu unkalkulierbar ist das Risiko für so viel Gutgläubigkeit.

Bei einem großen Mittelständler hatte ich einen Vortrag gehalten. Dort erzählte man mir, dass am folgenden Tag ein Workshop stattfinden würde, bei dem die in früheren Workshops entwickelten 25 Führungsleitsätze auf die 16 (!) wichtigsten reduziert werden sollten. Ich fragte den Vorstandsvorsitzenden beim Abendessen, ob er das für sinnvoll halte. Darauf meinte dieser schmunzelnd: »Fünf würden wohl auch reichen.« Recht hat er!

Nehmen wir einmal an, die Geschäftsleitung würde sogar nur drei relevante und damit wahrscheinlich unbequeme neue Leitsätze herausgeben und auch erklären, woran man die Umsetzung im Führungsalltag der einzelnen Manager in Zukunft feststellen beziehungsweise messen wird. Wäre dann mit Widerstand zu rechnen? Mit Sicherheit!

> **Das Fehlen von Widerstand ist ein klares Zeichen dafür, dass niemand an die Umsetzung glaubt.**

Widerstand ist aber auch noch in einer anderen Hinsicht gut. Bei Veränderungsvorhaben erklärt der Vorgesetzte den Mitarbeitern den Sinn des Ganzen, und diese stimmen zu. Trotz großer Geschäftigkeit in den nächsten Wochen wird aber nichts Konkretes umgesetzt, es gibt offensichtlich Energieblockaden. Jetzt muss sich die Führungskraft fragen:

»Wo sind die Schleusen, die ich öffnen kann, damit Umsetzungsenergie freigesetzt wird? Wie finde ich diese?« Die Antwort lautet:

> **Widerstand zeigt Ihnen, wo blockierte Energie ist, die freigesetzt werden kann.**

Widerstand hat also in zweifacher Hinsicht eine positive Signalfunktion. Aber nicht jeder Widerstand ist gut. Es gibt eine Ausnahme.

Widerstand der Führungskraft ist kritisch

Wirklich kritisch ist nicht der Widerstand der Mitarbeiter, sondern die Reaktion des Vorgesetzten darauf. Nicht wenige reagieren persönlich beleidigt und beginnen ihrerseits, diffuse Ablehnung gegen die betreffenden Mitarbeiter zu zeigen, anstatt auf diese zuzugehen. Damit geht die Verweigerung einher, sich ernsthaft mit der Frage auseinanderzusetzen, welche Bedürfnisse und Emotionen hinter den Reaktionen der Mitarbeiter stehen. Es entsteht eine kuriose Kettenreaktion: Den Mitarbeitern gefällt etwas nicht, und sie reagieren mit Widerstand. Das wiederum missfällt der Führungskraft, und diese zeigt ebenfalls Widerstand. Die Frage ist nun: Welche der beiden Parteien sollte sich jetzt aus dem Widerstand lösen und auf die andere Seite zugehen? Wer von beiden sollte also eine Vorbildrolle übernehmen? Ein Tipp: Eine der beiden Parteien bekommt sogar ihr Gehalt dafür!

Leider ist ein souveränes und wertschätzendes Verhalten der Führungskräfte eher selten der Fall. Die üblichen Reaktionen auf den Widerstand von Mitarbeitern bestehen oft aus einem schlichten Dreiklang: Dozieren, Ignorieren und Induzieren.

1. Dozieren: Der Vorgesetzte wiederholt immer wieder die rationalen Argumente für einen Wandel. Sie als Leser wissen aber bereits, dass dies nichts bringt, denn ein Mehr an Rationalität ändert nichts an der Emotionalität. Die Mitarbeiter haben den Eindruck, der Chef rede an ihnen vorbei.

2. Ignorieren: Der Vorgesetzte tut so, als ob nichts wäre, und meidet die verärgerten Mitarbeiter. Viele Chefs haben auch erstaunlich viele Kundentermine außer Haus, wenn dicke Luft in der Abteilung herrscht. Die Mitarbeiter fühlen sich allein gelassen.

3. Induzieren: Der Vorgesetzte nutzt als letztes Mittel seine hierarchische Macht, um das gewünschte Verhalten auszulösen. Er droht einzelnen Mitarbeitern mit Konsequenzen, wenn sie nicht den Erwartungen entsprechen. Druck erzeugt aber häufig Gegendruck oder aber Dienst nach Vorschrift.

Alle drei Reaktionen haben den großen Nachteil, dass sie

- einen Vertrauensverlust bewirken,
- Angst und Zorn erzeugen,
- zu noch mehr Widerstand führen.

Vorgesetzte sehen oft nicht, was sie selbst dazu beitragen, den Wandel zu verhindern. Widerstand der Mitarbeiter wird überhaupt nur dann zu einem Problem, wenn die Führungskraft nicht, zu wenig oder mit der falschen Einstellung kommuniziert.

> **Wenn Sie bei Widerstand der Mitarbeiter als Führungskraft dozieren, induzieren oder diesen ignorieren, wird er mit an Sicherheit grenzender Wahrscheinlichkeit noch stärker.**

Es ist erstaunlich, wie viele Führungskräfte es ihr Leben lang immer wieder mit diesen drei Vorgehensweisen versuchen, obwohl sie in der Vergangenheit noch nie gute Ergebnisse damit erzielt haben. Aber auch dies ist ein Beispiel dafür, wie sehr wir Menschen an unseren Gewohnheiten festhalten (siehe Kapitel 7).

Nun stellt sich die Frage, wie Sie denn als Führungskraft mit Widerstand am besten umgehen können. Mit der Antwort beschäftigen wir uns im folgenden Abschnitt.

Gehen Sie zu den Widerständlern und hören Sie zu

Wenn Sie in Wandelprozessen Widerstand einzelner Personen oder ganzer Gruppen verspüren, sollten Sie aktiv auf diese zugehen und das von Ihnen beobachtete Verhalten ansprechen. Manch eine Führungskraft antwortet da: »Ich habe doch eine Politik der offenen Tür. Bei mir kann man immer reinkommen.« Das mag sein. Sie dürfen aber von Mitarbeitern, die gerade die emotionale Achterbahn durchfahren, nicht erwarten, dass diese auf Sie zukommen. Die Führungskraft muss den ersten Schritt machen.

Wenn Sie eine Einzelperson oder eine Gruppe zum Beispiel in einem Meeting ansprechen, verwenden Sie einfache und wertschätzende, aber direkte Worte. Zum Beispiel so:

»Ich wollte mit Ihnen über eine Sache sprechen, die mir sehr am Herzen liegt. Wie Sie wissen, befinden wir uns gerade in einem Wandel, dessen Umsetzung ich als sehr wichtig ansehe. Ich meine aber zu merken, dass von Ihnen bis jetzt nicht sehr viel Energie eingebracht wurde. Sicherlich haben Sie gute Gründe dafür. Es ist mir wichtig, Sie im Boot zu haben. Mich würde interessieren, welche Bedenken Sie gegen die Inhalte oder vielleicht auch gegen die Art der Umsetzung haben. Mein Ziel ist es, dass wir einen gemeinsamen Weg finden. Dafür müsste ich aber wissen, was Ihnen wichtig ist. Vielleicht können Sie mir dabei helfen?«

Erwarten Sie jetzt bitte nicht, dass die Mitarbeiter wie aus der Pistole geschossen antworten. Halten Sie die entstehende Pause und das Schweigen aus. Früher oder später beginnt jemand zu sprechen. Wenn das nicht der Fall ist, können Sie einfach spiegeln: »Die Tatsache, dass Sie alle schweigen, zeigt mir, dass ich mit meiner Vermutung wahrscheinlich nicht ganz falsch liege.« Jetzt warten Sie erneut ab. Irgendwann beginnt dann jemand zu reden. Hören Sie zu. Diskutieren Sie nicht! Die anderen Mitarbeiter beobachten Ihre Reaktion ganz genau. Wenn Sie versuchen, das gerade Gesagte sogleich mit Gegenargumenten zu widerlegen, ist der Dialog beendet, bevor er überhaupt begonnen hat.

Die Mitarbeiter haben ihre Gründe, sich so zu verhalten. Die Aufgabe besteht für Sie als Führungskraft nun darin, diese herauszufinden, soweit sie den Mitarbeitern selbst bewusst sind. Dafür ist es unabdingbar, dass Sie Ihren Mitarbeitern tatsächlich zuhören. Viele Manager sind keine guten Zuhörer. Die Sichtweise des anderen wahrzunehmen erfordert Unvoreingenommenheit, Interesse und Geduld. Die meisten Manager reden jedoch lieber über ihre Sicht der Dinge und erklären dem anderen, warum er umdenken muss, und zwar ohne dessen Blickwinkel überhaupt richtig verstanden zu haben. Hören Sie deshalb erst einmal zu und nehmen Sie die Welt für einen Augenblick aus der Perspektive des anderen wahr. Akzeptieren Sie (vermeintliche) Fehler in der Argumentation. Es geht vorerst darum, ein Gesamtbild zu bekommen.

Wer sich schon einmal mit Mediation beziehungsweise der Klärung von Konflikten beschäftigt hat, wird die Erfahrung gemacht haben, dass nie eine Seite Recht und die andere Unrecht hat. Vielmehr sind fast immer beide Sichtweisen aus der jeweiligen Position heraus sinnvoll und nachvollziehbar. Es geht nicht um Recht und Unrecht oder richtig oder falsch, sondern darum, die jeweils andere Seite zu verstehen.

Unser Umgang mit Andersdenkenden ist leider oft von der Arnold-Schwarzenegger-Methode[10] bestimmt. Selbst wenn wir uns bemühen zuzuhören, wartet unser innerer Terminator nur auf die Chance, den Gegner bei der erstbesten Gelegenheit wegzublasen. Wenn ein Kritiker vor der gesamten Gruppe unstrukturiert argumentiert und Zusammenhänge verdreht, steht die innere Kampfmaschine auf, lädt das Maschinengewehr durch und sagt: »Hasta la vista, Baby!« Es wäre ein Leichtes, den Mitarbeiter jetzt mit pointierter Rhetorik niederzustrecken. Ihre Aufgabe aber ist es, dem inneren Terminator zu sagen, er soll sich wieder hinsetzen und die Waffe sichern. Idealerweise sind Sie auf das Gespräch sogar mental so gut eingestellt, dass Ihr innerer T-800 von vornherein zu Hause geblieben ist. Wenn Sie wirklich präsent sind, brauchen Sie ihn ohnehin nicht.

Versetzen Sie sich in einen Zustand von innerer Ruhe

Bereiten Sie sich auf das Gespräch vor. Von manchen japanischen Samurais ist bekannt, dass sie vor einem Kampf oder einer Schlacht noch eine Teezeremonie durchführten. Diese diente dazu, den Geist zu beruhigen und leer werden zu lassen. Wenn der Kopf voll ist mit Gedanken, die in großer Geschwindigkeit kreisen, ist kein Platz für die Wahrnehmung und instinktiv richtige Reaktion auf das, was vom Gegenüber kommt. Berücksichtigen Sie das, wenn Sie ein Gespräch mit einer Gruppe oder einem Mitarbeiter planen, das Widerstand erwarten lässt. Am besten lassen Sie einen solchen Termin nicht direkt auf ein anstrengendes Meeting oder eine andere fordernde Tätigkeit folgen. Hasten Sie nicht in das Gespräch, sondern bereiten Sie sich bewusst mental darauf vor. Gehen Sie vorher spazieren oder schließen Sie die Augen, um Ihre Gedanken zu beruhigen und tief durchzuatmen.

Wenn Sie Kinder haben, wissen Sie, dass man auch als Elternteil Launen und der Tagesform unterliegt. Wenn wir sowieso schon einen sehr stressigen Tag hatten, reagieren wir schnell übermäßig gereizt. Tun die

Kinder dann etwas, was sie nicht sollen, wird die eigene Stimme leicht laut oder schrill. Mit einer entspannten inneren Einstellung würden wir in derselben Situation in die Knie und damit auf Augenhöhe mit dem Kind gehen und ihm im ruhigen Ton erklären, weshalb sein Verhalten nicht angebracht ist. Unsere Reaktionsweise auf das Handeln einer anderen Person hängt stets sehr stark von unserem Gemütszustand ab. Sie als Führungskraft sind verantwortlich dafür, sich vorher zu sammeln, sodass Sie ruhig und mit der richtigen Einstellung in das Gespräch gehen können.

Bleiben Sie besonnen und nehmen Sie nicht alles persönlich

Wenn Mitarbeiter zornig sind, können diese ihre Anliegen teils sehr direkt und wenig wertschätzend für Ihre Arbeit als Führungskraft formulieren. Es gibt auch immer einzelne Mitarbeiter, die kein Blatt vor den Mund nehmen und dabei wenig Feingefühl in ihrer Wortwahl beweisen. Sich als Führungskraft hart formulierte, unter Umständen sogar völlig unberechtigte Vorwürfe geduldig anzuhören, ist nicht einfach. Insbesondere, wenn Sie dem Kritiker rhetorisch deutlich überlegen sind, kostet es innere Überwindung, ruhig zu bleiben. Versuchen Sie es dennoch, unterbrechen Sie nicht, sondern hören Sie weiter zu. Gehen Sie davon aus, dass viele Menschen nicht gelernt haben, wie man Kritik konstruktiv und wertschätzend formuliert. Sie als Führungskraft sind mit großer Wahrscheinlichkeit darin geschult. Ihre Mitarbeiter haben diesen Vorteil nicht. Seien Sie dankbar für ehrliche Rückmeldungen, auch wenn die Verpackung nicht besonders schön ist. Wenn Sie jemanden vor der Gruppe demontieren, können Sie sicher sein, dass danach nicht nur die eher unsicheren Mitarbeiter den Mund nicht mehr aufmachen werden. Der Teil in Ihnen, der laut brüllt: »Das darfst du dir nicht gefallen lassen!«, ist übrigens Ihr Ego. Zügeln Sie es, und beweisen Sie Demut. Natürlich gibt es auch hier eine Grenze. Die Messlatte, wann Sie einschreiten, sollten Sie aber höher legen als unter normalen Bedingungen.

Bedenken Sie bei Kritik auch: Die Art und Weise, wie jemand kommuniziert und was er sagt, hat manchmal mehr mit dem Sender selbst als mit Ihnen als Empfänger zu tun. Die Argumente des anderen zeigen seine Welt und seine Sichtweise. Vielleicht hatten Sie auch schon mal einen Nachbarn, der bei jeder Gelegenheit auf irgendetwas geschimpft hat. Diese Art der Kommunikation zeigt einen persönlichen Fokus auf das Negative, unabhängig vom konkreten Gegenstand. Ebenso sagt die Art und Weise, wie Sie auf das Verhalten Ihrer Mitarbeiter reagieren, viel über Sie als Führungskraft aus. Versuchen Sie deshalb, präsent zu bleiben und das Gespräch durch Fragen zu führen. Wenn Sie glauben, verstanden zu haben, worum es jemandem geht, wiederholen Sie den Kern der Botschaft noch einmal in Ihren eigenen Worten und vergewissern Sie sich, dass Sie richtig verstanden haben. Sehr starke Emotionen können Sie dem Mitarbeiter spiegeln, indem Sie beispielsweise sagen: »Ich merke, dass Sie sehr verärgert sind, und würde gerne den Grund noch besser verstehen.« Ihre Mitarbeiter beobachten sehr genau, ob Sie offen bleiben und weitere Fragen stellen oder gereizt zum Gegenangriff übergehen.

Lassen Sie ein reinigendes Gewitter zu

Manchmal fungieren Sie als Führungskraft auch als Blitzableiter für Ärger über Dinge, die Sie nicht zu verantworten haben. Dazu gehört insbesondere das Verhalten des Topmanagements oder die allgemeine Unternehmenspolitik. Bei den Mitarbeitern hat sich eine Menge Wut aufgestaut, und jetzt kommen Sie und fragen, was ihnen auf der Seele liegt. Statt eine zivilisierte Antwort zu bekommen, werden Sie von einem Sturm überrascht. Ähnlich wie bei einem Gewitter bewirkt diese emotionale Entladung, dass die Atmosphäre danach ruhig und entspannt ist. Der aufgestaute Druck ist weg. Ein produktives Arbeiten wird jetzt erst wieder möglich.

Es ist wichtig, die verbalen Entladungen zuzulassen, auch wenn Sie nicht die Ursache dafür sind. Da ein Mitarbeiter dem Vorstand oder dem ganzen Unternehmen nicht sagen kann, was ihn so wütend macht, fungieren Sie manchmal als Stellvertreter. Aber machen Sie nicht den Fehler, die Kritik persönlich zu nehmen. Lassen Sie – wie ein Blitzableiter – die Vorwürfe und geballten Emotionen durch sich hindurch in den

Boden abfließen. Notieren Sie die Argumente der Teilnehmer am besten auf einem Flipchart und bleiben Sie innerlich und äußerlich ruhig. Wenn Sie hier souverän und wertschätzend agieren, bauen Sie nicht nur Spannung ab, sondern auch Vertrauen auf. Sollten Sie sich das (noch) nicht zutrauen, beauftragen Sie einen externen Moderator. Ein erfahrener Profi kann damit umgehen.

Sprechen Sie tote Zebras an

Nicht immer sprechen Mitarbeiter heikle Themen von sich aus an. Doch auch das Nichtansprechen von Themen, die offensichtlich jeden beschäftigen, kann zu Widerstand führen.

Nehmen wir einmal an, es gibt eine Restrukturierung. Alle befürchten, dass damit ein Personalabbau verbunden sein wird, weil dies bei einer früheren Umstrukturierung der Fall war. Keiner der Mitarbeiter traut sich aber, den kollektiven Verdacht in Worte zu fassen. Diese Situation ähnelt einem Meeting, bei dem ein verwesendes Zebra auf dem Tisch liegt. Jeder sieht es, jeder riecht es – aber keiner sagt etwas. Die Leute müssen teilweise aufstehen, um am Zebra vorbei die anderen überhaupt noch sehen zu können. Dieser Zustand ist höchst unnatürlich. Es ist Ihre Aufgabe als Führungskraft, das Zebra zu thematisieren. Sie können zum Beispiel sagen: »Ich kann mir gut vorstellen, dass Sie sich Gedanken über einen möglichen Personalabbau machen, denn das gab es ja schon mal.«

Wenn der Vorgesetzte ein Thema anspricht, das sowieso jeder im Kopf oder vor Augen hat, kann dies eine enorme Erleichterung und auch Öffnung gegenüber dem Wandel bedeuten. Das gilt selbst dann, wenn Sie keine Entwarnung geben oder Versprechungen machen können. Allein das Reden über die Dinge, die uns beschäftigen, baut Spannungen ab und setzt Energie frei.

Holen Sie Feedback ein und beziehen Sie klar Stellung

Um Widerstand abzubauen und Energie freizusetzen, sollten Sie zuerst einmal in Erfahrung bringen, wogegen dieser sich genau richtet. Folgende Varianten sind zum Beispiel möglich:

- Ihre Mitarbeiter verstehen den Sinn und Zweck des Wandels nicht.
- Ihre Mitarbeiter verstehen zwar, worum es geht, der gesamte Wandel an sich oder ein spezifischer Teilaspekt verärgert sie aber.
- Ihre Mitarbeiter akzeptieren den Wandel, sind jedoch mit der geplanten Umsetzung oder Teilen davon nicht einverstanden.
- Ihre Mitarbeiter akzeptieren den Wandel und die Schritte der Umsetzung, finden aber Ihre Art, als Vorgesetzter damit umzugehen, nicht akzeptabel.

Wissen, was Mitarbeiter bewegt Es gibt verschiedene Möglichkeiten zu erfahren, welcher Widerstand vorhanden ist und welche Bedürfnisse dahinterstehen. Das direkte Gespräch mit Mitarbeitern zu suchen, ist nur eine davon. Oft ist es sinnvoll, eine Kombination mit weiteren Möglichkeiten zu nutzen:

- Sprechen Sie mit den Ihnen unterstellten Führungskräften darüber, was diese bei den Mitarbeitern beobachten und wie sie das Wahrgenommene interpretieren.
- Lassen Sie sich von einzelnen Vertrauensleuten regelmäßig darüber informieren, was in der Belegschaft hinter vorgehaltener Hand gesprochen wird. Es geht dabei um die Gesamtstimmung und nicht darum, einzelne Mitarbeiter zu denunzieren!
- Beauftragen Sie einen Mitarbeiter, der als integre und vertrauenswürdige Person bei den anderen akzeptiert ist, die Fragen und Bedenken der Mitarbeiter zu sammeln und diese gebündelt und anonym an Sie weiterzugeben. Diese Fragen beantworten Sie dann für alle.
- Gründen Sie eine Feedback-Gruppe aus Mitarbeitern, die den offiziellen Auftrag hat, Ihnen regelmäßig Rückmeldungen darüber zu geben, welche Anliegen, Fragen und Ängste die Mitarbeiter haben.

Stellung beziehen Auf die Rückmeldung von Widerstand können Sie mit verschiedenen Maßnahmen reagieren. Sie dienen alle dazu, mit den Mitarbeitern in den Dialog zu treten und ihre Sichtweise besser zu verstehen:

- Führen Sie Einzelgespräche mit Mitarbeitern, die erhöhten Widerstand zeigen.
- Führen Sie im Rahmen normaler Zusammenkünfte Gespräche mit ganzen Teams, wenn diese Widerstand zeigen.
- Moderieren Sie einen eigens einberufenen Workshop selbst.
- Lassen Sie einen Workshop von einem Fachmann moderieren und kommen Sie zum Ende des Treffens hinzu, um zeitnah vor Ort Entscheidungen zu den Lösungsvorschlägen zu fällen.

Eine Workshop-Format, um herauszufinden, welche Ursachen dem Widerstand zugrunde liegen, ist das von General Electric (GE)[11].

Workshop mit Mitarbeitern

1. Die Mitarbeiter treffen sich an einem Ort außerhalb des Unternehmens. Der Rahmen und die zwanglose Kleidung zeigen, dass dies kein normales Business-Meeting ist.
2. Moderatoren sammeln mit den Teams Kritikpunkte und Bedenken und erarbeiten mit ihnen konkrete Lösungsvorschläge. Die Vorgesetzten sind während der gesamten Diskussionen nicht anwesend. Planen Sie Zeit ein, damit die Teilnehmer erst einmal ihren Frust ablassen können. Damit bauen Sie Widerstand ab, und es entsteht Raum für sinnvolle Lösungsvorschläge.
3. Am Ende des Workshops werden den Führungskräften die Kritikpunkte zusammen mit den Lösungsvorschlägen vorgestellt. Diese hören sich die Vorschläge an und treffen dann sofort und öffentlich ihre Entscheidungen. Typischerweise bekommen circa 80 Prozent der Vorschläge ein sofortiges »Ja« oder »Nein«. Die verbleibenden 20 Prozent müssen innerhalb eines Monats entschieden werden.

Ob Sie einen Ansatz wählen, bei dem Ihnen die Mitarbeiter eine direkte Rückmeldung von Angesicht zu Angesicht geben können, oder eher einen mit anonymem, indirektem Feedback, hängt von mehreren Faktoren ab. Dazu zählen die Kultur des Unternehmens, die Brisanz des Themas und das Vertrauen, welches man Ihnen entgegenbringt. Es kann beispielsweise sein, dass Sie eine Gruppe offen auf ihre Bedenken ansprechen, aber keiner sich zu Ihren Fragen äußert. In diesem Fall haben Sie das falsche Format gewählt. Hier wäre eine anonyme Abfrage in einem für die Mitarbeiter geschützten Rahmen sinnvoller. Andererseits kann es auf Ihre Mitarbeiter unter Umständen befremdlich wirken, wenn sie eine gute Beziehung zu Ihnen haben und Sie das Feedback nicht direkt, sondern über eine andere Person einholen.

Zusammenfassung

1. Mitarbeiter zeigen im Wandel immer Widerstand.
2. Unser Gedächtnis erzeugt Widerstand.
3. Auch Wahrnehmungseffekte verursachen Widerstand.
4. Die Stärke des Widerstands steigt mit der logischen Ebene.
5. Widerstand der Mitarbeiter ist gut.
6. Widerstand der Führungskraft ist kritisch.
7. Gehen Sie zu den Widerständlern und hören Sie zu.
8. Holen Sie Feedback ein und beziehen Sie klar Stellung.

6. Wenn alles zusammenbricht
So führen Sie Ihre Mitarbeiter durch die chaotische Umbruchphase

Wir müssen der Wandel sein,
den wir in der Welt zu sehen wünschen.
Mahatma Gandhi (Führer der indischen Unabhängigkeitsbewegung)

Es gibt zwei Möglichkeiten, wie ein Wandel ablaufen kann. Eine besteht darin, dass das Alte und das Neue eine Zeit lang nebeneinander existieren. Dann funktioniert das Alte nicht mehr und das Neue noch nicht richtig. Dieser Übergang zwischen zwei Zuständen geht in den meisten Fällen mit einer Phase des Chaos einher. Die Mitarbeiter fühlen sich wie Hochseilartisten zwischen zwei Trapezen. Das eine haben sie losgelassen, das andere aber noch nicht in der Hand.

Jeder Wandel beinhaltet eine Chaosphase

Die andere Möglichkeit für die Gestaltung eines Wandels sieht die Umstellung aller Systeme zu einem bestimmten Stichtag vor. Diese Form des Wandels produziert auf den ersten Blick weniger Chaos als das parallele Bestehen zweier Zustände. Tatsächlich findet der Wandel zwar äußerlich an einem Stichtag statt, denn über Nacht werden die Organisationsstruktur, die Prozesse oder die Systeme umgestellt. Die Mitarbeiter haben aber am nächsten Tag noch immer die alten Wahrnehmungs-, Denk- und Verhaltensmuster im Kopf. Der äußere Wandel ist vollzogen, aber der innere noch nicht. Solange Ihre Mitarbeiter den inneren Wandel durchlaufen, ist auch hier mit Chaos zu rechnen. Es lässt sich also nicht vermeiden, dass Sie und Ihre Mitarbeiter durch eine Phase des Chaos gehen, gleichgültig ob der Wandel in Raten oder auf einen Stichtag hin erfolgt.

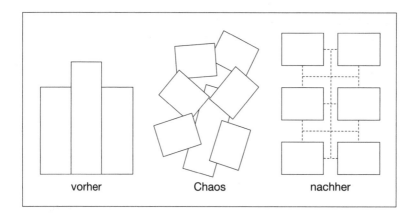

Ein Wandel ist erst abgeschlossen, wenn sich die Mitarbeiter emotional darauf eingelassen und ihr Verhalten dauerhaft angepasst haben. Dies wird manchmal von den Initiatoren einer Umorganisation unterschätzt. Sie gehen davon aus, mit der Veränderung in den äußeren Verhältnissen sei ein Wandel vollzogen.

Ich habe zum Beispiel in Firmen erlebt, dass eine aufwändige Software für Projektmanagement oder CRM (Customer-Relationship-Management) auf allen Computern installiert wurde und jeder Mitarbeiter eine kurze Schulung erhielt. Der Vorstand glaubte tatsächlich, damit Projektmanagement sowie kundenorientiertes Denken im Unternehmen eingeführt zu haben, als ob mit der Installation der Software gleichzeitig ein Update in den Köpfen der Mitarbeiter erfolgt wäre. Nach einiger Zeit musste der Vorstand feststellen, dass niemand die neue Software benutzte. Eine nicht unerhebliche Investition war damit sinnlos verschwendet worden.

Das Gleiche gilt für die Veränderung ganzer Organisationsstrukturen, zum Beispiel zum Zweck der Kostenreduzierung, der Verkürzung von Durchlaufzeiten oder der Verbesserung der Kundennähe. Nicht wenige Unternehmen kehren nach einiger Zeit mit hohem finanziellem Aufwand zu einer ursprünglichen Organisationsform zurück. Wenn nämlich die Mitarbeiter ihre bisherigen Arbeitsabläufe nicht umstellen und nach der Logik der alten Organisation weiterarbeiten, kann das neue System nicht wirtschaftlich sein. Sie müssen es also schaffen, Ihre Mitarbeiter durch die Chaosphase zu führen und dafür zu sorgen, dass das Neue angenommen und praktiziert wird. Was können Sie als Führungskraft dafür tun?

Zeigen Sie deutlich, dass Ihnen das Thema wichtig ist

Wann immer Änderungen anstehen, werden Ihre Mitarbeiter Ihr Verhalten mit Argusaugen verfolgen. Wenn Sie das Neue nicht vorleben und keine Zeit und Energie in die Umsetzung investieren, ist das für alle ein deutliches Signal der Entwarnung, denn Sie haben schließlich mehr Informationen als Ihre Mitarbeiter und können besser einschätzen, wie bedeutend eine Sache ist. Die Folge ist, dass Ihre Mitarbeiter wieder zu ihrem gewohnten Alltag übergehen, schließlich haben sie in ihrem beruflichen Werdegang erlebt, dass »schon so manche Sau durchs Dorf getrieben wurde«. Sie wissen, dass der eigene Vorgesetzte von oben verpflichtet wurde, die Hetzjagd durch das Dorf zu veranstalten, und zwar unabhängig davon, ob er den Wandel für sinnvoll hält und an dessen Umsetzung glaubt. Wir Menschen sind Energieoptimierer und gehen wenn möglich den Weg des geringsten Widerstands. Warum also Zeit und Arbeit in eine Sache investieren, die sowieso nichts bringt? Nicht einmal Lorbeeren kann man sich verdienen, denn das Projekt hat beim Chef offensichtlich keinen hohen Stellenwert.

Als Führungskraft haben Sie eine Vorbildfunktion, also müssen Sie die neuen Regeln konsequent vorleben. Es nützt nichts, wenn Sie diese nur bei einigen publikumswirksamen Gelegenheiten demonstrieren. Ihr Verhalten muss auch in den Kleinigkeiten des Alltags kontinuierlich beobachtbar sein. Ist es das nicht, dürfen Sie davon ausgehen, dass Ihre Mitarbeiter dies merken und kommunizieren. Unterschätzen Sie niemals die unglaubliche Sende- und Empfangsleistung des Flurfunks.

Ihre Präsenz ist ein wichtiger Indikator für die Bedeutung, die Sie einer Sache beimessen. Durch Ihre regelmäßige Teilnahme an den Meetings der Mitarbeiter, die ein bestimmtes Thema verantworten und vorantreiben sollen, können Sie Ihr Interesse deutlich bekunden. Vor allem beim Kick-off sollten Sie zu Beginn unbedingt einige Worte an die

Gruppe richten, in denen Sie aufzeigen, welchen Stellenwert das Projekt für Sie hat. Sie müssen nicht am gesamten Meeting teilnehmen. Es reicht, wenn Sie zu Beginn oder am Ende hinzukommen und sich den aktuellen Stand berichten lassen. Natürlich können Sie den Projektleiter auch zum Bericht in Ihr Büro bestellen, dies hat aber keine öffentliche Signalwirkung. Durch Ihr persönliches Erscheinen im Meeting haben Sie auch die Möglichkeit, die Stimmung und Energie im Wandelteam zu erspüren. Bei Meetings anderer Teams können Sie wiederum über das Projekt und seine Fortschritte berichten. Damit zeigen Sie, dass Sie informiert sind und das Thema Sie interessiert.

Stellen Sie ein schlagkräftiges Projektteam zusammen

Eines ist sicher: Wenn Sie als Führungskraft versuchen, den Wandel allein zu planen und durchzuführen, wird es ein Misserfolg. Solche Vorhaben sind zu komplex, zu zeitaufwändig und zu abhängig von der Vernetzung verschiedener Gruppen, als dass Sie sie allein bewältigen könnten. Überlegen Sie daher, wen Sie schon zu Beginn mit ins Boot holen wollen, denn die gute Zusammensetzung des Teams ist von großer Bedeutung. Bei einem größeren Wandel auf Bereichsebene kann das Team schnell sechs oder mehr Leute umfassen.

Jahrzehntelange Teamforschung hat ergeben, dass Projektgruppen dann besonders leistungsfähig sind, wenn die Stärken der einzelnen Teammitglieder sehr unterschiedlich sind und sich gegenseitig ergänzen. Sind die Stärken mehrerer Teammitglieder dagegen ähnlich, potenzieren sich diese Stärken nicht, sondern die Teammitglieder treten in Konkurrenz zueinander. Dies kann zu vielen unfruchtbaren Detaildiskussionen führen. Wenn dagegen jeder spezifische Stärken einbringt, die die anderen nicht haben, verlassen die Teammitglieder sich aufeinander, und es entsteht Kooperation.[12]

Achten Sie auch darauf, dass Sie das Team unabhängig von Ihren Sympathien zusammenstellen. Tatsächlich neigen Vorgesetzte und Projektleiter dazu, solche Teammitglieder auszuwählen, die ihnen in puncto Persönlichkeit und Können sehr ähnlich sind, weil sie sich mit ihnen gut verstehen und ähnlich denken und handeln. Genau das mindert aber massiv die Qualität des Ergebnisses der Teamarbeit. Wenn zu viele Personen ähnliche Vorstellungen haben, bildet dies die Komplexität heutiger Wandelprojekte nicht mehr ab. Es braucht verschiedene Sichtweisen und Ideen, um erfolgreich zu sein.

Überlegen Sie sich also im Vorfeld, welche verschiedenen Fähigkeiten Sie in Ihrem Wandelteam benötigen. Natürlich kann ein Projektmitglied mehrere dieser Fähigkeiten in sich vereinen.

Eigenschaften, die im Team nicht fehlen sollten

Macht	Nicht alle Mitglieder werden auf derselben Hierarchieebene sein, aber mindestens eines sollte etwas hierarchische Macht mitbringen, sodass das Team autark handeln kann, wenn es Ressourcen oder politische Hilfe benötigt. Wenn Sie Bereichsleiter sind, sollte im Team also mindestens ein Abteilungsleiter sein. Dieser muss nicht automatisch der Teamleiter sein.
Vernetzung	Mit Vernetzung sind gute Beziehungen und persönliche Kontakte innerhalb und außerhalb des Unternehmens gemeint. Vor allem bei interdisziplinären Wandelvorhaben, bei denen mehrere Bereiche oder Abteilungen miteinander kooperieren müssen, sind persönliche Kontakte wichtig. Auch ein gutes Verhältnis zum Betriebsrat kann bei selbst initiierten Projekten, welche dieser genehmigen muss, sehr hilfreich sein.
Projektmanagement	Zumindest ein Teammitglied sollte die Techniken des professionellen Projektmanagements beherrschen. Diese Person sorgt für klare Ziele, Meilensteine, einen Struktur- und Ablaufplan sowie für klar abgegrenzte Arbeitspakete und die Zuordnung von Verantwortlichen. Sie stellt also eine saubere Strukturierung des Projekts sicher.
Moderation	Die Effizienz von Teamarbeit wird maßgeblich gesteigert, wenn einer der Teamangehörigen eine professionelle Moderationsausbildung und die dazugehörigen wertschätzenden Umgangsformen hat. Idealerweise hat der oder die Projektleiterin diese Fähigkeit, die hilft, Workshops und Meetings zu strukturieren und deren Effizienz zu erhöhen.

Emotionale Intelligenz	Mindestens ein Mitglied sollte nachweislich über eine hohe emotionale Intelligenz verfügen. Ein solcher Mensch kann sich eher als andere in die Sichtweise und wahrscheinlichen Reaktionen unterschiedlicher Stakeholder oder Betroffener einfühlen und dies dem Team einleuchtend erklären. Es ist darauf zu achten, dass dieser Teambeitrag sehr ernst genommen wird. Das Einbringen von Gefühlen als Thema wird von den »Mächtigen«, den »Experten« und Projektmanagern gern belächelt, verringert aber sehr wahrscheinlich den Widerstand gegen den Wandel und kann über Erfolg und Misserfolg eines Projekts entscheiden.
Kommunikation	Natürlich vertritt jedes Teammitglied das Projekt nach außen. Es sollte aber eine Person dabei sein, die ähnlich einem Pressesprecher etwas von den unterschiedlichen Kommunikationskanälen versteht, die es in einem Unternehmen gibt, und weiß, wie man diese benutzt. Auch ist nicht jeder gleichermaßen geschickt im schriftlichen Formulieren von (Erfolgs-)Nachrichten. Der Spezialist für Kommunikation hat ein gutes Gespür dafür, was man wie und wann kommunizieren sollte.
Experte	Jeder Wandel hat einen inhaltlichen Schwerpunkt. Im Team sollte zumindest eine Person sein, die Expertenstatus auf diesem Gebiet hat. Diese Person weiß aus Erfahrung, welche Details bei der Umsetzung kritisch sind, und kann sein Know-how der Gruppe zur Verfügung stellen.

Vom Wandel Betroffene können, müssen aber nicht zwangsläufig am Projektteam beteiligt sein. Es ist ratsam, die Zielgruppe des Wandels konsequent auf die eine oder andere Art in die Arbeit der Projektgruppe einzubinden, um so ihre Meinungen und Bedürfnisse ermitteln und berücksichtigen zu können.

Wenn Sie es nicht schaffen, alle genannten Eigenschaften in einem Team zu vereinen, weil das Team beispielsweise nur aus drei Personen besteht, beschränken Sie sich auf die für dieses Projekt wichtigsten Rollen. Aus den anderen Bereichen können Sie gegebenenfalls von Zeit zu Zeit Kollegen, die über die fehlenden Eigenschaften verfügen, als Berater hinzuziehen.

Sprechen Sie als Vorgesetzter die zukünftigen Mitglieder des Teams einzeln und persönlich an. Sagen Sie ihnen, warum sie die richtigen Personen für diesen Job sind. Nennen Sie jedem Einzelnen die konkreten Stärken, die dieser in das Projekt einbringt. Erklären Sie, welchen Stellenwert das Wandelprojekt für Sie als Vorgesetzten hat. Geben Sie der Person das Gefühl, aufgrund ihrer besonderen Fähigkeiten ausgewählt worden zu sein.

Wenn Ihnen ein Mitarbeiter nachvollziehbar darlegt, dass er momentan zu viel Arbeit hat, um auch noch an diesem Projekt teilnehmen zu können, überlegen Sie gemeinsam, wie Sie ihn anderweitig entlasten können, um ihm die Teilnahme zu ermöglichen. Gute Mitarbeiter werden oft mit Arbeit und Projekten überschüttet. Wenn sie noch dazu sehr motiviert sind, nehmen sie häufig zu viele Dinge an. Das mag für Sie als Vorgesetzten kurzfristig eine angenehme Sache sein, brennt Ihre Leistungsträger aber längerfristig aus. Schauen Sie also realistisch auf das Arbeitspensum und entlasten Sie Ihre Leistungsträger in gewissen Abständen, statt ihnen immer neue Arbeit aufzuladen. Sie können diese auch fragen, welche Aufgaben ihnen am wenigsten liegen. Vielleicht können diese delegiert werden. Wenn jemand absolut nicht Mitglied des Teams werden kann, verpflichten Sie die Person zumindest, dem Team als Berater zur Verfügung zu stehen.

Neben den Eigenschaften, die jemand in das Wandelteam einbringt, ist auch die Energie für das Thema sehr wichtig. Wer schon mehrfach erwähnt hat, dass er gerne in dem Projekt mitarbeiten würde, sollte bevorzugt werden, denn das spricht dafür, dass diese Person ein hohes Maß an Energie einbringen wird.

Außerdem sollten Sie nur Teammitglieder benennen, die den Wandel befürworten oder ihm zumindest neutral gegenüberstehen. Die »Neutralen« sollten dabei den Ruf haben, eine Sache durchzuziehen, wenn sie sich dazu bereit erklärt haben. Manche Vorgesetzte nehmen auch aktive Gegner in die Projektgruppe auf, weil sie glauben, das Team und die gemeinsame Arbeit würden diese schon umstimmen oder ihren Widerstand zumindest neutralisieren. Sie meinen, der größte Kritiker sei so am besten zu kontrollieren. Dies ist jedoch fast immer ein Irrtum! Das Team braucht viel Energie, um mit den Widrigkeiten und Problemen umzugehen, die ein solches Projekt mit sich bringt. Wenn jetzt noch jemand dabei ist, der die ganze Zeit gegen das Vorhaben angeht, kann die Stimmung kippen. Unterschätzen Sie niemals die Geschwindigkeit, mit der ein »fauler Apfel« die gesunden ungenießbar machen kann.

Nehmen Sie aktive Befürworter und niemals aktive Gegner des Wandels in das Projektteam auf.

Das bedeutet nicht, dass die Teammitglieder unkritisch sein sollen. Eine kritische Denkweise zeichnet intelligente und engagierte Menschen aus und ist für jedes schwierige Vorhaben in einem komplexen Kontext unerlässlich. Ein Teammitglied sollte also unbedingt kritisch denken können, aber auf keinen Fall zu den erklärten Gegnern des Wandelvorhabens gehören.

Würdigen Sie das Alte, aber machen Sie klar, dass es endet

Ein Manager erzählte mir von folgender Begebenheit: Bei einer Veranstaltung zur Einführung des Qualitätsmanagements mit Six Sigma sprang ein verdienter älterer Mitarbeiter wutentbrannt auf. Er starrte den angereisten Experten an, der die Methode gerade eben vollmundig als Beginn einer neuen Ära angepriesen hatte, und brüllte mit hochrotem Kopf: »Wollen Sie etwa behaupten, dass wir bisher nur Mist gemacht haben?« Der Referent versuchte, ihn zu beschwichtigen, und hatte in diesem Moment sehr wahrscheinlich etwas Wichtiges gelernt. Er hatte den groben Fehler begangen, die bisherigen Leistungen seiner Zuhörer nicht zu würdigen.

Die meisten Menschen in unserem Kulturkreis definieren sich stark über ihre Arbeit. Unser Selbstbild ist eng mit unserem Beruf und unserer Position im Unternehmen verknüpft. Deshalb möchte niemand den Eindruck vermittelt bekommen, er sei in Wahrheit kein Leistungsträger, sondern ein Problemfall, und wisse das nur noch nicht.

Als Führungskraft müssen Sie Ihren Mitarbeitern in einem Wandel klarmachen, dass sie sich neuen Gegebenheiten aktiv anpassen müssen. Dazu gehört, ihnen aufzuzeigen, dass ein bisheriges Verhalten, eine Vorgehensweise oder eine Methodik nicht mehr sinnvoll ist und geändert werden muss. Die Kunst besteht nun darin, Menschen dazu zu bringen, etwas Altes sein zu lassen, und gleichzeitig die bisher erbrachte Leistung nicht schlechtzumachen, sondern zu würdigen. Nach dem Motto: Was wir bisher gemacht haben, war gut, aber in Zukunft werden wir es noch besser machen.

Wenn Menschen emotional an Vertrautem und Liebgewonnenem festhalten, können Rituale und symbolische Handlungen bei der Trennung helfen. Das folgende Beispiel ist sicher nicht alltäglich.

Ein altes Traditionsunternehmen wurde von einem Konzern aufgekauft. Den Mitarbeitern fiel es äußerst schwer, sich von dem sehr bekannten Firmennamen zu trennen und sich auf das neue Unternehmen einzulassen. Glücklicherweise gab es in dem Konzern erfahrene Berater, die es verstanden, diesen Übergang symbolisch zu verdeutlichen. Am Tag vor der offiziellen Umfirmierung gab es eine Beerdigung. Dabei trugen alle Mitarbeiter des alten Unternehmens dunkle Kleidung und verabschiedeten den Namen und andere zurückbleibende Dinge auf würdige Art und Weise. Jeder, der wollte, kam zu Wort. Viele Mitarbeiter sprachen Worte der Dankbarkeit aus, und tatsächlich weinten einige.

Am darauffolgenden Tag versammelten sich alle Mitarbeiter wieder in einem Saal, um nach dem Abschied vom alten das neue Unternehmen zu begrüßen, dem sie von diesem Tag an angehörten. Nach einigen einführenden Worten öffnete sich die Saaltür, und gut gelaunte Mitarbeiter des Konzerns strömten überraschend in den Saal. Jeder von ihnen hatte eine Sonnenblume und das Bild eines Mitarbeiters des Traditionsunternehmens in der Hand. Nachdem jeder der Konzernmitarbeiter seinen ihm zugewiesenen Partner gefunden hatte, wurde dieser mit der Sonnenblume und viel Lachen herzlich im neuen Unternehmen begrüßt. Danach gab es einen lebhaften Austausch, und der gesamte weitere Tag wurde gemeinsam verbracht.

Die Mitarbeiter des Konzerns, welche die Sonnenblumen übergeben hatten, waren von diesem Zeitpunkt an in allen Unternehmensfragen Ansprechpartner für das neue Konzernmitglied. Mit jeder Frage konnten sich die neuen Mitarbeiter an jemanden wenden, den sie persönlich kannten.

Dieses beispielhafte Ritual ist natürlich aufwändig und für eine einzelne Führungskraft und ihr Team nur bedingt geeignet. Aber es gibt Ihnen eine Vorstellung davon, wie ein Ritual funktionieren kann. Überlegen Sie ein aus Ihrer Sicht sinnvolles Ritual, mit dem das Alte gewürdigt und verabschiedet werden kann. Fragen Sie auch die Ihnen unterstellten Führungskräfte oder Mitarbeiter beim nächsten gemeinsamen Meeting nach Ideen für ein Ritual und lassen Sie diese mitentscheiden.

Definieren Sie klare Ziele und Meilensteine

Dieser Hinweis mag auf den ersten Blick banal erscheinen. Tatsächlich bin ich in der Praxis immer wieder erstaunt, wie schwammig Veränderungsvorhaben formuliert sind. Es ist für die Mitarbeiter schwer möglich loszumarschieren, wenn die Richtung nicht klar ist. Leider ist es für mittlere Manager oft gar nicht so einfach, die Ziele festzulegen, wenn die Vorgaben von oben schon ungenau formuliert sind. Wenn das der Fall ist, fragen Sie am besten nach. Oft genug gibt es aber keine klare Antwort. Die Folgen sind meist Missverständnisse.

Eine Unternehmensleitung teilte ihren Führungskräften mit, dass sie in Zukunft mehr unternehmerisches Denken von ihnen erwarte. Der Markt erfordere das. Das »unternehmerische Denken« wurde nicht näher bestimmt. Jede Führungskraft verstand etwas anderes darunter, und sie handelten dementsprechend sehr unterschiedlich. Ein Vorgesetzter erhöhte zum Beispiel den Entscheidungsrahmen aller Sachbearbeiter von 1 000 auf 1 500 Euro. Damit hatte er aus seiner Sicht unternehmerisches Denken gefördert, und die Sache war für ihn vom Tisch. Er veränderte nichts an seinem Verhalten und ging seinen gewohnten Routinen nach. Eine andere Führungskraft interpretierte unternehmerisches Denken als das Treffen mutiger Entscheidungen. Als mutig empfand sie Entscheidungen, bei denen die Chance auf einen hohen Gewinn und gleichzeitig das Risiko eines hohen Verlusts bestanden. Sie traf eine solche Entscheidung und verlor einen hohen Geldbetrag. Wieder andere Führungskräfte reagierten gar nicht und warteten ab. Der Vorstand raufte sich die Haare: Waren die Manager tatsächlich unfähig, unternehmerisch zu denken?

Ohne Zweifel wäre es nötig gewesen, genau zu definieren, was unternehmerisches Denken bedeutet. Die nächste Frage wäre dann, woran man dieses feststellen beziehungsweise vielleicht sogar messen kann. Dies ist nur ein Beispiel für die in der Praxis allzu oft unzureichend formulierten Ziele für eine geplante Veränderung. Wenn die Ziele von oben nicht SMART (spezifisch, messbar, anspruchsvoll, realistisch, terminiert) vorgegeben sind, dann überlegen Sie sich eines, das für Ihren Bereich sinnvoll ist. Anschließend holen Sie sich vom Topmanagement eine Rückmeldung ein, ob das die Erwartungen trifft. Wenn Sie auch darauf keine klare Antwort erhalten, warten Sie einfach ab! Die Gefahr, dass Sie mit einer ungenauen Umsetzung viel Energie für nichts vergeuden, ist sonst einfach zu groß. Beginnen Sie unter diesen Umständen nur dann mit der Umsetzung, wenn Sie selbst es für sehr sinnvoll erachten.

Konzentrieren Sie sich auf Lösungen

Das »Wer ist schuld?«-Spiel ist weitverbreitet und auch unter Vorgesetzten sehr beliebt. Steckt der Karren erst einmal im Dreck, wird gerne und ausgiebig darüber diskutiert, wer den größten Anteil an dem Fehlschlag trägt und wie man ihn hätte vermeiden können. In den seltensten Fällen übernimmt jemand die Verantwortung für die Panne, stattdessen wird der Schwarze Peter von allen Beteiligten eifrig hin- und hergeschoben. Ein solcher Prozess kann enorm viel Energie verzehren.

Während der Wagen der Konkurrenz schon lange vorbeigefahren ist, stehen die Mitarbeiter immer noch am versunkenen Karren und beschuldigen sich gegenseitig. Sie als Führungskraft können das unterbinden. Sagen Sie klar und deutlich: »Die Schuldfrage zu diskutieren, bringt uns nicht weiter. Ich will, dass Sie Ihre ganze Energie auf die Lösung richten. Es ist mir egal, wie die Kuh auf das Eis kam. Aber eines muss klar sein, wenn sie einbricht, werden wir vor ganz anderen Problemen stehen. Also lassen Sie uns jetzt darüber diskutieren, wie wir sie wieder runterbekommen!« Wenn Ihre Mitarbeiter im Lauf der Zeit mitbekommen, dass Sie das Verfolger-Spiel »Wer ist schuld?« nicht spielen, werden sie weniger Energie mit gegenseitigen Schuldzuweisungen vergeuden und schneller Lösungen entwickeln. Sie werden vielleicht auch mutiger, weil sie wissen, dass ein Versagen nicht sofort bestraft wird. Dies bedeutet natürlich nicht, dass Sie schwerwiegende Fehler unter den Teppich kehren sollen. Wenn es sich offensichtlich um eine grobe Fahrlässigkeit einer einzelnen Person handelt, besteht selbstverständlich Gesprächsbedarf.

Sie können gegenseitige Schuldzuweisungen auch minimieren, indem Sie selbst sich nicht vor der Verantwortung scheuen. Wenn Ihnen etwas missglückt ist, geben Sie dies offen gegenüber Ihren Mitarbeitern zu und übernehmen Sie die Verantwortung dafür. Dasselbe gilt nach oben und nach außen auch für die Fehler einzelner Mitarbeiter oder Ihres ganzen Teams. Mancher Manager neigt dazu, die Verantwortung für Misserfolge den Mitarbeitern in die Schuhe zu schieben. Es liegt auf der Hand, dass Mitarbeiter dann Risiken meiden, um nur ja keine Fehler zu machen, statt Chancen zu nutzen.

Binden Sie Ihre Mitarbeiter ein, wo immer dies möglich ist

Bei einem Wandel gibt es zwei Arten von Veränderungsmaßnahmen. Die einen können weder Sie noch Ihre Mitarbeiter gestalten, sie müssen exakt so umgesetzt werden, wie es vorgegeben wurde. Ein anderer Teil der Veränderungsvorgaben ist dagegen eher unspezifisch formuliert. Hier können Sie die Art der Umsetzung für Ihren Bereich oder Ihre Abteilung anpassen.

Bei der Einbindung der Mitarbeiter können zwei Fehler begangen werden. Der erste Fehler besteht darin, ihnen zu suggerieren, sie könnten große Teile mitbestimmen, obwohl in Wahrheit viele Punkte bereits endgültig festgelegt sind und entsprechend den Vorgaben genau umgesetzt werden müssen. Die Mitarbeiter merken das natürlich früher oder später, mit der Folge, dass sich Gefühle von Frustration einstellen. Der zweite Fehler besteht in einem anderen Extrem. Manche Vorgesetzte entscheiden – aufgrund knapper Zeitvorgaben oder weil sie sich selbst für am kompetentesten halten – den größten Teil der inhaltlichen Fragen allein. Die Mitarbeiter sind dann nur noch bessere Handlanger und fühlen sich auch so. Beides gilt es zu vermeiden.

> Kommunizieren Sie gegenüber den betroffenen Mitarbeitern in aller Deutlichkeit, was beeinflussbar ist und was nicht.

Bedenken Sie, dass Ihre Mitarbeiter die emotionale Achterbahn deutlich schneller durchlaufen, wenn sie den Eindruck haben, ein gewisses Maß an Einfluss zu haben. Lassen Sie ihnen bei der Art der Umsetzung deshalb ein Maximum an Spielraum, denn das schafft Leistungsbereitschaft. Durch Mitbestimmungs- und Gestaltungsrecht in Teilbereichen lässt sich die bittere Pille des gesamten Wandels besser schlucken. Dabei kann aus praktischen Gründen nicht immer das ganze Team in Entscheidungen eingebunden werden, sondern es können auch mal einzelne Personen oder Zweierteams sein, die über etwas selbstständig entscheiden.

> **Durch Mitbestimmung fördern Sie die Akzeptanz gegenüber dem Projekt und entlasten sich selbst.**

Ein erster wichtiger Schritt für die Einbindung Ihrer Führungskräfte in den Wandel kann die Durchführung des Workshops sein, dessen Agenda Sie im Anhang dieses Buches finden. Ich empfehle Ihnen, diese Möglichkeit unbedingt zu nutzen. Durch den Workshop mit den Ihnen unterstellten Führungskräften erreichen Sie:

- erhöhte Objektivität,
- höhere Motivation,
- klare Ziele,
- Umsetzungsbereitschaft,
- bessere Zusammenarbeit.

Sorgen Sie für kurzfristig sichtbare Erfolge

Die anfängliche Energie eines Wandelteams und der Mitarbeiter schwindet zunehmend, wenn sich keine Erfolge einstellen. Erfolg ist bekanntlich der stärkste Motivator. Deshalb ist es wichtig, dass Sie und Ihr Projektteam ganz bewusst Erfolge planen, die sich dann auch nach einer überschaubaren Zeit einstellen und von den Mitarbeitern als solche wahrgenommen werden können. Sind keine Erfolge sichtbar, werden die Kritiker lauter, die Befürworter leiser, und ein großer Teil der Mitarbeiter wendet sich noch während der Umsetzung geistig vom Wandel ab. Frühe Erfolge des Projekts beweisen dagegen, dass Ihr Konzept funktioniert und der Wandel sinnvoll ist.

Größere Wandelvorhaben benötigen viel Zeit und Energie. Der Erfolg dieser Investitionen stellt sich meist erst langsam und mit starker zeitlicher Verzögerung ein und ist außerdem nicht für alle Beteiligten gleichermaßen wahrnehmbar. Manche Führungskräfte empfinden einen kleinen Fortschritt, der den Mitarbeitern kaum auffällt, für sich als einen Erfolg in der Umsetzung. Überlegen Sie sich deshalb unbedingt, was aus der Perspektive der Mitarbeiter als Erfolg wahrgenommen wird. Sie können dann zum Beispiel einzelne Teilbereiche des großen Wandels stärker vorantreiben, sodass hier schneller konkrete Ergebnisse sichtbar sind. Dafür müssen Sie kurzfristig mehr Ressourcen für diese Teilbereiche investieren. Sie verteilen das Budget also nicht gleichmäßig, sondern investieren mehr Zeit und Geld in den Bereich, der Ihnen einen kurzfristig vorweisbaren Erfolg einbringt. Einen anderen Teil des Wandelvorhabens entwickeln Sie dafür etwas langsamer und zeitverzögert. Wenn alle registrieren, dass in einem Teilbereich der Wandel bereits sehr erfolgreich durchgeführt und vielleicht sogar schon abgeschlossen wurde, motiviert das auch die anderen Abteilungen. Besonders etwas physisch Wahrnehmbares, wie zum Beispiel ein neuer Katalog, der erste unterschriebene Auftrag eines Großkunden oder ein neu eingerichtetes Büro, sind für jeden ein sicht- und greifbarer Erfolg. Überlegen Sie sich daher am besten schon beim ersten Workshop mit Ihren Führungskräften, welche ersten Erfolge Sie realistisch planen, erzielen und kommunizieren können.

Nutzen Sie Paretos Gesetz der Unausgewogenheit

Die Herausforderung für Sie als Führungskraft besteht zunächst einmal darin, den Überblick über alle erforderlichen Maßnahmen des Wandels zu behalten. Das klingt selbstverständlich, in der Praxis verlieren sich Führungskräfte aber immer wieder in den Details einer organisatorischen Veränderung. Den Überblick zu behalten, ist aber Ihre wichtigste Aufgabe, denn wer in den Anforderungen des Tages untergeht, sieht den Wald vor lauter Bäumen nicht mehr. Sie sollten immer wieder ungestörte Zeit einplanen, um sich ein Bild davon zu machen, was vorrangig zu tun ist und bei welchen Maßnahmen Sie welche Mitarbeiter einbinden wollen.

Beim Setzen von Prioritäten hilft Ihnen Paretos Gesetz der Unausgewogenheit, dessen Bedeutung Ihnen als Führungskraft in Fleisch und Blut übergehen sollte. Der Italiener Vilfredo Pareto (1848–1923) formulierte das nach ihm benannte Prinzip, wonach mit 20 Prozent der eingesetzten Mittel 80 Prozent des Ertrags erwirtschaftet oder in 20 Prozent der aufgewendeten Zeit 80 Prozent der Probleme gelöst werden können. Für Sie übersetzt heißt das: Identifizieren Sie in Ihrem Wandelprojekt diejenigen Maßnahmen, bei denen Sie mit vergleichsweise wenig Aufwand eine große Wirkung erzielen können.

Viele Führungskräfte konzentrieren sich sowohl im Alltag als auch in Wandelvorhaben zu viel auf die Effizienz. Sie bemühen sich, möglichst viele Dinge besonders schnell zu erledigen. Als Führungskraft zählt aber weniger die Effizienz (die Dinge richtig tun) als die Effektivität (die richtigen Dinge tun). Anders formuliert: Es geht darum, dass Sie das Ganze sehen, den Überblick behalten und die richtigen Entscheidungen treffen, statt mit hoher Geschwindigkeit Details abzuarbeiten.

In Ihrer Rolle als Führungskraft bleibt Ihnen kaum Zeit, in der Sie nicht fremdbestimmt sind und sich eigenen Anliegen widmen können. In den wenigen Stunden pro Woche, in denen Sie von niemandem direkt beansprucht werden, sollten Sie daher keine administrativen Arbeiten erledigen, die auch andere übernehmen können. Konzentrieren Sie sich stattdessen auf wichtige Aufgaben, die eine Hebelfunktion haben. Nehmen Sie sich dazu eine Auszeit und gehen Sie in die Vogelperspektive, um von oben auf den gesamten Prozess zu schauen. Viele Führungskräfte sehen vor lauter Hühnerfangen das Loch im Zaun nicht mehr. Um das zu vermeiden, stellen Sie sich während des von Ihnen initiierten Wandels regelmäßig und in Ruhe folgende Fragen:

- Erreichen wir unsere Ziele?
- Was läuft gut, und was könnte besser laufen?
- In welcher Phase der emotionalen Achterbahn befinden sich meine Mitarbeiter?
- Welches sind die nächsten wirklich wichtigen Schritte?
- Wen müssen wir noch einbinden oder informieren?

Fragen Sie sich regelmäßig: Welche Aufgabe hat die größte Hebelkraft und sollte jetzt von mir persönlich in Angriff genommen werden?

Was können Sie tun, um in Ruhe Ihre Arbeit reflektieren und in die Vogelperspektive gehen zu können? Ich empfehle Ihnen, Ihren Arbeitstag einmal in der Woche zwei Stunden vor den anderen zu beginnen und die ungestörte Zeit zum Nachdenken zu nutzen. Morgens zwischen 6:30 und 8:30 Uhr ruft noch niemand an, Sie haben kein Meeting, und es steht auch niemand in Ihrer Tür. Machen Sie bei dieser Morgenreflexion nicht den Fehler, den Computer hochzufahren und schon mal Ihre E-Mails zu lesen, denn dann werden Sie sofort von den Tagesproblemen gefangen genommen. Setzen Sie sich stattdessen in Ruhe hin, legen Sie die Beine hoch und trinken Sie eine Tasse Kaffee. Jetzt haben Sie eine Situation geschaffen, in der Sie wirklich produktiv sein können.

Auch Nachtmenschen empfehle ich für diese Reflexion übrigens den frühen Morgen. Am Abend funktioniert der Blick aus der Vogelperspektive bei den meisten Menschen nicht mehr. Der Grund dafür sind die Affen[13], und das kommt so: Im Lauf des Tages kommen viele Menschen in Ihr Büro oder rufen Sie an. Diese Leute haben Klammeraffen auf ihren Schultern sitzen, die Probleme oder Aufgaben sind. Wenn die Leute Ihr Büro wieder verlassen, bleibt der Affe aber oft bei Ihnen. Am Ende des Tages hängen leicht 30 bis 40 Affen an Ihnen, und Sie wanken mit diesem enormen Gewicht durch das Bürogebäude. Genau dieses Gewicht hält Sie abends davon ab, nach oben zu schweben und in die Vogelperspektive zu gehen. Die Probleme des Tages beschäftigen Ihren Geist und lassen ein ruhiges Reflektieren nicht mehr zu, denn dafür bräuchten Sie innere und äußere Ruhe. Setzen Sie sich also regelmäßig frühmorgens an den Schreibtisch oder gehen Sie spazieren, wenn Ihnen das hilft, und denken Sie nach. Diese Reflexionsarbeit fällt Ihnen zu Beginn wahrscheinlich noch schwer, wird aber mit etwas Übung immer leichter. Sie werden auf einmal erkennen, worauf es ankommt, und Ihre Energie nicht mehr auf Nebenkriegsschauplätzen verschwenden.

Da Sie prinzipiell zu viele dringende Dinge auf dem Tisch haben, besteht die Gefahr, dass Sie wirklich wichtige Aufgaben aus dem Blick verlieren. Deshalb sollten Sie sich tagsüber immer fragen: Was lasse ich liegen, obwohl es dringend ist?

Um zwischen dringenden und wichtigen Aufgaben unterscheiden zu können, stellen Sie sich folgende Frage: Was passiert, wenn ich diese Aufgabe jetzt nicht erledige? Häufig hat es keine wirklich ernsten Folgen, wenn Sie eine dringende Sache nicht sofort erledigen oder sogar ganz sein lassen. Sollten Sie aber in einem Wandel den Überblick verlieren und als reiner Hühnerfänger agieren, hat das auf Dauer schlimme Konsequenzen. Ganz abgesehen davon, dass Sie den Erfolg des Wandelvorhabens gefährden, verlieren Sie den Respekt und das Vertrauen Ihrer Mitarbeiter, wenn Sie fremdgesteuert und hektisch wirken. Sie verhindern einen weiteren Karriereaufstieg, denn Sie sind für jeden offensichtlich an Ihrer Verarbeitungs- und Leistungsgrenze angekommen. Und Sie verbringen immer weniger Zeit mit Ihrer Familie, denn mit dem Abarbeiten von allem, was dringend ist, werden Sie niemals fertig. Nutzen Sie also Paretos Gesetz der Unausgewogenheit und überlegen Sie sich, welche 20 Prozent der Maßnahmen eine nachhaltige Wirkung erzielen. Sorgen Sie dafür, dass diese von Ihnen und Ihren Mitarbeitern konsequent umgesetzt werden.

Machen Sie Ihre Entscheidungsfindung mithilfe der oben genannten Fragen für die Ihnen unterstellten Führungskräfte transparent und nachvollziehbar. Wenn die Führungskräfte sehen, wie erfolgreich Sie das Gesetz der Unausgewogenheit einsetzen, werden auch sie dieses vermehrt anwenden. Der Führungsstil von oben färbt auf Dauer nach unten ab.

Fördern Sie neue Vorgehensweisen

In der Chaosphase müssen viele Dinge anders gemacht werden als bisher. Auch fällt durch den Wandel deutlich mehr Arbeit an, die aufgrund von Umstrukturierungen oder Personalabbau manchmal sogar mit weniger Mitarbeitern geleistet werden muss. Das bereits sehr anspruchsvolle Tagesgeschäft sowie die immer wiederkehrenden Optimierungen haben Ihre Mitarbeiter bereits an ihre Leistungsgrenze geführt. Jetzt sollen auch noch Veränderungsmaßnahmen umgesetzt werden. Dies führt wiederum zu zusätzlichen Aufgaben und damit einhergehenden Problemen. Gleichzeitig wird das Tagesgeschäft aufwändiger, weil der Wandel die bestehenden Abläufe verändert und durcheinander bringt. Bisherige Vorgehensweisen funktionieren nicht mehr und die neuen oft erst eingeschränkt. Wenn Ihre Mitarbeiter unter dieser Belastung alles genauso machen sollen wie bisher, benötigen Sie dafür einen 36-Stunden-Tag.

Fördern Sie deshalb neue Lösungen. Ihre Mitarbeiter sollten die Erlaubnis haben, neue Vorgehensweisen auszuprobieren. Neue Wege und innovative Lösungen sind nötig, wenn sie die stark erhöhte Arbeitsleistung erbringen sollen. Da Mitarbeiter Energieoptimierer sind, suchen sie jedes erdenkliche Mittel, um sich die Situation und die Arbeit zu vereinfachen. Mitarbeiter sind von sich aus daran interessiert, durch Optimierung der Arbeitsvorgänge Zeit einzusparen. Tolerieren Sie dieses Ausprobieren neuer Vorgehensweisen nicht nur stillschweigend, sondern fordern Sie aktiv dazu auf.

Gehen Sie selbst mit gutem Beispiel voran, indem Sie sich überlegen, was Sie bewusst anders machen werden, und kommunizieren Sie Ihre Erkenntnisse. Setzen Sie beispielsweise standardisierte Meetings aus, die bis dato ihre Berechtigung hatten, aber unter dem massiven Druck des Wandels unverhältnismäßig viel Zeit kosten. Verzichten Sie auf ausführliche Meeting-Protokolle und reduzieren Sie diese auf reine To-do-Listen. Erlauben Sie Ihren Führungskräften, die regelmäßigen schriftlichen Reports an Sie auf ein Viertel des Umfangs zu reduzieren, oder verzichten Sie gleich ganz darauf. Wenn der Wandel nur Ihren Bereich betrifft und nicht das ganze Unternehmen, delegieren Sie alles, was sich delegieren lässt, in die anderen Bereiche oder Abteilungen. Vereinfachen Sie, was irgend möglich ist. Wenden Sie bei der Planung Ihrer Aktivitäten konsequent und radikal Paretos Gesetz der Unausgewogenheit an!

Zur Erleichterung der Arbeit können Sie zusätzlich zu dem empfohlenen Workshop (siehe Anhang) mit Ihren Führungskräften einen weiteren Workshop durchführen, in dem Sie gemeinsam überlegen, was Sie in Zukunft anders machen, vereinfachen oder sogar völlig sein lassen wollen. Gerade ein umfassender Wandel setzt hierfür aufgrund des hohen Arbeitsdrucks ungeahnte Kreativität frei. Außerdem baut dieser die Hemmschwelle ab, die einen davon abhält, Dinge radikal zu ändern oder althergebrachte bürokratische Rituale komplett abzuschaffen.

In der Praxis höre ich immer wieder, dass Chefs tatsächlich eine neue Herangehensweise für bisherige Aufgaben vorleben, indem sie radikal vereinfachen, die Mitarbeiter dem guten Beispiel aber trotz Aufforderung nicht folgen. Woran liegt das?

Ein Grund ist sicher, dass die Mitarbeiter keine Zeit haben, sich über Verbesserungen des Bestehenden Gedanken zu machen. Die meisten erkennen in Zeiten von Veränderungen den Wald vor lauter Bäumen nicht mehr, weil sie im Tagesgeschäft und im Chaos untergehen. Wenn man jetzt von ihnen fordert, sich über den Wald und seine Optimierung Gedanken zu machen, sind sie restlos überfordert. Deswegen ist es etwa bei Personalabbau oft erforderlich, externe, auf Prozesse spezialisierte Berater ins Unternehmen zu holen. Diese können mit neutralem Blick die Abläufe analysieren und passend zur reduzierten Personalmenge optimieren. Die Mitarbeiter können das selbst nicht leisten, denn ihnen fehlen meist das Wissen, die Erfahrung, der neutrale Blick und die Zeit für eine solche Aufgabe.

Ein weiterer Grund für einen Mangel an Prozessverbesserungen dürfte sein, dass Mitarbeiter häufig betriebsblind sind. Kaum jemand macht absichtlich eine Arbeit, von der er weiß, dass sie sinnlos ist oder mit der Hälfte des Aufwandes erledigt werden könnte. Die Macht der Gewohnheit bewirkt, dass wir das machen, was wir schon immer machen. Und weil wir es schon immer machen, muss es doch gut sein. Zum Teil sind Mitarbeiter gar nicht mehr fähig, sich etwas anderes vorzustellen. Ein Experte und externer Berater für Lean Management drückt es so aus:

»Wenn ich die Produktion eines Unternehmens besichtige, fallen mir sofort mindestens zehn Punkte auf, wie man sie schneller und kostengünstiger machen kann. Das liegt daran, dass ich schon über 50 Produktionsstraßen optimiert habe. Da bekommt man einen Blick für die vielen wichtigen Details. Diese Punkte den Leuten aus der Produktion beizubringen ist aber manchmal sehr schwierig. Oft scheint es, dass sie sich die Verbesserung gar nicht vorstellen können oder wollen, weil die Gewohnheit der bisherigen Prozesse zu stark ist. Wenn möglich, nehme ich ein paar der Mitarbeiter mit in einen anderen Betrieb, bei dem die Produktion bereits exzellent ist. Da gehen ihnen die Augen auf und sie verstehen auf einmal, was ich meine. Solange sie es aber nicht sehen, fehlt ihnen das Vorstellungsvermögen, dass es anders sein könnte.«

Erliegen Sie nicht der Täuschung, es würde alles funktionieren

Mitarbeiter werden in der Chaosphase von Veränderungen oft von der schieren Menge an Arbeit erdrückt und beginnen Fehler zu machen. Das Problem dabei ist, dass Sie dies als Vorgesetzter häufig gar nicht mitbekommen. Von all den Aufgaben, die ein Mitarbeiter im Lauf des Tages abarbeiten muss, haben aus seiner Sicht die direkt für den Chef zu erledigenden eine besonders hohe Priorität. Immerhin entscheidet er über Beförderung und Gehalt. Deswegen werden diese stets zügig und mit hoher Sorgfalt abgearbeitet, unabhängig davon, wie sinnvoll sie wirklich sind und was sonst noch anliegt. Wenn danach die Arbeitszeit nicht mehr für alle weiteren Aufgaben ausreicht, bleiben einige davon einfach unerledigt. Als Vorgesetzter dürfen Sie nicht davon ausgehen, dass dies automatisch die weniger wichtigen sind. Im Gegenteil: In der Praxis werden manchmal für das Unternehmen überlebenswichtige Funktionen nicht mehr ausgeführt.

> Gehen Sie davon aus, dass in der Umbruchphase mehr wichtige Aufgaben liegen bleiben, als Sie es als Chef mitbekommen.

So werden zum Beispiel häufig komplizierte Anfragen zentraler Kunden nicht mehr bearbeitet oder Angebote für Neukunden nicht oder nur noch stark verspätet verschickt. Von alldem bekommen Sie als Chef aber erst mal nichts mit, denn auf Ihrem Schreibtisch landet ja nach wie vor alles pünktlich und in guter Qualität. So entsteht schnell die Illusion, dass die Mitarbeiter das Wunder der multiplen Aufgabenerledigung irgendwie hinbekommen. Die Auswirkungen all der nicht erledigten Aufgaben zeigen sich oft erst zeitverzögert, haben dann aber verheerende Folgen. Lassen Sie sich deshalb öfter Feedback geben und kommunizieren Sie, was Ihnen am wichtigsten ist.

Setzen Sie Vorhaben um, die Sie sonst nicht umsetzen könnten

Im Zusammenhang mit dem Pareto-Gesetz sollten Sie sich auch überlegen, welche Dinge Sie in Ihrem Bereich oder Ihrer Abteilung schon längst verändern wollten, es aber nie getan haben. Ein Unternehmen, aber auch die einzelnen Bereiche eines Unternehmens haben so etwas wie ein natürliches Immunsystem[14]. Das Immunsystem des menschlichen Körpers dient dazu, ungesunde Eindringlinge von außen abzuwehren und den gegebenen Zustand zu erhalten. Das Immunsystem des Unternehmens hat dieselbe Funktion. Es soll schädliche Ideen von außen abwehren und den als gesund empfundenen Zustand stabilisieren. Es sorgt also für eine gewisse Kontinuität, in der die Arbeitsleistung erbracht werden kann. Manchmal kann das unternehmerische Immunsystem aber auch zu viel des Guten tun.

Vergleichen wir es noch einmal mit dem menschlichen Immunsystem. Nehmen wir an, jemand hat nach einem Organversagen ein Spenderorgan erhalten, das die Leistungsfähigkeit wiederherstellt. Das Immunsystem erkennt dieses Organ aber als körperfremd und greift es an, obwohl es überlebensnotwendig ist. Deshalb müssen Menschen nach Transplantationen ihr Leben lang Medikamente nehmen, um die Abstoßungsreaktion zu unterbinden. Das Immunsystem kann also nicht unterscheiden, was gut für den Körper ist und was nicht. Es ist lediglich darauf spezialisiert, körperfremde Substanzen zu vernichten.

Ähnlich verhält es sich mit dem unternehmenseigenen Immunsystem. Es schützt die Teile des Unternehmens vor zu viel beziehungsweise auch vor unnützen Veränderungen. Das Problem dabei ist, dass es mitunter auch lebensnotwendige Veränderungen vereitelt.

Ihr Vorteil in Zeiten größeren Wandels besteht darin, dass das Immunsystem Ihres Bereichs heruntergefahren ist. Es gibt so viele Eingriffe, dass das Immunsystem überlastet ist. Das bedeutet für Sie, dass Sie in dieser Zeit auch solche Maßnahmen durchführen können, die Sie schon länger geplant, aber wegen des zu erwartenden Widerstands bisher nicht in Angriff genommen haben. Wenn Sie beispielsweise schon seit einiger Zeit eine neue Art der Ressourcenverteilung einführen wollten, machen Sie es jetzt. Wenn Sie eine Aufteilung der Kunden in neue Segmente für sinnvoll halten, führen Sie diese jetzt mit ein. Wenn Sie einzelnen Mitarbeitern neue Aufgaben zuweisen wollen, nutzen Sie Ihre Chance. Der Widerstand wird geringer sein, als dies in ruhigen Zeiten der Fall ist, und Sie freuen sich zum Ende des Wandels, wenn Sie solche Änderungen gleich mit umsetzen konnten.

Selbstverständlich sollten Sie sich im Vorhinein darüber im Klaren sein, wie viel Arbeit Ihr zusätzliches Projekt für die Mitarbeiter bedeutet. Es ist bei vorhandenen Baustellen nicht ratsam, eine vierte zu öffnen, die größer ist als die drei anderen zusammen. Der Einbau eines zusätzlichen Projekts ist ausschließlich dann sinnvoll, wenn Sie im Vorfeld schon ein Konzept erarbeitet haben, das nun direkt umgesetzt werden kann. Wenn Sie jetzt erst beginnen, in die inhaltliche Arbeit einzusteigen, kann Sie dieser Zusatzaufwand Kopf und Kragen kosten.

Interessant ist in diesem Zusammenhang die Frage, ob Ihre Mitarbeiter auch Ideen haben, für welche weiteren Projekte sich der Wandel konstruktiv nutzen lässt. Dies können Sie innerhalb eines Workshops herausfinden. Im Anhang finden Sie ein Workshop-Format, in dem diese Frage aufgegriffen wird.

Schützen Sie Ihre Mitarbeiter in dieser Phase vor zu viel Wandel

Diese Empfehlung scheint der des letzten Abschnitts zu widersprechen. Tatsächlich gilt es, zwischen den beiden Vorgehensweisen abzuwägen. Bei einem größeren Wandel ist das Immunsystem des Bereichs oder der Abteilung heruntergefahren, und Sie können Dinge verändern, die Sie schon lange einmal neu gestalten wollten. Die Empfehlung hierzu lautete aber auch, dies für solche Projekte zu machen, die nicht zu groß und von Ihnen bereits relativ weit ausgearbeitet worden sind. Diese können Sie dann im Zuge des umfassenden Wandels ohne größeren Widerstand mit umsetzen. Das ist vorteilhaft für Ihren Bereich oder Ihre Abteilung.

Kontraproduktiv ist dagegen, wenn Ihnen und damit Ihren Mitarbeitern mitten im Wandelprojekt bereits der nächste schmerzhafte Wandel auferlegt wird. Wenn Ihre Mitarbeiter auf der emotionalen Achterbahn soeben die Emotionen Angst, Zorn und Trauer durchlaufen und die Akzeptanzphase erreicht haben, stellt sich das Gefühl des Gleichmuts ein. Gleichmut ist ein ruhiger, leidenschaftsloser Gemütszustand. Das klingt nicht sehr energetisch, bedeutet aber, dass die Mitarbeiter keinen beziehungsweise kaum noch Widerstand zeigen. Manche empfinden in dieser Phase sogar Neugier und Lust auf das Neue. Ihre Mitarbeiter werden wieder aktiv und bewerkstelligen so das aufkommende Chaos der Umstellung. Stürzt man sie jetzt aber erneut in einen unangenehmen Wandel, beginnt der emotionale Abwärtsstrudel mit Angst-, Zorn- und Trauergefühlen wieder von vorn (siehe Grafik auf Seite 43). Dieses wiederholte Durchleben von Emotionen, die als negativ empfunden werden, schränkt die Handlungsfähigkeit Ihrer Mitarbeiter wieder ein und erzeugt neuen Widerstand. Versuchen Sie deshalb neue, von den Betroffenen nicht gewollte Wandelprojekte so lange zu verschieben, bis Ihre Mitarbeiter zumindest in der Phase der Akzeptanz, besser sogar der Integration angekommen sind.

Sollte dies nicht möglich sein, ist es empfehlenswert, den Mitarbeitern die neue Veränderung als einen Teil des bereits laufenden Wandels zu kommunizieren. Stellen Sie die zusätzliche Veränderung unter eine Überschrift, die den Bezug zum bereits laufenden Wandel verdeutlicht.[15] Das klingt nach Schönfärberei, kann den Mitarbeitern aber den erneuten Schock und den Beginn einer neuen emotionalen Achterbahnfahrt ersparen oder zumindest die Ausschläge der Emotionen nach oben und unten mildern, wenn sie diese Zuordnung akzeptieren. Ein Wandel, der größer ausfällt als ursprünglich vermutet, wird weniger negativ erlebt als eine komplett neue Veränderung. Ob Sie Ihren Mitarbeitern einen zusätzlichen Wandel als Teil des momentan stattfindenden vermitteln können, hängt natürlich von den Umständen ab. Es gelingt nicht immer, ist jedoch in vielen Fällen möglich, wenn Sie geschickt argumentieren. Betrachten Sie diese Interpretation als einen Dienst an Ihren Mitarbeitern. Unterscheiden Sie aber streng zwischen einer Lüge, also einer Aussage, von der Sie wissen, dass sie nicht stimmt, und einer geschickten Auslegung der Tatsachen. Sie sollten auf keinen Fall Unwahrheiten erzählen. Viele Ereignisse lassen sich aber interpretieren, wenn Sie etwas darüber nachdenken. Wenn Sie selbst von Ihrer Argumentation überzeugt sind, dann strahlen Sie das auch aus.

Zusammenfassung

1. Zeigen Sie deutlich, dass Ihnen das Thema wichtig ist.
2. Stellen Sie ein schlagkräftiges Projektteam zusammen.
3. Würdigen Sie das Alte, aber machen Sie klar, dass es endet.
4. Definieren Sie klare Ziele und Meilensteine.
5. Konzentrieren Sie sich auf Lösungen.
6. Binden Sie Ihre Mitarbeiter ein, wo immer dies möglich ist.
7. Sorgen Sie für kurzfristig sichtbare Erfolge.
8. Nutzen Sie Paretos Gesetz der Unausgewogenheit.
9. Fördern Sie neue Vorgehensweisen.
10. Setzen Sie Vorhaben um, die Sie sonst nicht umsetzen könnten.
11. Schützen Sie Ihre Mitarbeiter vor zu viel Wandel.

Eine Übersicht aller Zusammenfassungen dieses Buches und vieles mehr finden Sie zum Download unter www.alexander-groth.de/fuehrungsstark-im-wandel oder mit dem Smartphone über den nebenstehenden QR-Code (Passwort: Wandel).

7. Wenn alle zurückmarschieren
So verankern Sie den Wandel bei Ihren Mitarbeitern

Eine Angewohnheit kann man nicht aus dem Fenster werfen, man muss sie die Treppe hinunterprügeln, Stufe für Stufe.
Mark Twain (Amerikanischer Schriftsteller)

Als Eltern kennen Sie die folgende Situation: Ihre Kinder tun etwas beim Spielen, das Ihnen missfällt. Nehmen wir beispielsweise an, die Kinder haben Freunde zu Besuch und sind zu laut. Sie verlangen von ihnen, leiser zu sein, was auch wunderbar funktioniert, solange Sie in der direkten Nähe bleiben. Kaum lassen Sie die Kinder aber wieder allein, erreicht der Geräuschpegel in kurzer Zeit wieder die ursprüngliche Lautstärke. Die Veränderung des Verhaltens war nicht von Dauer, sondern hat genau so lange angehalten, wie Sie als »sanktionsberechtigter Machtpromotor« Druck ausgeübt haben.

Dasselbe Phänomen können Sie in Unternehmen beobachten. Kaum wenden sich die Vorgesetzten im mittleren und oberen Management neuen Themen zu, da der Wandel als abgeschlossen gilt, kehren die Mitarbeiter innerhalb kurzer Zeit zu ihrem ursprünglichen Verhalten zurück.

In diesem Kapitel beschäftigen wir uns mit der Frage, wie Sie es schaffen, dass Menschen ein Verhalten beibehalten. Dass das durchaus möglich ist, zeigen zwei eindrucksvolle Beispiele, die der Amerikaner Alan Deutschman auf nachhaltige Entwicklungen in Unternehmen übertragen hat.[16] Dafür verglich er die großartige Arbeit der beiden Pioniere Prof. Dr. Dean Ornish aus dem Gesundheitswesen und Dr. Mimi Silbert aus dem Strafvollzug miteinander. Beiden war es gelungen, bei Menschen nachhaltige Veränderungen zu bewirken, denen es niemand mehr zugetraut hatte. Alan Deutschman suchte nun nach gemeinsamen Mustern und übertrug die Ergebnisse auf Veränderungen in der Wirtschaft, die nach denselben Mustern ablaufen. Seine Erfolgsformel lautet »*relate, repeat, reframe*«. Gemeint ist damit, eine gute Beziehung zu den Personen aufzubauen und ihnen das Vertrauen zu signalisieren, dass sie sich verändern können (*relate*). Im zweiten Schritt soll das neue Verhalten häufig wiederholt werden, um die neue Gewohnheit zu verankern (*repeat*). Schließlich bilden sich dann aufgrund des neuen Verhaltens und des erlebten Erfolgs neue Glaubensmuster heraus (*reframe*). Obwohl ich die Argumentation von Deutschman nachvollziehen kann und sie nicht falsch ist, scheint sie mir in zwei der drei Punkte nicht den Kern dessen zu treffen, was in Unternehmen tatsächlich zu langfristigen Verhaltensänderungen von Mitarbeitern führt. Ich habe daher meine eigene Formel entwickelt, die ich »*research, repeat, rechoice*« nenne.

Menschen verändern ihre Gewohnheiten nur unter bestimmten Bedingungen

Beispiel: Die Herzpatienten

Stellen Sie sich vor, Sie hätten als gestresster Manager einen Herzinfarkt oder einen Schlaganfall. Sie haben Glück. Es bleiben keine nachhaltigen Schäden zurück, aber der Arzt sagt Ihnen, dass Sie ab sofort Ihre Gewohnheiten ändern müssen. Dazu gehören eine andere Ernährung, mehr Bewegung, weniger Stress und die tägliche Einnahme eines Medikaments. Wenn Sie die Empfehlungen Ihres Arztes missachten, ist die Wahrscheinlichkeit, dass Sie wieder einen Infarkt oder Schlaganfall erleiden, sehr groß. Sie würden danach voraussichtlich im Rollstuhl sitzen oder sofort sterben. Wie hoch schätzen Sie Ihre Bereitschaft auf einer Skala von 1 bis 100 Prozent ein, Ihre Lebensgewohnheiten dauerhaft zu verändern?

_____ Prozent.

Diese Frage ist durchaus nicht theoretisch. Tatsächlich setzen sich beispielsweise Bypässe normalerweise innerhalb weniger Jahre wieder zu, wenn man seine Lebensweise nicht ändert. Unzählige medizinische Studien über das Verhalten von Bypass- oder sonst am Herzen operierten Patienten haben eine nahezu unfassbare Tatsache immer wieder bestätigt: Zwei Jahre nach der Operation haben 90 Prozent der Patienten im vollen Bewusstsein der Konsequenzen ihre Lebensweise nicht verändert. Es kommt noch schlimmer: Herzpatienten sollen nach der OP regelmäßig ein cholesterinsenkendes Medikament einnehmen. Zwei Monate nach der Operation nehmen noch alle Patienten diese Statine. Nur ein Jahr nach der Operation schluckten durchschnittlich nur noch ein Viertel der 37 000 Patienten einer Studie die Tabletten. Der Rest hatte sie ohne Erlaubnis des Arztes vollständig abgesetzt. Ein Grund dafür ist die Verneinung: Die Tabletten signalisieren ihnen jeden Tag, dass sie krank sind. Nach einiger Zeit versuchen die Patienten aber, das zu verdrängen. Sie haben es nicht geschafft, ihr Leben zu verändern, und steuern mit vollem Bewusstsein einer Katastrophe entgegen. Die Tabletten erinnern sie jeden Tag daran, und deshalb setzen sie diese ab.

Jeder Arzt kennt dieses Verhalten und die Zahlen. Wenn es aber Menschen noch nicht einmal schaffen, ihre Gewohnheiten zu ändern, um ihr eigenes Überleben zu sichern, wie soll man dann erwarten, dass es ihnen in einem organisatorischen Wandel mit weit weniger gravierenden Konsequenzen gelingt?

Ein amerikanischer Arzt trat in den 1980er Jahren den Beweis an, dass Menschen sich ändern, wenn sie die richtige Hilfe bekommen. Prof. Dr. Dean Ornish führte medizinische Studien durch, deren Ergebnisse weltweit Erstaunen verursachten. Ornish hatte eine Gruppe von 333 Menschen ausgewählt, die kurz vor einer Bypass-Operation standen und deren Versicherungen diese bereits genehmigt hatten. 139 Patienten ließen sich tatsächlich operieren und waren die Vergleichsgruppe für die 194 Patienten, die auf ihre Operation verzichteten und ihre Gewohnheiten mithilfe von Ornishs Methode umstellten. Das Programm dauerte ein Jahr. Anschließend wurden die Patienten sich selbst überlassen. Drei Jahre nach Beginn des Programms überprüfte man die Lebensweise der 194 Personen. Das Ergebnis war für Mediziner kaum zu glauben: 77 Prozent der Patienten hatten ihr Leben so nachhaltig verändert, dass alle Werte sich wesentlich verbessert hatten und eine Herzoperation nicht mehr nötig war! Wie ist es möglich, dass bei einem normalen Arzt nur 10 Prozent der Patienten ihre Gewohnheiten nachhaltig verändern, während es bei Dean Ornish 77 Prozent taten? Noch dazu kostete die Methode von Ornish die Versicherungen 7 000 Dollar pro Patient, während eine Bypass-Operation durchschnittlich 46 000 Dollar kostet. Wenn man bedenkt, dass diese Operation meist wiederholt werden muss, sind das schon 92 000 Dollar. Wie hat Prof. Dr. Ornish dieses »Wunder« vollbracht?

Beispiel: Die Strafgefangenen

Glauben Sie, dass ein Mensch, der für ein Verbrechen verurteilt wurde und eine Haftstrafe verbüßt hat, in der Lage ist, sein Verhalten zu verändern? Wie hoch schätzen Sie den Prozentsatz derjenigen ein, die nach einem mehrjährigen Gefängnisaufenthalt in den USA keine weiteren Straftaten mehr begehen?
_____ Prozent.

Eine Studie mit 272 111 amerikanischen Strafgefangenen kam zu folgendem Ergebnis: 30 Prozent der Haftentlassenen wurden bereits innerhalb von sechs Monaten und 67,5 Prozent innerhalb von drei Jahren erneut wegen einer Straftat verhaftet. Von den verbleibenden 32,5 Prozent der nicht erneut inhaftierten Personen können Sie sicherlich noch einige abziehen, da nicht jeder rückfällig gewordene Haftentlassene bei der erneuten Verübung von Straftaten gefasst wird. Die richtige Zahl liegt also wahrscheinlich unterhalb der 30 Prozent.

Dass es auch anders geht und Menschen unter günstigen Umständen ihr Verhalten nachhaltig verändern können, beweist die Delancey Street Foundation in San Francisco. Sie nimmt Drogenabhängige und Schwerverbrecher aus staatlichen Gefängnissen auf, die zum Teil bereits Jahrzehnte ihres Lebens in Vollzugsanstalten verbracht haben. Diese Männer und Frauen haben die Wahl zwischen einem erneuten Gefängnisaufenthalt oder einer Teilnahme am Programm bei Delancey. Die Bilanz derjenigen, die sich für das Programm entscheiden: 60 Prozent von denen, die das Programm der Gründerin Dr. Mimi Silbert beginnen, schaffen es, dieses bis zum Schluss zu durchlaufen, und werden danach nicht nur nie wieder straffällig, sondern auch geachtete Mitglieder der Gesellschaft. Während der durchschnittliche Gefängnisinsasse den amerikanischen Steuerzahler jährlich 40 000 Dollar kostet, finanziert sich die Delancey Street Foundation mit ihren mittlerweile 18 000 Absolventen aus Einnahmen ihrer Umzugsfirmen, Restaurants, Buchhandlungen sowie aus dem Verkauf von Christbäumen vollständig ohne staatliche Zuschüsse. Wie vollbringt Mimi Silbert das »Wunder«, aus Schwerstverbrechern angesehene Mitglieder der amerikanischen Gesellschaft zu machen?

Diese beiden und andere Beispiele zeigen, dass Menschen ihr Verhalten nicht nur verändern, sondern neue Gewohnheiten unter den richtigen Bedingungen auch beibehalten können.

Finden Sie den kritischen Faktor, der verändert werden muss
(*research*)

Unternehmen drehen oft an zu vielen Stellschrauben gleichzeitig und erzielen damit letztendlich außer Chaos kaum ein Ergebnis. Von zentraler Bedeutung ist deshalb das Wissen, welcher Faktor in einem Veränderungsprojekt der kritische ist. Die Veränderung dieses Faktors hat den größten positiven Einfluss auf das gesamte Umfeld. Auch hier gilt das Pareto-Prinzip, nach dem wenige Dinge einen sehr großen Einfluss auf das Ergebnis haben. Um herauszufinden, welches der kritische Faktor ist, muss die Ausgangssituation zuerst einmal analysiert und erforscht werden (*research*). Dabei sollte neben Beobachtung und Interviews vor allem der gesunde Menschenverstand zum Einsatz kommen. Betrachten wir die Idee des kritischen Faktors anhand der beiden Beispiele.

Beispiel: Die Herzpatienten

Welches Verhalten ist bei herzkranken Menschen der kritische Faktor, der die größte positive Veränderung bewirkt? Zu den grundsätzlich wichtigen Faktoren gehören sicherlich eine gesunde Ernährung, regelmäßige Bewegung und die Vermeidung von oder zumindest der richtige Umgang mit Stress. In der Tat hat Dr. Ornish mit seinem Team auch an allen drei Punkten gearbeitet, um ein möglichst gutes Gesamtergebnis zu erzielen, aber der kritische Faktor ist nur einer davon: Bewegung! Der menschliche Körper ist seit Zehntausenden von Jahren für Bewegung optimiert, bei Nichtbenutzung versagt er in immer mehr Teilbereichen den Dienst. Dieser Faktor überwiegt alle anderen. Wenn Sie sich sehr gesund ernähren, aber nicht bewegen, werden Sie mit an Sicherheit grenzender Wahrscheinlichkeit krank. Umgekehrt bleiben Sie trotz schlechter Ernährung erstaunlich lange gesund, wenn Sie sich täglich bewegen. Die Wirkung von Stress wird durch Bewegung ebenfalls deutlich reduziert, denn Stresshormone werden durch Muskelbewegung abgebaut. Wenn Sie also nur einen der drei Punkte in Ihrem Leben verbessern wollen oder können, sorgen Sie dafür, dass Sie sich jeden Tag mindestens 30 Minuten bewegen. Dabei reichen einfache Tätigkeiten wie Spazierengehen und Fahrradfahren völlig aus. Dadurch haben Sie schon viel für Ihre Gesundheit getan.

Beispiel: Die Strafgefangenen

Viele Straftäter in amerikanischen Gefängnissen sitzen in der dritten Generation ein, bereits die Eltern und Großeltern waren Häftlinge. Sie sind als Kriminelle und Gang-Mitglieder in Gegenden aufgewachsen, in denen man jederzeit damit rechnen muss, überfallen, zusammengeschlagen oder sogar getötet zu werden. Für viele ist der einzige Weg, mit dieser Brutalität und ständigen Bedrohung umzugehen, abzustumpfen und nichts mehr an sich heranzulassen. Diese Menschen sind arm und leben seit Generationen am Rand der Gesellschaft. Da sie nie etwas anderes als Gewalt und Armut erlebt haben, glauben sie auch nicht daran, dass es für sie möglich sein könnte, ein normales bürgerliches Leben zu führen. Schwerverbrecher haben in der Regel nicht gelernt, empathisch, also mitfühlend zu sein. Gefühlskälte ist eine Form des Selbstschutzes, die man im Ghetto oder auch im Gefängnis braucht, um überleben zu können. Wenn der beste Freund von einer überlegenen Gruppe mit Messerstichen traktiert wird, mischt man sich besser nicht ein, sonst teilt man sein Schicksal. Der Gebrauch von Drogen hilft zusätzlich dabei, das Leid in und um sich herum nicht mehr spüren zu müssen, und Abstumpfung ist eine logische Folge. Der kritische Faktor der Veränderung ist bei diesen Menschen also die Empathie, die dazu führt, dass Straftäter wieder etwas für andere empfinden. Ohne dieses Empfinden und den daraus resultierenden Respekt ist eine Eingliederung in die Gesellschaft kaum zu schaffen.

Wie in diesen beiden Beispielen gibt es fast immer einen kritischen Faktor! Wenn Sie diesen verändern, hat das einen starken Einfluss auf das angestrebte Ziel. Als mir beispielsweise der CEO eines Konzerns erzählte, er wolle erreichen, dass seine Führungskräfte mehr unternehmerisch denken, fragte ich ihn, was genau er unter dem Begriff verstehe und anhand welcher Kriterien er eine Verbesserung feststellen könne. Wie ich erwartet hatte, konnte er die Frage nicht beantworten. Wenn man nicht genau weiß, was man will, ist es nahezu unmöglich, den kritischen Faktor zu finden, dessen Veränderung das neue gewünschte Verhalten bewirken kann.

Lassen Sie ein Verhalten so oft wiederholen, bis es eine neue Gewohnheit geworden ist (repeat)

Wir Menschen sind Gewohnheitstiere. Dies sieht man nicht nur daran, dass wir uns in Meetings, Seminaren, in der Kantine und im Restaurant immer die gleichen Sitzplätze aussuchen. Auch unser Tag ist eine einzige Abfolge von Gewohnheiten. Und wir denken auch immer wieder dieselben Gedanken. Nach Aristoteles erweist sich in unseren Gewohnheiten, wer oder was wir sind. Dasselbe meint der berühmte Redner und römische Schriftsteller Cicero, wenn er sagt: »Die Gewohnheit ist gleichsam eine zweite Natur.« Wenn Sie also wollen, dass Ihren Mitarbeitern etwas zur zweiten Natur wird, müssen Sie dafür sorgen, dass diese sich die dazugehörigen Gewohnheiten aneignen. Eine Gewohnheit ist eine »durch häufige und stete Wiederholung selbstverständlich gewordene Handlung, Haltung, Eigenheit; etwas oft nur noch mechanisch oder unbewusst Ausgeführtes«[17]. Gewohnheiten sind nach häufigen Wiederholungen im prozeduralen Gedächtnis gespeicherte Handlungsmuster. Sie müssen also ein altes Handlungsmuster Ihrer Mitarbeiter durch ein neues ersetzen, oder wie der mittelalterliche Mystiker und Mönch Thomas von Kempen es formuliert: »Gewohnheit wird durch Gewohnheit überwunden.«

Wenn Sie wollen, dass Ihre Mitarbeiter sich eine neue Verhaltensweise aneignen, müssen diese fast immer erst einmal eine alte aufgeben. Das ist übrigens der Vorteil, wenn Sie etwas völlig Neues lernen wollen: Sie müssen nicht erst etwas Altes verlernen. Wer zum Beispiel ohne jegliche Vorkenntnisse lernen will, mit zehn Fingern Schreibmaschine zu schreiben, hat es leichter als jemand, der bereits gewöhnt ist, recht schnell mit zwei Fingern zu schreiben. Letzterer muss ein altes Denk- und Bewegungsmuster verlernen, um sich ein neues aneignen zu können. Bei Change-Vorhaben geht es den Mitarbeitern meist ebenso: Sie müssen eine alte Gewohnheit ablegen und sich davon verabschieden, weil eine neue an ihre Stelle treten soll. Der englische Ökonom John Maynard Keynes hat es einmal so formuliert: »Die größte Schwierigkeit der Welt besteht nicht darin, Leute zu bewegen, neue Ideen anzunehmen, sondern alte zu vergessen.«

Beispiel: Die Herzpatienten

Prof. Dr. Ornish war fest davon überzeugt, dass Menschen ihre Gewohnheiten ändern können. Er ließ seine Patienten nicht nur von einem einzelnen Arzt, sondern von jeweils einem Kardiologen, Psychologen, Küchenchef, Personal Trainer, Yogalehrer, Meditationslehrer und einer Krankenschwester betreuen. In den ersten drei Monaten trafen sich die Patienten dreimal in der Woche für vier Stunden, das ergibt insgesamt 144 Stunden. Diese vierstündigen Treffen waren aufgeteilt in je eine Stunde körperliche Übungen, Treffen in der Unterstützungsgruppe, Yoga und Meditation und die gemeinsame Zubereitung und Einnahme eines vegetarischen Essens. Nach den drei Monaten traf sich die Gruppe für weitere neun Monate nur noch einmal in der Woche! Dies entspricht ebenfalls einer zeitlichen Investition von 144 Stunden. Im zweiten und dritten Jahr überließ man die Patienten sich selbst – ohne jede Betreuung. Trotzdem hatten am Ende des dritten Jahres 77 Prozent der ursprünglich vor einer Herzoperation stehenden Patienten die neuen Gewohnheiten beibehalten. Selbst die Meditation wurde neben dem veränderten Essverhalten und der Bewegung noch von fast allen praktiziert. Die 288 Stunden Übung und der feste

Glaube an die Patienten hatten ausgereicht, sie neue Gewohnheiten annehmen zu lassen. Mit knapp 300 Stunden Investition sicherten sich die Patienten ihr eigenes Überleben und die Wiederherstellung ihrer Gesundheit! Es ist eine traurige Tatsache, dass dieses Programm in unserem Gesundheitssystem nach wie vor kaum angewendet wird, weil es die Krankenkassen im Gegensatz zur Intensivmedizin nicht bezahlen. Immer noch verändern über 90 Prozent der Patienten ihre Gewohnheiten nicht, da ihnen niemand zeigt, wie das genau geht. Sehr wichtig waren im Programm von Ornish übrigens die kurzfristigen Erfolge. Schon nach nur vier Wochen stellte sich bei den Teilnehmern eine über 90-prozentige Verringerung der Brustschmerzen bei körperlichen Aktivitäten ein. Dieser fühlbare schnelle Erfolg (*Quick Win*) vergrößerte die Motivation der Teilnehmer maßgeblich.

Beispiel: Die Strafgefangenen

Die Begründerin von Delancey, Mimi Silbert, hat sowohl in Psychologie als auch in Kriminologie promoviert. Vor der Gründung von Delancey hatte sie unter anderem als Beraterin für 50 Polizeistationen gearbeitet. Sie bildete völlig unerfahrene Polizeirekruten darin aus, mit gefährlichen Situationen umzugehen. Die beste Methode, Menschen das richtige Verhalten in schwierigen Situationen beizubringen, sind Rollenspiele. Darin ließ sie kritische Momente vielfach wiederholen, bis sie ins prozedurale Gedächtnis übergingen und die Rekruten reflexartig reagierten.

Später überlegte Silbert: Wenn Zivilisten durch Wiederholung eines bestimmten Verhaltens lernen können, wie Polizisten zu denken, zu fühlen und zu handeln, müsste es doch auch möglich sein, dass Kriminelle durch Wiederholung eines bestimmten Verhaltens lernen, wie Zivilisten zu denken, zu fühlen und zu handeln. Die meisten Sträflinge hatten ja tatsächlich nie gelernt, sich »normal« zu verhalten, zu reden und zu denken.

Zusätzlich hatte Mimi Silbert früher als Therapeutin gearbeitet und dabei festgestellt, wie gut es ihr tat, anderen Menschen zu helfen. Daraus entwickelte sie die Idee »*each one, teach one*«. Bei Delancey heißt das, dass jeder Verantwortung für andere übernimmt. Wer in einem Delancey-Restaurant bisher nur gelernt hat, wie man ein Besteck auflegt, bringt genau dies einem Neuling bei. Zu lernen und dieses Gelernte an andere weiterzugeben, ist nicht nur eine sehr gute Lernmethode, es schafft auch Verbindungen zwischen den Menschen. Bei Delancey bekommt jeder Aufgaben übertragen, die ihn dazu bringen, so zu handeln, als ob man sich um andere kümmern und etwas für sie empfinden würde. Dies ist zu Beginn nicht der Fall. Viele Sträflinge kommen völlig unmotiviert zu Delancey, weil sie glauben, dort leichter durchzukommen als im Gefängnis. Die ständige Wiederholung von Handlungen, bei denen die Teilnehmer so tun, als ob sie sich um andere kümmern, führt aber dazu, dass sie tatsächlich irgendwann Zuneigung und Verantwortung für andere empfinden. Wenn eine neue Handlung erst einmal zur Gewohnheit geworden ist, verändert sich dadurch auch die Persönlichkeit.

Überlegen Sie, welche konkrete Handlung Ihre Mitarbeiter immer wieder ausüben müssten, damit sie eine neue Gewohnheit annehmen.

- Welche Handlungen sind ein Ausdruck für die neue Einstellung, die Sie erreichen wollen?
- Wie erreichen Sie, dass Ihre Mitarbeiter dieses Verhalten immer wieder zeigen, bis es zur Gewohnheit wird?
- An welchem Verhalten der Mitarbeiter erkennen Sie, dass der Wandel erfolgreich war?

Ein Beispiel für die erfolgreiche Veränderung von Verhalten kenne ich aus einem Unternehmen, bei dem der Vertrieb trotz eines guten Produkts weniger Umsatz erwirtschaftete als die Konkurrenzunternehmen. Die Firmenleitung ging auf die Suche nach der Ursache. Über ein neues Zeiterfassungssystem fand sie heraus, dass die Außendienstmitarbeiter im Durchschnitt nur anderthalb von fünf Wochentagen beim Kunden vor Ort waren. Den Rest der Zeit verbrachten sie im Büro mit Bürokratie und Telefonaten. Natürlich kann man keinen Umsatz machen, wenn man nicht mit dem Kunden spricht. Deshalb bekam jeder Außendienstmitarbeiter die strikte Order, vier von fünf Tagen beim Kunden zu verbringen. Dazu wurden die Mitarbeiter mit neuester mobiler Technologie und zusätzlichen Home-Offices ausgestattet. Gleichzeitig wurde der Innendienst in der Zentrale aufgestockt, um den Außendienst zu entlasten. Trotz anfänglicher Probleme gewöhnten sich die Außendienstler daran, vier Tage pro Woche beim Kunden im Gespräch zu sein. Aus der anfänglichen Weisung von oben wurde eine Gewohnheit, die fast zwangsläufig den Umsatz steigerte. Diejenigen Mitarbeiter, denen der viele Kundenkontakt nicht gefiel, konnten in den Innendienst wechseln. Vorher waren die Gewohnheiten der Außendienstler von bürokratischen Anforderungen geprägt. Nach dem Wandel war der Kunde der maßgebliche Faktor für die täglichen Handlungen.

Wenn Sie wollen, dass Menschen sich verändern, reicht es aber nicht, ihre Gewohnheiten zu verändern. Es gibt noch eine Bedingung, die stimmen muss.

Sorgen Sie für positive Emotionen durch Erfolgserlebnisse
(*rejoice*)

Menschen funktionieren hauptsächlich über den Schmerz- (weg von) und den Lustknopf (hin zu). Damit wir beginnen, ein neues Verhalten zu zeigen, muss oft erst einmal der Schmerzknopf eingesetzt werden. Mitarbeiter sollten zu Beginn einer Veränderung ein Gefühl von Betroffenheit und Dringlichkeit entwickeln, damit sie losmarschieren (siehe Kapitel 4). Im genannten Beispiel kann der Arzt den Schmerzknopf drücken, indem er einem Herzpatienten sagt, dass seine Lebenserwartung stark verkürzt ist, wenn er seine Lebensgewohnheiten nicht sofort ändert. Natürlich versuchen die meisten Menschen das auch, fallen aber irgendwann in alte Verhaltensmuster zurück, denn der Schmerzknopf wirkt nicht dauerhaft. Man gewöhnt sich daran. Hat sich jemand also aufgrund von unangenehmen Gefühlen einmal in Bewegung gesetzt, muss irgendwann der Wechsel auf den Lustknopf erfolgen, damit er weitermarschiert. Das neue Verhalten muss fühlbare Erfolge bringen. Es muss mit angenehmen Emotionen verknüpft werden.

Beispiel: Die Herzpatienten

In dem Programm von Dr. Ornish gab es viele Erfolgserlebnisse. Herzkranke Menschen haben bei körperlichen Anstrengungen oft starke Brustschmerzen. Nach nur wenigen Wochen regelmäßiger Bewegung waren diese Schmerzen bei fast allen Teilnehmern verschwunden. Das fühlte sich gut an. In der Unterstützungsgruppe bekamen sie Zuwendung und Ermutigung, manchmal auch Trost von den anderen. Diese Empathie schaffte positive Emotionen. Bei Yoga und Meditation lernten sie, sich zu entspannen. Und beim Kochen gelang es den Teilnehmern schon bald, sich selbst gut schmeckende, aber auch gesunde Gerichte zuzubereiten. All das sorgte für positive Gefühle und Erfolgserlebnisse.

Die Patienten von Dr. Ornish lernten in dem Programm außerdem, dass sie ihren Ärzten nicht ausgeliefert waren, sondern selbst Verantwortung für ihre Gesundheit übernehmen konnten. Bis dahin hatten sie eine Opferhaltung eingenommen und sich von den Experten erklären lassen, wie man ihren Körper mit komplizierten Operationen wieder instand setzen würde. Die Erfahrung, dass sie sich und das eigene Schicksal aus eigener Kraft verändern konnten, löste bei den Patienten Folgereaktionen aus. Sie gingen auch andere Themen in ihrem Leben aktiv an, weil sie gelernt hatten, dass sie etwas bewirken konnten. Nicht selten verändern Menschen mit neuen Lebensgewohnheiten auch ihren Bekanntenkreis, denn mit den neuen Denkmustern passen sie nicht mehr in das alte Umfeld. Man zieht immer die Menschen an, die der eigenen geistigen Entwicklung entsprechen. Wer erst einmal zum »Gestalter« seines eigenen Lebens geworden ist, findet mit Menschen, die in der Opferhaltung verharren, keine gemeinsame Wellenlänge mehr. Dieser ganze Prozess ist mit Erfolgserlebnissen und angenehmen Emotionen verbunden.

Beispiel: Die Strafgefangenen

Alkohol, Drogen oder Gewalt sind bei Delancey streng verboten und führen zu einem sofortigen Rücktransport ins Gefängnis. Die Neuankömmlinge erleben es als einen enormen Erfolg, wenn ihnen klar wird, dass sie es geschafft haben, vier Wochen lang ohne Gewalt oder Drogen überhaupt zu existieren. Dieser frühe Erfolg (*Quick Win*) und das Vertrauen der anderen motivieren die meisten, weiterzumachen.

Die Delancey Street Foundation schafft mit ihren Einrichtungen, Mitarbeitern und Ritualen ein Umfeld, in dem Menschen, die ihr Leben lang nur Gewalt und Rücksichtslosigkeit kannten, zu Menschen werden, die fähig sind, mit anderen zu fühlen und für andere und die Gesellschaft Verantwortung zu übernehmen. Diese Empathie zu entwickeln, fühlt sich gut an und macht das Leben reicher.

In dem Moment aber, in dem Exstrafgefangene Gefühle von Liebe und Zuneigung zulassen, passiert etwas Erstaunliches. Jetzt, da sie sich in andere einfühlen können, wird ihnen bewusst, was sie den Menschen in ihrer Vergangenheit angetan haben, und sie versinken nicht selten in Selbsthass. Deshalb hat Delancey ein Ritual entwickelt, das sie »*Dissipation*« nennen. Hier trifft sich eine Gruppe von Exstrafgefangenen für mehrere Tage, und jeder erzählt seine Geschichte. Dabei geht es neben den Fakten vor allem um das Gefühl der Schuld. Viele ehemals brutale Männer weinen dort zum ersten Mal seit ihrer frühesten Kindheit wieder. Mimi Silbert fordert dazu auf, sich selbst zu vergeben und als Wiedergutmachung für das alte Leben in Zukunft Gutes für andere zu tun. Sie nennt es »*Balancing the Scale*«. Tatsächlich empfinden die meisten Mitarbeiter von Delancey den starken Wunsch, der Gesellschaft etwas Gutes zurückzugeben, nachdem sie dieser bisher nur Ärger und Kosten verursacht haben. Diese Veränderung ihrer Persönlichkeit strahlen sie aus. Die Mitarbeiter von Delanceys Restaurants, Firmen und Geschäften sind als besonders ehrlich, freundlich und serviceorientiert bekannt. Sie werden in den Städten, in denen Delancey Niederlassungen hat, als Mitglieder der Gesellschaft voll akzeptiert.

Mimi Silbert ist der festen Überzeugung, dass wir jeden Tag die Wahl haben, wie wir als Mensch sein wollen. In ihren eigenen Worten: »*All of us rise to the best of ourselves and sink to the worst of ourselves. I'm really big on the idea that nothing is either/or. You're not either good or bad. You're not either healthy or sick. Every day you don't do the right thing, then that day you're an asshole. There's no reaching the ›healthy way‹. You choose it by doing it.*«[18]

> **Was können Sie als Führungskraft tun, um Menschen in Veränderungsprozessen Erfolgserlebnisse und die damit verbundenen angenehmen Emotionen zu ermöglichen?**

In diese Frage wird meist viel zu wenig, nämlich gar keine Zeit investiert. Manche Führungskräfte sagen mir: »Ich habe ein Restrukturierungsprojekt. Da ist nichts Schönes dran. Es gibt da keine angenehmen Emotionen!« Das mag sein. Dann sorgen Sie aber zumindest für Umsetzungserfolge, die Sie kommunizieren können. Umsetzungserfolg fühlt sich auch gut an. Achten Sie dabei auf die Perspektive. Die Frage lautet: Was empfinden Ihre Mitarbeiter als Erfolg? Wir Menschen wollen auf etwas Positives blicken. Wir können unangenehme Prozesse in unserem Leben wesentlich besser akzeptieren, wenn wir den Eindruck haben, dass es vorangeht. Stagnation und Ungewissheit sind das Schlimmste für die meisten Menschen. Planen Sie deshalb ganz bewusst frühe Erfolge und kommunizieren Sie diese.

Sie wissen jetzt, auf welche drei Punkte Sie achten sollten, wenn Sie Menschen bei einer langfristigen Verhaltensänderung unterstützen wollen. Natürlich sollten Sie selbst den Mitarbeitern das neue Verhalten auch konsequent vorleben. Bedenken Sie, dass Sie als Vorgesetzter ein zentraler Bestandteil des Mitarbeiterumfelds sind. Sie können aber noch mehr tun, um ein Umfeld zu schaffen, das neue Verhaltens- und Denkmuster unterstützt:

- Stellen Sie das Belohnungssystem auf das neue Verhalten um. Fördern Sie Mitarbeiter, die ein neues Verhalten konsequent umsetzen.
- Bringen Sie besonders diejenigen Mitarbeiter in Führungspositionen, welche die gewünschte Kultur vorbildlich vorantreiben.
- Achten Sie zusätzlich bei Einstellungen darauf, dass die neuen Mitarbeiter die erforderlichen Denk- und Handlungsmuster bereits mitbringen.
- Räumen Sie Steine aus dem Weg.

Leider ist in Unternehmen immer wieder zu beobachten, dass das organisatorische Umfeld den Maßnahmen entgegensteht, mit denen bestehende Kulturen verändert werden sollen. Wenn Sie beispielsweise teamorientiertes Verhalten fördern wollen, die individuellen Jahresziele aber implizit die Botschaft transportieren, dass Konkurrenz unter den Mitarbeitern gewünscht ist, unterläuft das Ihre Bemühungen für eine kulturelle Veränderung. Wenn Sie stärkenorientiertes Führen in Ihrem Bereich praktizieren wollen, das von Ihrem Konzern vorgegebene Beurteilungssystem sich aber einseitig auf die Überwindung von Schwächen statt auf den Ausbau von Stärken konzentriert, ist das ein Problem. Wenn Sie das organisatorische Umfeld nicht anpassen können, was leider oft der Fall ist, sprechen Sie es gegenüber den Ihnen unterstellten Führungskräften zumindest an und machen Sie das Paradoxon deutlich. Betonen Sie, worauf Sie als Chef Wert legen. Machen Sie klar, welches Verhalten Sie belohnen werden. Im Zweifelsfall zählt Ihre Bewertung als direkter Vorgesetzter mehr als das organisatorische Umfeld. Dies funktioniert aber nur dann, wenn Sie es offen ansprechen.

Wenn Menschen eine Handlung oft wiederholen, wird diese zur Gewohnheit, die mit der Zeit die Denkmuster verändert. Dadurch wandeln sich auch die gelebte Kultur und die dazugehörigen Annahmen. Ob ein Verhalten bereits Teil einer gelebten Kultur geworden ist, können Sie an den Sanktionen der Kollegen sehen, wenn jemand ein Verhalten zeigt, das der neuen Kultur nicht entspricht. Nehmen wir einmal an, ein Mitarbeiter sitzt in einem Großraumbüro und stößt mehrfach und mit Absicht geräuschvoll auf. Da dieses Verhalten dem von der Gesellschaft als angemessen empfundenen Verhalten zuwiderläuft, wird er strafende Blicke und wahrscheinlich sogar Kommentare ernten. Genau das muss passieren, wenn ein Mitarbeiter ein Verhalten zeigt, das nicht mehr der neuen gewünschten Kultur entspricht. Wenn Sie beispielsweise eine Servicekultur einführen wollen und ein Mitarbeiter sich für die Kollegen deutlich wahrnehmbar anders verhält, müssen diese ihn mit Blicken abmahnen. Nicken, lächeln oder schweigen sie dagegen, ist es offensichtlich noch keine gelebte Kultur.

Zusammenfassung
1. Menschen verändern ihre Gewohnheiten nur unter bestimmten Bedingungen.
2. Finden Sie den kritischen Faktor, der verändert werden muss (*research*).
3. Lassen Sie ein Verhalten so oft wiederholen, bis es eine neue Gewohnheit geworden ist (*repeat*).
4. Sorgen Sie für positive Emotionen durch Erfolgserlebnisse (*rejoice*).

8. Die Psychologie der Gerüchte
So kommunizieren Sie als Führungskraft im Wandel

Es genügt nicht, dass man zur Sache spricht.
Man muss zu den Menschen sprechen.
Stanislaw Jerzy Lec (Polnischer Schriftsteller)

Wenn in einem Wandel neben dem richtigen Umgang mit Gefühlen etwas besonders wichtig ist, dann ist es die Kommunikation. Mit ihr steht und fällt ein Wandel. Die Inhalte der Kommunikation Ihrer Mitarbeiter entsprechen in einer Veränderung sehr wahrscheinlich nicht dem, was Sie sich wünschen. Deshalb kommt es darauf an, dass Sie dem »Flurfunk« konsequent etwas entgegensetzen oder – idealerweise – sogar vorbeugen.

Während eines Wandels verbreiten sich Gerüchte mit großer Geschwindigkeit, und sie sind fast immer negativ. Mit den Gerüchten ist es wie bei dem Spiel »Stille Post«. Auf der einen Seite flüstern Sie Ihrem Nachbarn das Wort »Wertflasche« ins Ohr, und am Ende der Kette kommt das Wort »Quarktasche« heraus. Gerüchte haben die Eigenart, dass sie im Lauf der Zeit einer negativen Steigerung unterliegen, die ungefähr so funktioniert:

A zu B: »Ich habe gehört, dass sie in unserer Abteilung eine Umstrukturierung planen.«

B zu C: »Mir ist zu Ohren gekommen, dass eine Umstrukturierung der Abteilung geplant ist. Wer weiß, ob die dabei nicht Personal abbauen.«

C zu D: »Hast du schon gehört? Die wollen Personal abbauen!«

D zu A: »Es soll wieder Kündigungen geben. Man redet von drei bis vier Mitarbeitern.«

Antwort A: »Was für eine Sauerei. Und mir wollten sie weismachen, es sei nur eine harmlose Umstrukturierung.«

Weil Gerüchte sich fast immer negativ entwickeln, müssen Sie als Führungskraft bewusst gegensteuern. Durch Ihre Kommunikation können Sie klarstellen, was wirklich passieren wird und was nicht, erzielte Erfolge bewusst machen und allgemein die Entstehung von Angst- und Zorngefühlen abschwächen. Für den Wandel gibt es eine Reihe von sinnvollen und wirksamen Regeln für die Kommunikation. Wenn Sie diese beachten, werden Sie sich positiv von den vielen Managerkollegen unterscheiden, die ihr Kompetenzdefizit im Bereich Kommunikation nicht nur im Wandel täglich unter Beweis stellen.

Kommunizieren Sie zu einem frühen Zeitpunkt

Führungskräfte warten oft zu lange, bevor sie eine Nachricht an die Mitarbeiter weitergeben. Die Gründe dafür sind nachvollziehbar. Manchmal wollen sie ihre Mitarbeiter nicht unnötig (falls der Wandel doch nicht stattfindet) oder früher als nötig beunruhigen. Selbst wenn der Wandel zu einer unumstößlichen Tatsache geworden ist, wollen sie nicht kommunizieren, ohne alle Informationen gesammelt zu haben, und wenn sie dann alle Informationen haben, möchten sie diese erst noch strukturiert und verständlich aufbereiten. Man will ja nicht mit einem halb fertigen Konzept vor die Mitarbeiter treten. Aber selbst wenn alles fertiggestellt ist, scheuen sich viele Vorgesetzte noch, die schlechten Nachrichten zu überbringen, und schieben diese unangenehme Aufgabe vor sich her. Was die Führungskräfte dabei extrem unterschätzen, ist die Geschwindigkeit, mit der sich auch vertrauliche Nachrichten unter den Mitarbeitern verbreiten. Gehen Sie als Führungskraft getrost davon aus, dass die Mitarbeiter relativ früh erfahren, wenn etwas im Busch ist. Sie wissen nicht genau, was passieren wird, aber zumindest ungefähr. Jetzt startet die Gerüchteküche, und die Nachrichten verschlimmern sich, ohne dass Sie etwas richtigstellen oder auch die positiven Seiten des Wandels kommunizieren können.

Sie fragen sich vielleicht, woher die Mitarbeiter die vertraulichen Nachrichten haben, da diese doch nur dem Führungskreis bekannt sein sollten. Dazu drei Beispiele aus der Praxis:

- Das zentrale Projektteam hat das Vorgehen für das gesamte Unternehmen geplant und ausgearbeitet. Eine Vorstandssekretärin druckt die erstellten Pläne für alle Gruppenmitglieder aus und überfliegt dabei deren Inhalt. Sie erzählt es unter dem Siegel der Verschwiegenheit ihrer engsten Kollegin. Diese erzählt es dann – selbstverständlich streng vertraulich – brühwarm weiter …
- Der Betriebsrat muss bei umfassenden Veränderungsvorhaben vorab informiert und eingebunden werden. In einem Betriebsrat sitzen viele Leute. Einer davon ärgert sich über den geplanten Wandel und macht seinem Ärger außerhalb des Betriebsrates Luft …
- Eine Führungskraft hält sich nicht an die Anordnung, bestimmte Informationen erst zu einem für alle Führungskräfte verbindlich festgelegten, klar definierten Zeitpunkt an die Mitarbeiter weiterzugeben, sondern erzählt es ihren Mitarbeitern in einem falschen Verständnis von Kollegialität vorab …

Die Reihe ließe sich fortsetzen. Es gibt unendlich viele Wege, und einer davon führt direkt oder indirekt zu Ihren Mitarbeitern. Sie können also davon ausgehen, dass diese ab einem bestimmten Zeitpunkt wissen, dass etwas im Gange ist, manchmal sind sie sogar genau über die geplanten Veränderungen im Bilde. Das bringt Sie in eine unangenehme Situation, denn natürlich ist Ihren Mitarbeitern klar, dass Sie darüber informiert sind und schweigen. Es baut nicht gerade Vertrauen auf, wenn Sie in den Meetings weiter so tun, als wäre alles in Ordnung, während jeder weiß, dass das nicht stimmt, Sie es als Vorgesetzter aber nicht aussprechen.

Die Schlussfolgerung kann nur sein: Weil Mitarbeiter oft früher etwas mitbekommen, als man denkt, und weil die Informationsweitergabe unter den Mitarbeitern die Tatsachen fast immer negativ verändert, sollten Sie Ihre Mitarbeiter über Wandelvorhaben relativ früh informieren. Das gilt auch, wenn noch nicht alle Details ausgearbeitet sind. Der Schaden, der entsteht, wenn Sie zu lange warten, ist größer, als wenn Sie eine nicht perfekte Botschaft kommunizieren.

Richten Sie Ihre Kommunikation an die Mehrheit der Mitarbeiter

Wenn Sie Ihre Mitarbeiter über eine große Veränderung informieren wollen, sollten Sie sich überlegen, wer Ihre Hauptzielgruppe ist. Die meisten Führungskräfte verbringen zu viel Zeit mit einer speziellen Minderheit. Dies ist ein Fehler!

Sie können Ihre Mitarbeiter in einem Wandel in drei Gruppen einteilen: die aktiven Befürworter, die große, sich relativ neutral verhaltende Mehrheit und die aktiven Gegner des Wandels. Dass sich zwei Drittel der Mitarbeiter eher neutral verhalten, wird Sie vielleicht wundern. Der Wert ist natürlich nur eine ungefähre Größe, die je nach Art des Wandels stark variieren kann. Tatsächlich durchläuft auch diese Mehrheit die emotionale Achterbahn und empfindet alle unangenehmen Emotionen wie Angst, Zorn und Trauer. Das macht sie aber noch nicht zu aktiven Gegnern. Ich habe beispielsweise in einem internationalen Konzern und ehemaligen staatlichen Monopolisten einen Personalabbau im fünfstelligen Bereich begleitet. Zu meiner eigenen Verwunderung haben nicht nur die Topmanager, sondern auch die große Mehrzahl der mittleren Manager, der Teamleiter und sogar der Mitarbeiter durchaus Verständnis für die Notwendigkeit dieses Personalabbaus gezeigt. Sie waren weder aktive Gegner noch aktive Befürworter des Wandels. Die Mehrheit zeichnet sich also dadurch aus, dass sie früher oder später ohne übermäßiges Engagement mitmacht – oder eben auch nicht.

Mitarbeitergruppen und ihr Verhalten gegenüber einem Wandelvorhaben

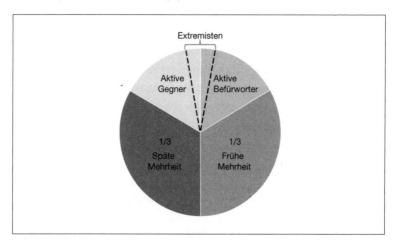

Die aktiven Befürworter sind diejenigen Mitarbeiter, die sich stark für den Wandel einsetzen, weil dieser ihren Werten entspricht oder sie sich einen persönlichen Nutzen davon erhoffen. Diese Mitarbeiter sind gute Multiplikatoren für die Sache. Berufen Sie die Befürworter in das Wandelteam, oder nutzen Sie sie als Fürsprecher, wenn es darum geht, die Mehrheit zu überzeugen. Unter den Befürwortern gibt es meist auch einige Extremisten, die der Mehrheit oft zu radikal in ihren Ansichten sind. Deshalb müssen Sie sich gut überlegen, ob Sie Extremisten in Multiplikatorenfunktionen bringen wollen. Ihre zum Teil übertriebene Sichtweise könnte kontraproduktiv wirken.

Schließlich gibt es die aktiven Gegner. Bei ihnen kollidiert der geplante Wandel mit vertrauten Werten, mit über Jahrzehnten antrainierten Gewohnheiten oder er lässt sie schmerzhafte Einschnitte befürchten. Diese Mitarbeiter geben, wenn überhaupt, als Letzte nach, wenn die Mehrheit sich schon entschieden hat mitzumachen. Auch bei den aktiven Gegnern gibt es Extremisten, die sich jeglicher Verhaltensänderung dauerhaft widersetzen. Von diesen Mitarbeitern wird man sich in der Regel trennen müssen.

Auf welche der drei Gruppen sollte Ihre Kommunikation im Wandel nun abgestimmt sein? Die Befürworter sitzen bereits im Boot. Die Gegner werden sowieso als Letzte einsteigen und auch nur dann, wenn schon alle anderen an Bord sind. Die Mehrheit ist es also, die Sie gewinnen müssen. Viele Führungskräfte machen den Fehler, sich zu lange mit den Gegnern zu beschäftigen und so ihre Energie aufzubrauchen. Bedenken Sie dabei, dass die aktiven Gegner durch öffentliche Diskussionen immer gewinnen. Wenn Sie beispielsweise vor vielen Mitarbeitern mit aktiven Gegnern des Wandels diskutieren, glauben Sie zwar, deren Bedenken gut pariert zu haben, Fakt ist aber, dass Sie fast die ganze Zeit über die Nachteile des Wandels gesprochen haben. Die Gegner erhalten so die Gelegenheit, viele zusätzliche Argumente gegen den Wandel zu nennen und den Fokus der Mehrheit darauf zu richten. Bei polemischen Diskussionen werden bei den Zuhörern Ängste geschürt, die zum Teil völlig unbegründet sind. Objektiv mögen Ihre Gegenargumente gut gewesen sein, subjektiv bleibt bei der Mehrheit aber hängen, dass dieser Wandel wohl doch mit sehr unangenehmen Folgen verbunden ist.

Natürlich müssen Sie sich auch mit den aktiven Gegnern auseinandersetzen, aber eben nur mit einem begrenzten Teil Ihrer Zeit und Energie und wenn möglich nicht vor großen Gruppen. Die Gegner binden sonst Ihre Energie und Aufmerksamkeit unverhältnismäßig, und das dürfen Sie nicht zulassen.

Wenn Sie über den Wandel sprechen, müssen Sie wissen, welche Kritikpunkte oder Ängste die Mehrheit beschäftigen und was sie positiv stimmen könnte. Gehen Sie auf genau diese Themen ein. Vermeiden Sie es, von sich aus Kritikpunkte anzusprechen, die nur von der Gruppe der aktiven Gegner geäußert werden. Im Fokus Ihrer Kommunikation steht, was die Mehrheit beschäftigt. Wenn Sie über die Vorteile des Wandels sprechen, suchen Sie Nutzenargumente, die konkret die Mehrheit betreffen und nicht das gesamte Unternehmen, das Topmanagement, die

Befürworter, Kritiker oder irgendeine andere Gruppe. Diese Gruppen haben zum Teil andere Anliegen als die Mehrheit, da sie anders betroffen sind.

Wie Sie in der Grafik auf Seite 166 sehen können, gibt es einen frühen und einen späten Teil der Mehrheit. Die frühe Mehrheit der Mitarbeiter ist etwas aktiver und übernimmt schneller Verantwortung als die eher passiv veranlagte, auf Tradition und Sicherheit ausgerichtete späte Mehrheit, die erst einmal abwartet. Erst wenn ein deutlicher Trend zu erkennen ist, setzt auch sie sich in Bewegung. Der Mensch ist und bleibt ein Herdentier. Wenn sich ein gewisser Teil der Herde bewegt, folgt der Rest irgendwann von selbst. Die späte Mehrheit bleibt bei Misserfolgen und einem damit einhergehenden Erstarken der aktiven Gegner auch schnell wieder verunsichert stehen oder läuft sogar zurück. Es ist daher ratsam, sich um die späte Mehrheit auch noch zu bemühen, wenn Sie glauben, sie bereits gewonnen zu haben. Zusammenfassend lässt sich sagen, dass es einen kritischen Massepunkt gibt, an dem das Rad zum Rollen kommt. Dafür brauchen Sie die Mehrheit. Wichtig ist für Sie als Führungskraft also, Ihre Kommunikation und Ihre Argumente auf die Bedürfnisse der frühen und späten Mehrheit auszurichten.

Holen Sie aktiv Rückmeldungen ein

Jetzt stellt sich die Frage, woher Sie wissen sollen, was die Mehrheit Ihrer Mitarbeiter denkt. Diese schicken Ihnen ja keinen wöchentlichen Bericht über die Stimmung im Team. Außerdem bekommen Sie umso weniger Rückmeldungen beziehungsweise Kritik zu hören, je höher Ihre Position in der Hierarchie ist. Sie müssen deshalb aktiv Feedback einfordern und, was noch viel schwieriger ist, ertragen können.

Die meisten Manager sind nicht besonders kritikfähig, auch wenn sie gern das Gegenteil behaupten. Das trägt dazu bei, dass niemand sich traut, sie zu kritisieren. Dabei ist es so wichtig, Rückmeldungen von Mitarbeitern zu erhalten. Insbesondere Vorstände leben manchmal völlig abgehoben in einer Parallelwelt ohne Anbindung an das, was ihre Mitarbeiter an der Basis oder sogar die Kunden im Alltag beschäftigt.

Ihre Aufgabe als Führungskraft ist es, sicherzustellen, dass Sie erfahren, wenn die Mehrheit Ihrer Mitarbeiter verärgert ist oder Gerüchte kursieren. Das gilt übrigens nicht nur für Zeiten des Wandels, sondern generell. Sie sollten dazu Beziehungen zu einigen der Ihnen unterstellten Führungskräfte oder Mitarbeiter aufbauen, die Ihnen ungeschönte Rückmeldungen über das geben, was in den Köpfen der Mehrheit vorgeht.

Bei einem Wandel können Sie diese Rückmeldungen auch institutionalisieren, indem Sie eine offizielle Gruppe einrichten, die Ihnen regelmäßig berichtet, welche Fragen und Bedenken die Mitarbeiter umtreiben. In diese Gruppe nehmen Sie Mitarbeiter auf, von denen Sie wissen, dass sie kein Blatt vor den Mund nehmen, weil sie für diese Rolle selbstbewusst genug sind. Diese Personen sollten fähig sein, Kritik konstruktiv weiterzugeben. Die Mitglieder des Feedback-Teams hören sich bei den Mitarbeitern um und sind gleichzeitig Ansprechpartner für diejenigen unter ihnen, die mit ihren Ängsten und Bedenken lieber anonym bleiben wollen. So stellen Sie sicher, dass Sie kollektive Strömungen mitbekommen und darauf reagieren können.

Eine abgeschwächte Variante des Feedback-Teams könnte so aussehen, dass Sie im Führungskreis mit den Ihnen unterstellten Führungskräften regelmäßig darüber sprechen, welche Entwicklungen und Tendenzen sie bei der Meinungsbildung ihrer Mitarbeiter wahrnehmen. Meist ist die eine oder andere Führungskraft dabei, die ein paar interessante Dinge gehört oder beobachtet hat. Diese Abfrage im Führungskreis kann sehr informativ sein, wenn die Ihnen unterstellten Führungskräfte Ihnen vertrauen und Sie ein gutes Team bilden. Ist dies nicht der Fall, wird keine Ihrer Führungskräfte zugeben wollen, dass sie Probleme bei den eigenen Mitarbeitern wahrgenommen hat.

Eine dritte Möglichkeit, Feedback zu erhalten, ist, selbst regelmäßig in die Büros der Mitarbeiter zu gehen und mit ihnen zu reden. Wenn allgemein eine schlechte Stimmung herrscht und Menschen verärgert sind, können Sie das vor Ort deutlich spüren. Es gibt Dinge, die man in einem Bericht nicht lesen wird, aber vor Ort deutlich wahrnehmen kann, wenn man den Menschen in die Augen schaut. Stimmungen kann man nur schwer schriftlich kommunizieren, man muss sie im direkten Kontakt spüren. Diesen sollten Sie sowieso regelmäßig suchen.

Priorisieren Sie Ihre Botschaften und wiederholen Sie die wichtigsten immer wieder

In einem Wandel gibt es viele mögliche Botschaften, die Sie als Führungskraft senden können. Überlegen Sie, welche Ihre Kernbotschaften sein sollen. Was muss den Mitarbeitern unbedingt bewusst werden? Welche Information über den Wandel soll sich im Kopf der Mitarbeiter festsetzen? Diese Botschaft kommunizieren Sie immer und immer wieder bei den verschiedensten Gelegenheiten und auf unterschiedlichsten Kanälen.

Warum ist die Wiederholung wichtig? Die nachfolgende Grafik macht das in Anlehnung an ein Zitat, das dem Verhaltensforscher Konrad Lorenz zugeschrieben wird, deutlich.

Warum Sie wichtige Botschaften wiederholen sollten

gedacht	heißt nicht	gesagt
gesagt	heißt nicht	gehört
gehört	heißt nicht	verstanden
verstanden	heißt nicht	einverstanden
einverstanden	heißt nicht	angewandt
angewandt	heißt nicht	beibehalten

In der Tat denken viele Führungskräfte, es würde ausreichen, etwas einmalig zu kommunizieren und dann vielleicht irgendwann zu wiederholen. Das ist zu wenig. Eine Botschaft bleibt im Bewusstsein Ihrer Mitarbeiter nur durch stetiges Wiederholen hängen. Das heißt keineswegs, dass Ihre Mitarbeiter schwer von Begriff wären. Das menschliche Gehirn muss mit sehr vielen Sinneseindrücken zurechtkommen und schiebt viele davon in die Mülltonne, um die Flut zu bewältigen. Mit der Wiederholung Ihrer wichtigsten Botschaften können Sie aber genau das vermeiden. Außerdem haben verärgerte Mitarbeiter manchmal so etwas wie psychologisch bedingte Watte in den Ohren. Vielleicht kennen Sie das Phänomen, dass Sie, wenn Sie auf jemanden wegen einer Sache sehr zornig sind oder von etwas stark überrascht wurden, nicht mehr so gut denken beziehungsweise weniger Informationen aufnehmen können. Mitarbeiter im Wandel befinden sich häufig in diesem Zustand. Senden Sie Ihre Kernbotschaften deshalb immer wieder und auf verschiedenen Kanälen aus, um sicherzugehen, dass sie auch ankommen. Wenn jetzt noch Ihre Handlungen dem entsprechen, was Sie wiederholt kommunizieren, werden Ihre Botschaften eher ernst genommen und mit höherer Wahrscheinlichkeit umgesetzt.

Bleiben Sie authentisch

Mitarbeiter merken schnell, wenn eine Führungskraft nicht authentisch ist und Dinge sagt, die sie selbst nicht glaubt. Der Grund dafür ist, dass wir Menschen über 3 000 verschiedene emotionale Gesichtsausdrücke zeigen können[19], die für den Gesprächspartner sichtbar und lesbar sind. Professionelle, also genau dafür ausgebildete Schauspieler schaffen es, Emotionen realistisch darzustellen. Manager unter starkem Stress, die ununterbrochen Kopfarbeit leisten und argumentieren müssen, haben ihre Gesichtsmuskulatur meist nicht besonders gut unter Kontrolle. Sie senden Mikrosignale aus, die von anderen empfangen und interpretiert werden. Wir können zwar nicht sagen, warum wir glauben, dass jemand nicht die Wahrheit sagt, aber wir haben trotzdem ein klares Gefühl dafür. Für Mikrosignale wie zum Beispiel ein nervöses Zucken des Mundwinkels, ein spontanes Heben der Augenbraue, ein verkrampftes Lächeln oder einen unsicheren Blick haben wir keine Begrifflichkeiten, oft registrieren wir die Einzelsignale nicht einmal bewusst, aber wir können sie trotzdem »aus dem Bauch« deuten.

Ihre Mitarbeiter nehmen daher wahr, ob Sie authentisch sind. Wenn Sie also eine Aussage treffen, müssen Sie davon überzeugt sein. Wenn Sie nicht hinter einer Sache stehen, strahlen Sie das aus. Das bedeutet aber auch, dass Sie manchmal zuerst an sich und Ihrer Einstellung arbeiten müssen, bevor Sie Ihren Mitarbeitern bestimmte Informationen kommunizieren können. Wenn Sie zum Beispiel auf der emotionalen Achterbahn gerade mitten in der Depressionsphase sind, müssen Sie an sich arbeiten, um möglichst schnell in die Akzeptanzphase zu gelangen. Erst dann strahlen Sie keinen inneren Widerstand mehr aus. Wenn es Ihnen nicht gelingt, Ihre unangenehmen Emotionen zu transformieren, oder Sie das vielleicht auch gar nicht wollen, dann fassen Sie diese am besten in Worte. Sagen Sie, was Sie bewegt. Oft sprechen Sie Ihren Mitarbeitern damit aus der Seele. Machen Sie aber gleichzeitig klar, dass die Umsetzung dennoch stattfinden wird und Sie die Verantwortung dafür übernehmen.

Kommunizieren Sie vorrangig durch Taten

Ob Sie authentisch wirken oder nicht, hängt sehr von Ihren Handlungen ab. Taten sind lauter als Worte. Es wird Ihren Mitarbeitern nicht entgehen, wenn Sie Wasser predigen, aber selbst Wein trinken. Seien Sie integer. Sagen Sie, wofür Sie stehen, und stehen Sie zu dem, was Sie sagen. Die Amerikaner nennen es »*to walk the talk*«. Zwei Beispiele mögen das veranschaulichen.

Im Jahr 2000 wurde Dieter Zetsche von der damaligen DaimlerChrysler AG[20] als deutscher Manager in die USA geschickt, um Chrysler zu sanieren. Dies war ein äußerst kritisches Unterfangen. Die DaimlerChrysler AG war erst 1998 durch die Fusion von Daimler-Benz AG und Chrysler Corporation entstanden. Dieser Zusammenschluss war als eine »Fusion unter Gleichen« kommuniziert worden, was aber niemand wirklich glaubte. Die meisten sahen den Zusammenschluss als Übernahme durch die Daimler-Benz AG an. Jetzt sollte also der in die roten Zahlen gekommene amerikanische Konzern Chrysler restrukturiert und wieder profitabel gemacht werden. Diese Aufgabe wurde aber keinem Amerikaner übertragen, wie man es bei einer »Fusion unter Gleichen« erwartet hätte, sondern es wurde ein Deutscher in die USA gesendet. Aus Sicht der Amerikaner kam da also jemand aus dem Ausland, um den Angehörigen eines stolzen, internationalen amerikanischen Konzerns beizubringen, wie gutes Management aussieht. Sie können sich vorstellen, wie groß die Vorfreude der Belegschaft war. Noch dazu gelten Deutsche als eher förmlich und steif. Tatsächlich fiel Zetsche erst einmal durch gutes Zuhören auf. Er sprach mit vielen Menschen aller Ebenen, um sich als Erstes ein umfassendes Bild zu machen. Er baute Vertrauen auf, indem er nur versprach, was er halten konnte, und dann auch hielt, was er versprochen hatte. Zum Mittagessen ging er nicht in die Casinos für Manager, sondern in die Werkskantinen und stellte sich zusammen mit den Arbeitern in die Warteschlange. In den Gesprächen sagte er auch zu den Bandarbeitern freundlich »*Call me Dieter*«. Dieses Auftreten zeugte von Respekt für die vorhandene Kultur und von emotionaler Intelligenz. Tatsächlich verließ Zetsche Chrysler 2005 mit dem Image eines »*Good Guy*«, und das, obwohl er bei der Sanierung unter anderem massiv Personal abgebaut hatte. Mit diesem Glanzstück empfahl er sich dann auch als neuer Vorstandsvorsitzender der Daimler AG.

Das zweite Beispiel kennen Sie vielleicht als Redewendung. Es belegt, wie man durch Taten radikal kommunizieren kann:

Agathokles von Syrakus war ein griechischer König, der mehrere Kriege gegen das mächtige nordafrikanische Reich der Karthager führte. Als die Karthager 310 vor Christus ganz Sizilien besetzt hatten, wurde die Stadt Syrakus eingeschlossen und belagert. Die Lage schien aussichtslos. Als die Karthager aber durch die Ankunft von Versorgungsschiffen abgelenkt waren, verließ Agathokles mit 60 Schiffen den Hafen und entkam der großen Flotte der Karthager knapp durch den Einbruch der Nacht. Nach sechstägiger Fahrt landete die Flotte der Syrakuser in der Nähe Karthagos an der afrikanischen Küste. Da die Karthager in ihrer Geschichte noch nie in ihrer Heimat angegriffen worden waren, hatten sie kaum Festungen zur Abwehr von Feinden gebaut und auch nur geringe Truppenkontingente stationiert. König Agathokles befahl nun nach seiner Ankunft etwas schier Unglaubliches. Er ließ seine gesamte Flotte in Brand setzen. Mit dem Bild der brennenden Schiffe in den Köpfen begann das syrakusische Heer daraufhin mit absoluter Entschlossenheit den Vormarsch auf das mächtige Karthargo. Die brennende Flotte machte jedem der Männer unmissverständlich klar, dass es keinen Weg zurück gab. Ein weniger heroischer Grund für die symbolische Handlung war die Tatsache, dass Agathokles keinen einzigen Mann zur Bewachung der Schiffe hätte zurücklassen können. So entstand die geschichtlich interessante Situation, dass jede der beiden Seiten die Hauptstadt der anderen bedrohte.

Seit dieser Zeit spricht man vom »Verbrennen der Schiffe«, wenn man einen Rückzug unmöglich machen will. Daraus ergibt sich die interessante Frage: Welche Schiffe könnten Sie verbrennen, um mit Taten zu kommunizieren?

Wie man durch Taten dagegen schlecht kommunizieren kann, zeigt ein anderes Beispiel:

Ein internationaler Finanzkonzern mit mehreren Tausend Mitarbeitern beschloss, seine Bürozentrale aus Gründen der Kostenersparnis in eine andere Stadt zu verlegen. Ein neues Gebäude wurde geplant und das Architekturmodell für den neuen Komplex in der bisherigen Konzernzentrale ausgestellt. Ein findiger Mitarbeiter rechnete die Bürofläche des neuen Gebäudes durch und fand heraus, dass Arbeitsplätze für 300 Mitarbeiter fehlten. Er informierte den Betriebsrat, und dieser fragte beim Vorstand an. Letzterer ließ erklären, es handele sich lediglich um einen Fehler in der Bauplanung. Man werde dies prüfen. Kurz vor dem Umzug wurde bekannt gegeben, dass 300 Stellen abgebaut werden sollten. Auf Protest des Betriebsrats, dass die Anzahl der fehlenden Arbeitsplätze im neuen Gebäude mit der Zahl der abzubauenden Mitarbeiter übereinstimmte, wurde geantwortet, dies sei ein reiner Zufall. Aus Gesprächen mit Führungskräften und Mitarbeitern weiß ich, dass niemand an diesen Zufall glaubte.

Reden Sie negative Dinge nicht schön

Die enorme Wirkung, die Sprache auf uns Menschen hat, wurde in folgendem interessantem Experiment gezeigt.[21]

Man ließ Gruppen von Personen an einem Test teilnehmen, der scheinbar das Sprachvermögen der Testpersonen prüfte. Dabei mussten sie Begriffe sortieren und Sätze bilden. Einige Gruppen erhielten Begriffe, die sich auf Alter, Krankheit und Gebrechlichkeit bezogen, die anderen Gruppen erhielten Begriffe, die sich auf Leistung, Sport und Erfolg bezogen. Nach der Beendigung des Tests mussten die Teilnehmer das Gebäude über einen Flur und eine Treppe verlassen. Man stoppte die Zeit, in der die Teilnehmer den Weg zurücklegten. Der gleiche Test wurde in unterschiedlichen Versionen an mehreren Universitäten durchgeführt. Das Ergebnis war immer identisch: Die Gruppe mit den positiven Begriffen legte die Strecke signifikant schneller zurück als die Teilnehmergruppe, die sich mit Begriffen rund um Alter, Krankheit und Gebrechlichkeit auseinandergesetzt hatte.

Weil Sprache eine so große Wirkung auf Menschen hat, ist es sinnvoll, positiv belegte Begriffe zu verwenden und Situationen so zu beschreiben, dass neue optimistische Sichtweisen möglich sind.

Aber Vorsicht: Eine zu positive sprachliche Verpackung einer offensichtlich negativen Situation wird von den Mitarbeitern als stark deplatziert erlebt. In unserer Kultur werden eher unangenehme Tatsachen oft schöngefärbt. Man denke nur an verhüllende Umschreibungen wie »vollschlank«, »bildungsfern« oder »beratungsresistent«. Der in Unternehmen verwendete Fachjargon ist voll von solchen Euphemismen. Mitarbeiter werden »freigesetzt« statt gekündigt – das klingt, als wären sie vorher gefangen gewesen und man habe sie endlich erlöst. Ein Vorgehen ist »suboptimal« statt verfehlt – sicher fallen Ihnen weitere Beispiele ein. Effizienzprogramme bekommen Akronym-Namen wie NICE oder FUN, obwohl dies das Letzte ist, was die Mitarbeiter bei der Umsetzung empfinden. Dementsprechend fühlen sie sich auch für dumm verkauft. Als Führungskraft müssen Sie unterscheiden können, wann eine optimistische Formulierung angebracht ist und wann diese eine Schönfärberei von wirklich unangenehmen Tatsachen darstellt. Es ist bei Managern beispielsweise verbreitet, von »Herausforderungen« statt von »Problemen« zu sprechen, weil dieser Begriff lösungsorientiert und positiver belegt ist. Wenn ein Unternehmen jedoch kurz vor dem Konkurs steht, hat es ein Problem und steht nicht etwa vor einer spannenden Herausforderung. Sehen wir uns zum Thema »Wirklich unangenehme Dinge nicht schönreden« einmal einen Ausschnitt der berühmten »*Blood, Sweat and Tears*«-Rede an, die Winston Churchill zu seinem Amtsantritt als britischer Premierminister am 13. Mai 1940 vor dem House of Commons (Unterhaus) hielt. Hier nannte Churchill die Dinge schonungslos beim Namen und schaffte es damit, eine ganze Nation zu mobilisieren. Nicht umsonst erhielt er später den Nobelpreis für Literatur. Nachdem er über das Programm seines Kriegskabinetts gesprochen hatte, schloss er seine Rede mit dem eindringlichen Appell[22]:

»… I would say to the House, as I said to those who've joined this government: ›I have nothing to offer but blood, toil, tears and sweat.‹ We have before us an ordeal of the most grievous kind. We have before us many, many long months of struggle and of suffering. You ask, what is our policy? I will say: It is to wage war, by sea, land and air, with all our might and with all the strength that God can give us; to wage war against a monstrous tyranny, never surpassed in the dark and lamentable catalogue of human crime. That is our policy. You ask, what is our aim? I can answer in one word: victory; victory at all costs, victory in spite of all terror, victory, however long and hard the road may be; for without victory, there is no survival. Let that be realised; no survival for the British Empire, no survival for all that the British Empire has stood for, no survival for the urge and impulse of the ages, that mankind will move forward towards its goal.

But I take up my task with buoyancy and hope. I feel sure that our cause will not be suffered to fail among men. At this time I feel entitled to claim the aid of all, and I say: ›Come then, let us go forward together with our united strength.‹«

Im Gegensatz zu Churchills ungeschminkter Deutlichkeit klänge dieselbe Rede, wenn sie von der Marketing- und PR-Abteilungen freigegeben worden wäre, heute eher so:

»Wir stehen vor einer großen Herausforderung, die es zu meistern gilt. Wir werden neue Wege gehen. Als Team wollen wir zusammenwachsen und die gemeinsam formulierte Vision umsetzen. Wie wollen wir das erreichen? Wir werden innovative und zukunftsweisende Methoden entwickeln und mit einer dreidimensionalen Marktoffensive, welche die strategisch wichtigen Komponenten Luft, Wasser und Erde mit einschließt, neue Marktanteile gewinnen. Das ist unser Vorgehen. Sie fragen mich: Was ist unser Ziel? Mit einem Wort: Erfolg; ein Erfolg mit einem motivierten Team, einem gut kalkuliertem Risiko und einer klaren Strategie.«

Werden Sie konkret

Bei Veränderungen fragen sich die Mitarbeiter: »Was genau verändert sich und was bedeutet dieser Wandel für mich?« Wenn sie auf diese Frage keine Antwort bekommen, können sie auch keine Energie für die Umsetzung entwickeln. Vor der Frage, ob man etwas umsetzen will, muss man erst einmal verstanden haben, worum es eigentlich geht. Erst dann kann man sich eine Meinung bilden.

Mitarbeiter verstehen oft nicht, was das Management von ihnen will. Dies liegt aber weniger an den Mitarbeitern als vielmehr an den schwammigen Formulierungen und Worthülsen der Vorgesetzten. Manager benutzen gern Begriffe wie »lean«, »customer-focused« oder »entrepreneurial«. Was aber verbirgt sich hinter solchen Anglizismen? Für Führungskräfte ist mit diesen Begriffen eine Denkhaltung verbunden, die Erfolg verspricht. Sie haben für sich eine Vorstellung davon, was sie meinen, wenn sie sagen, der Prozess müsse »lean« sein. Mitarbeiter dagegen kennen den Begriff »Lean Management« nur als Worthülse. Werden Sie also konkret.

Das heißt nicht, dass Sie alle Umsetzungsmaßnahmen haarklein erklären sollen. Diese werden ja idealerweise erst aufgrund der Überlegungen und Erkenntnisse des Wandelteams erarbeitet und festgelegt. Mit »konkret« meine ich, Worthülsen mit Inhalt zu füllen. Was genau bedeutet es, wenn Sie mit Ihrer Abteilung kundenfokussierter werden wollen? Was ändert sich für die Kunden? Ist die Beschwerdeannahme professioneller, verkürzen sich die Lieferzeiten oder werden sie häufiger vom Außendienst besucht? Und was bedeutet dies für die Mitarbeiter? Wird es Trainingsmaßnahmen für alle Mitarbeiter, eine Umstellung der gesamten Logistik-Software oder eine Erhöhung der Präsenztage beim Kunden geben? Ihre Mitarbeiter wollen eine konkrete Idee davon haben, in welche Richtung der Wandel gehen soll und wie er sie betrifft. Vermeiden Sie dabei den Gebrauch von übermäßig vielen Fachbegriffen und Business-Abkürzungen. Wenn man Ihre Mitarbeiter nach der Informationsveranstaltung fragt, was sich verändern wird, sollten diese das in einfachen und klaren Worten wiedergeben können. Wenn die Antwort lautet: »Keine Ahnung, irgendwas mit Kundenoptimierung«, waren Sie nicht konkret genug.

Konkret heißt auch, dass Sie realistische Ziele formulieren. Hier ist es unerlässlich, die Erwartungen des Topmanagements zu relativieren, wenn diese unrealistische Ziele setzen. Sie als mittlerer Manager haben ein gutes Gespür dafür, was machbar ist. Wenn Ihre Mitarbeiter Zielvorgaben bekommen, die nicht erreichbar sind, ist das äußerst demotivierend. Stellen Sie sich vor, Sie sollen Hochsprung trainieren. Ihr Vorgesetzter legt Ihnen die Latte bei 2 Meter Höhe auf und sagt Ihnen, Ihr Ziel sei es, sie am Ende des Jahres zu überspringen. Was würden Sie tun, wenn Sie wissen, dass Sie allenfalls 1,70 Meter schaffen? Sie würden wahrscheinlich genauso viel trainieren, dass man Ihnen nicht vorwerfen kann, die Sache sabotiert zu haben. Sie würden aber keine besondere Energie investieren, denn das Ziel ist nicht realistisch. Wenn die Zielvorgaben also zu hoch sind, erklären Sie Ihrem Chef, was aus Ihrer Sicht realistisch ist. Wenn er die Ziele trotzdem nicht ändert, kommunizieren Sie diese offiziell den Mitarbeitern. Machen Sie den Ihnen unterstellten Führungskräften in inoffiziellen Einzelgesprächen aber klar, welche realistisch erzielbare Leistung Sie selbst als Erfolg bewerten würden. Sie sind für Ihre Mitarbeiter die wichtigste Bezugsperson, nicht der im 20. Stock sitzende Vorstand mit seinen unrealistischen Erwartungen.

Kommunizieren Sie kurz- und langfristige Erfolge

Wie in den Medien werden auch in Unternehmen negative Meldungen schneller verbreitet und auch länger erinnert als positive. Es ist daher wichtig, dass Sie die ersten kurzfristigen Erfolge nicht nur bewusst einplanen, sondern diese auch deutlich kommunizieren. Das führt dazu, dass die aktiven Befürworter lauter, die Neutralen zu Befürwortern und die aktiven Gegner leiser werden. Wenn Sie die ersten Erfolge dagegen nicht kommunizieren, fühlen sich die aktiven Gegner bestärkt, Neutrale werden zu Gegnern, und die aktiven Befürworter verstummen. Letzteres Szenario können Sie als Führungskraft durch die richtige Kommunikation verhindern.

So wichtig, wie die Kommunikation der kurzfristigen Erfolge zum Erreichen der kritischen Masse ist, so wichtig ist die wiederholte Betonung der langfristigen Erfolge. Dies unterstützt, dass ein neu gelerntes Verhalten auch beibehalten wird und die Mitarbeiter nicht in ihre alten Gewohnheiten zurückfallen, sobald die Machtpromotoren sich neuen Projekten zuwenden und sich damit der Druck reduziert.

In der Praxis gehen Manager viel zu oft davon aus, dass die Mitarbeiter schon mitbekommen, welche Erfolge mit einem Wandel erzielt werden. Tatsächlich gehen Erfolgsnachrichten aber in der Wahrnehmung der Mitarbeiter häufig in den vielen Alltagsproblemen und dringend zu erledigenden Arbeiten unter. Wenn Sie Erfolge nicht wiederholt ins Bewusstsein rufen, enthalten Sie Ihren Mitarbeitern den stärksten aller Motivatoren vor. Nichts motiviert bekanntlich mehr als Erfolg. Die Art, wie Sie Erfolge kommunizieren, unterliegt Ihrer Regie. Nutzen Sie die Chance, um Ihren Mitarbeitern gleichzeitig Botschaften, die Ihnen am Herzen liegen, zu vermitteln. Beratschlagen Sie am besten gemeinsam mit dem Wandelteam, welche Erfolge Sie wie kommunizieren wollen.

Nutzen Sie vermehrt Bilder und Metaphern

Bilder, Metaphern, Analogien und Geschichten haben eine starke Wirkung auf unser Bewusstsein. Ein Beispiel in diesem Zusammenhang handelt von einem Produktionsstandort eines amerikanischen Unternehmens, der geschlossen werden musste.[23]

Schon kurz nach Bekanntwerden der geplanten Schließung bezeichnete die Belegschaft das Werk als das sinkende Schiff. Der Vergleich ist äußerst wirkungsvoll: Ein sinkendes Schiff verlässt man möglichst schnell. Das Schiff selbst interessiert dabei nicht mehr, denn dies ist bereits aufgegeben. Das Unternehmen war aber darauf angewiesen, dass der Produktionsstandort bis zur Schließung im vollen Umfang und mit der bisherigen Qualität weiterproduzierte. Da sich niemand mehr für das »sinkende Schiff« verantwortlich fühlte, war dies ein schwieriges Unterfangen. Die Werksleitung schaffte es aber, eine neue Metapher zu kreieren, die sich unter den Mitarbeitern verbreitete: »Dies ist die letzte Reise eines großen Schiffes.« Diese neue Analogie mag nach Wortspielerei klingen, änderte aber tatsächlich etwas in den Köpfen und Herzen der Menschen.

Auf einmal ging es ihnen darum, das altgediente Schiff sicher in seinen letzten Hafen zu bringen und dafür zu sorgen, dass es in guter Erinnerung bleiben würde. Niemand wollte, dass man im Nachhinein schlecht über das Schiff redete, das über Jahrzehnte treu seinen Dienst getan hatte. Die Mitarbeiter bemühten sich bis zuletzt, die Produktionszahlen und die Qualität beizubehalten.

Überlegen Sie, welche Bilder, Metaphern oder Geschichten Sie aktiv für Ihre Kommunikation nutzen wollen. Ein Bild in den Köpfen Ihrer Mitarbeiter ist stärker als tausend Worte.

Achten Sie bei den großen Reden des letzten Jahrhunderts einmal darauf, wie die Redner mit Bildern arbeiteten, die sich in unseren Köpfen festsetzen. Lesen Sie unter diesem Aspekt noch einmal den Ausschnitt aus Churchills Rede (Seite 176) oder das folgende Beispiel.

Am 28. August 1963 sprach Dr. Martin Luther King in Washington D. C. vor 250 000 Menschen. Seine berühmte »*I have a dream*«-Rede besteht aus einer einzigen Aneinanderreihung von Bildern. Sie finden die komplette Rede übrigens als Text[24] und auch als Video im Internet. Es lohnt sich, diese einmal unter dem Aspekt der bildlichen Sprache anzusehen. Hier ein Ausschnitt, wieder im Original:

»But we refuse to believe that the bank of justice is bankrupt. We refuse to believe that there are insufficient funds in the great vaults of opportunity of this nation. And so, we've come to cash this check, a check that will give us upon demand the riches of freedom and the security of justice.

[…]

I have a dream that one day on the red hills of Georgia, the sons of former slaves and the sons of former slave owners will be able to sit down together at the table of brotherhood.

I have a dream that one day even the state of Mississippi, a state sweltering with the heat of injustice, sweltering with the heat of oppression, will be transformed into an oasis of freedom and justice.

I have a dream that my four little children will one day live in a nation where they will not be judged by the color of their skin but by the content of their character.«

Was glauben Sie: Wäre seine Rede mit dem Titel »*I have a concept*« oder

»I have a 10-point plan« ebenfalls in die Geschichte eingegangen? Es geht nicht darum, dass Sie sich als Führungskraft im Wandel mit einer »I have a dream«-Rede an Ihre Mitarbeiter richten, sondern darum, sich der Macht der Bilder, Analogien und Geschichten bewusst zu werden. Entwickeln Sie ein Gespür für bildliche Sprache und verwenden Sie diese mit der Zeit selbst. Wenn Sie üben, mehr in Bildern zu sprechen, wirkt dies authentisch. Und es hat eine Wirkung!

Planen Sie Ihre Kommunikation mit den Stakeholdern

Wenn Sie einen größeren Wandel umsetzen, sollten Sie sich überlegen, wer die Stakeholder sind. Stakeholder sind Einzelpersonen, Gruppen oder Institutionen, die ein gewisses Interesse an der Veränderung haben und deshalb regelmäßig über das laufende Projekt informiert werden sollten. Tragen Sie alle Stakeholder, die Ihnen einfallen, in eine Tabelle ein. Diese können beispielsweise der Betriebsrat, Ihr Chef, die Geschäftsführung, Gremien, Meinungsbildner, andere Bereiche oder Abteilungen, die Unternehmenskommunikation, Banken, Lieferanten, Kunden und natürlich die Ihnen unterstellten Führungskräfte und Mitarbeiter sein. Manchmal gibt es Stakeholder, die man als nicht so wichtig einstuft oder schlichtweg in der Kommunikation vergisst. Es ist ganz erstaunlich, welche Macht ein bis dahin unbeachteter Stakeholder entwickeln kann, wenn er aus Zorn über die Missachtung anfängt, Ihren Wandel aktiv und sehr erfolgreich zu sabotieren. Um das zu vermeiden, ist es sinnvoll, alle Stakeholder zu erfassen und sich zu überlegen, wie Sie mit ihnen kommunizieren wollen. Eine Möglichkeit ist der im Anhang vorgestellte Workshop, den Sie mit den Führungskräften, die Ihnen unterstellt sind, durchführen können. Hier können Sie für jeden Stakeholder folgende Fragen beantworten:

- Wer ist der Stakeholder?
- Worüber müssen wir ihn informieren?
- Wann und wie oft beziehungsweise regelmäßig wollen wir mit ihm kommunizieren?

- Genügen Informationen oder bedarf es des Dialogs?
- Auf welchen Kanälen (Einzelgespräch, Gruppenveranstaltung, E-Mail, Telefon, Brief, Internet) kommunizieren wir mit diesem Stakeholder?

Wenn Sie aus zeitlichen oder anderen Gründen nicht alle Stakeholder regelmäßig informieren können, beschränken Sie sich auf die wichtigsten. Dies ist dann aber eine bewusste Entscheidung und etwas anderes, als wichtige Anspruchsgruppen zu vergessen.

Zusammenfassung

1. Kommunizieren Sie zu einem frühen Zeitpunkt.
2. Richten Sie Ihre Kommunikation an die Mehrheit der Mitarbeiter.
3. Holen Sie aktiv Rückmeldungen ein.
4. Priorisieren Sie Ihre Botschaften und wiederholen Sie die wichtigsten immer wieder.
5. Bleiben Sie authentisch.
6. Kommunizieren Sie vorrangig durch Taten.
7. Reden Sie negative Dinge nicht schön.
8. Werden Sie konkret.
9. Kommunizieren Sie die kurz- und langfristigen Erfolge.
10. Nutzen Sie vermehrt Bilder und Metaphern.
11. Planen Sie Ihre Kommunikation mit den Stakeholdern des Wandels.

Die besten über zehn Jahre gesammelten Zitate zum Thema Change Leadership als zweifarbige Poster zum Ausdrucken oder Posten und vieles mehr finden Sie zum Download unter www.alexander-groth.de/fuehrungsstark-im-wandel oder mit dem Smartphone über den nebenstehenden QR-Code (Passwort: Wandel).

9. Weltuntergang und ein Meer voller Tränen

So gehen Sie mit den Verlierern des Wandels um

In der Krise beweist sich der Charakter.
Helmut Schmidt (Bundeskanzler a. D.)

In den meisten Wandelprojekten gibt es Verlierer. Das sind beispielsweise die Mitarbeiter, die gegen ihren Willen versetzt, herabgestuft oder entlassen werden. Wer sein vertrautes Arbeitsumfeld, seinen geliebten Titel oder, noch schlimmer, den Arbeitsplatz verliert, durchlebt die emotionale Achterbahn meist als eine reine Höllenfahrt. Zu den an sich schon unangenehmen Veränderungen kommt für den Betroffenen noch der Gesichtsverlust gegenüber den Kollegen dazu. Für Sie als Führungskraft wirft dies viele Fragen auf. Wie gehen Sie als Vorgesetzter mit den Betroffenen um? Wie behandeln Sie jemanden, der durch eine Umorganisation vom Abteilungs- zum Teamleiter herabgestuft wird? Wie kündigen Sie einem verdienten Mitarbeiter? Wie gehen Sie mit jemandem um, der versetzt wird, weil sein Arbeitsplatz eingespart werden soll?

Reden Sie mit den Betroffenen

Bei der Beantwortung der oben genannten Fragen hilft Ihnen wie in vielen schwierigen Situationen ein Wechsel der Blickrichtung. Fragen Sie sich:

> **Was würde ich mir von meinem Vorgesetzten wünschen, wenn ich in derselben Situation wäre?**

Wenn Sie sich ein paar Minuten Zeit nehmen, um sich wirklich in die Lage Ihres Gegenübers zu versetzen, werden Ihnen viele Faktoren einfallen, die dazu beitragen, dass aus einer schlimmen Situation nicht eine noch schlimmere wird. Bei schlechten Nachrichten, die Sie persönlich betreffen, hätten Sie zum einen wahrscheinlich die Erwartung, dass Ihr Vorgesetzter Ihnen die Veränderung persönlich mitteilt und Sie es nicht aus einer anderen Quelle erfahren. Das Gespräch mit Ihnen sollte er wertschätzend, gut vorbereitet und einfühlsam führen. Wahrscheinlich würden Sie es Ihrem Vorgesetzten zum anderen auch positiv anrechnen, wenn er sich zu einem späteren Zeitpunkt dafür interessiert, wie es Ihnen mit der Veränderung geht. Als Führungskraft sollten Sie also mindestens zwei, gegebenenfalls auch mehr Gespräche mit betroffenen Mitarbeitern führen.

Wenn Sie einem Mitarbeiter eine unangenehme Mitteilung machen müssen, wählen Sie einen ruhigen Ort und sorgen Sie dafür, dass Sie nicht gestört werden. Bei für den Mitarbeiter existenziellen Themen verbietet sich ein freundlicher Small Talk zu Beginn, denn dieser lässt auf einen weniger dramatischen Inhalt des Gesprächs schließen. Vom Wetter oder Urlaub thematisch plötzlich auf eine Versetzung, Kündigung oder Herabstufung zu wechseln, wird vom Mitarbeiter im Nachhinein als unehrlich und entwürdigend angesehen. Kommen Sie direkt zur Sache. Es ist dabei wichtig, dass Sie bei unangenehmen Botschaften klar und unmissverständlich kommunizieren.

Manche Vorgesetzte versuchen, Unangenehmes in wohlklingende Worte zu verpacken. Dies kann aber zu Missverständnissen führen, wie in diesem Beispiel: Ein Mitarbeiter fand sich nach einem Gespräch mit seinem Vorgesetzten gut gelaunt in der Personalabteilung ein. Sein Vorgesetzter hatte ihm in dem Gespräch viele positive Eigenschaften bestätigt, die er an ihm schätzte, und sich sehr allgemein über die aktuelle Umstrukturierung ausgelassen. Der Mitarbeiter schloss aus dem Gespräch, er solle wohl befördert werden. Tatsächlich handelte es sich um ein Kündigungsgespräch. Für den Betroffenen war das vermutlich nicht so komisch, wie es im Nachhinein klingt. Benutzen Sie deshalb unmissverständliche Worte und kommen Sie schnell auf den Punkt. Die Grundregel lautet:

Sprechen Sie die unangenehme Botschaft innerhalb der ersten fünf Sätze aus.

Dies kann nach einer kurzen Begrüßung beispielsweise so klingen:

1. Ich muss Ihnen heute leider eine unerfreuliche Mitteilung machen.
2. Sie wissen, dass wir zurzeit eine Umorganisation durchführen.
3. Es ist vorgesehen, Ihre Abteilung mit der Nachbarabteilung zusammenzulegen.
4. Sie werden in der neuen Organisationsstruktur nicht mehr die Position eines Abteilungsleiters, sondern die eines Teamleiters innehaben.

Wenn Sie als Vorgesetzter diese Entscheidung bedauern, können Sie dies selbstverständlich hinzufügen:

5. Ich bedaure das sehr, denn ich war mit Ihrer Leistung immer sehr zufrieden.

Begründen Sie die Entscheidung anschließend im Detail. Es reicht dem Mitarbeiter nicht aus, wenn Sie auf ein allgemeines Phänomen wie zum Beispiel den Zusammenschluss mit einem anderen Unternehmen oder die Veränderung der Organisationsstruktur verweisen. Der Mitarbeiter will immer auch wissen, warum es gerade ihn getroffen hat. Im eben genannten Beispiel hätte auch der andere Abteilungsleiter bei der Zusammenlegung der Abteilungen zum Teamleiter zurückgestuft werden können. Deshalb gilt:

> **Bereiten Sie sehr gewissenhaft eine individuelle Begründung vor, warum gerade dieser Mitarbeiter betroffen ist.**

Bleiben Sie, soweit es irgend möglich ist, in Ihrer Begründung bei der Wahrheit. Achten Sie aber darauf, dass Sie das Selbstwertgefühl der Person nicht nachhaltig verletzen.

Beim Überbringen von unangenehmen Botschaften kann es passieren, dass der Mitarbeiter eine Diskussion mit Ihnen beginnt. Häufig entsteht daraus ein Streitgespräch, das zu einer deutlichen Verschlechterung der Beziehung führt. Sie vermeiden einen solchen Disput vor allem durch Ihre gute Vorbereitung und klare Formulierung der Begründung. Ist diese nicht fundiert und für den Mitarbeiter nicht auf Anhieb nachvollziehbar, bleibt ihm gar nichts anderes übrig, als mit Ihnen zu diskutieren. Nehmen Sie sich deshalb ausreichend Zeit für die Ausarbeitung der Begründung und beraten Sie sich gegebenenfalls vorher mit der Personalabteilung. Machen Sie dem Mitarbeiter auch klar, dass die Entscheidung endgültig und mit dem Betriebsrat abgestimmt ist, damit dieser sich keine falschen Hoffnungen macht.

Die Mitarbeiter sind in solchen Gesprächen natürlich zunächst erschüttert über die unangenehme Nachricht. Dadurch ist ihre Fähigkeit zur Informationsaufnahme stark eingeschränkt. Aus diesem Grund dauert das eigentliche Erstgespräch oft nicht länger als zehn Minuten. Es ist in den meisten Fällen besser, ein Folgegespräch zu vereinbaren, um mit dem Mitarbeiter über die Details der Veränderung zu sprechen.

Wenn die für den Mitarbeiter vorgesehene Veränderung stattgefunden hat, ist es sinnvoll, wenn Sie sich als Vorgesetzter nach einer gewissen Zeit noch einmal mit ihm zusammensetzen, um ihn zu fragen, wie er mit der neuen Situation zurechtkommt. Ein Einstieg in dieses Gespräch kann beispielsweise so laufen:

»Hallo, Herr Müller, danke, dass Sie gekommen sind. Nehmen Sie Platz. Darf ich Ihnen einen Kaffee anbieten? … Ich will heute mit Ihnen noch einmal über die Umorganisation sprechen und auch darüber, wie es Ihnen damit ergeht. Wir haben in der Zwischenzeit auf der fachlichen Ebene bereits öfter miteinander gesprochen, um die Details des Zusammenschlusses der beiden Abteilungen zu besprechen. Ich bin Ihnen sehr dankbar, dass Sie diesen Prozess so unterstützen, wie Sie es tun. Ich denke, das ist keineswegs selbstverständlich. Vielen Dank! Mich interessiert, wie Sie die Zusammenlegung erleben. Es hat sich für Sie ja viel geändert. Herr Meier von der Nachbarabteilung wird ab nächstem Monat Ihr neuer Vorgesetzter sein. Sie haben Ihr Team neu strukturiert und neue Kollegen dazubekommen. Wie geht es Ihnen mit dem Ganzen?«

Ein solches Gespräch ist ein Angebot, das der Mitarbeiter annehmen kann oder nicht. Wenn er nicht über seine Gefühle reden will und lieber auf der sachlichen Ebene bleibt, ist das völlig in Ordnung. Er wird Ihr ernst gemeintes Interesse an ihm und seinem Befinden aber so oder so mit großer Wahrscheinlichkeit positiv bewerten. Wenn er sich auf Ihr Angebot einlässt, ist es Ihre Hauptaufgabe, zuzuhören. Vermeiden Sie es, Ihrem Mitarbeiter in dem Gespräch Ratschläge zu geben. Das wirkt fast immer kontraproduktiv. Wenn jemand beispielsweise aus seiner Sicht »degradiert« wurde, können Sie ihm dies auch nicht ausreden. Aufmunternde Sprüche werden seine Wahrnehmung nicht verändern. Lassen Sie ihm lieber die Möglichkeit, über das zu sprechen, was ihn bewegt. Viele Manager haben immer noch Angst, wenn es im beruflichen Kontext um Gefühle geht. Lernen Sie zu akzeptieren, dass wir Gefühlswesen sind und dass unser vom Verstand gelenktes alltägliches Gehabe nur eine Fassade ist, hinter der sich der eigentliche Mensch mit seinen Emotionen von Angst, Zorn und Trauer versteckt. Gehen Sie offen und erwartungsfrei in das Gespräch und nehmen Sie sich Zeit, damit der Mitarbeiter sagen kann, was ihn beschäftigt. In manchen Fällen ist es sinnvoll, weitere Gespräche zu vereinbaren und den Mitarbeiter in seinem Veränderungsprozess eng zu begleiten, wenn er den Wunsch danach signalisiert. Bleiben Sie aber realistisch, was Sie als Vorgesetzter leisten können und wann es besser ist, einen externen Coach hinzuzuziehen.

Führen Sie Kündigungsgespräche immer persönlich

In manchen großen Unternehmen ist der Begriff »Change Management« schon ein Synonym für »Personalabbau«. Sicherlich sind Entlassungen der unangenehmste Aspekt von Wandel, der Ihnen als Führungskraft passieren kann. Da dieses Thema aber nur bei einem Teil der organisatorischen Veränderungen eine Rolle spielt, wird er in diesem Buch nur kurz behandelt. Ich empfehle Ihnen, sich bei anstehenden Trennungsgesprächen unbedingt mit dem Titel von Andrzejewski auseinanderzusetzen (siehe »Kommentierte Buchempfehlungen« im Anhang).

Gehen Sie auf gar keinen Fall unvorbereitet in so ein schwieriges Gespräch, um dann erst zu merken, was alles schief gehen kann und was Sie im Vorfeld hätten beachten müssen. Dass Trennungsgespräche professionell und wertschätzend geführt werden, ist für drei Parteien extrem wichtig. Es ist wichtig für Sie und Ihr Selbstbild als Führungskraft, für diejenigen, die gekündigt werden, und auch für diejenigen, die bleiben. Lieblos geführte Kündigungsgespräche hinterlassen Narben und schaden allen direkt und indirekt Beteiligten nachhaltig!

Prinzipiell gelten für ein Kündigungsgespräch alle Regeln, die ich im letzten Abschnitt schon für das Führen unangenehmer Gespräche genannt habe. Sie sollten sich und die individuelle Begründung für den Betroffenen also sehr gut vorbereiten und innerhalb der ersten fünf Sätze (nicht fünf Minuten!) auf den Punkt kommen. Das klingt dann zum Beispiel so:

1. Herr Spelzer, Sie wissen, dass wir im Zusammenhang mit den starken Umsatzeinbrüchen gezwungen sind, Personal abzubauen.
2. Heute muss ich Ihnen leider mitteilen, dass Sie davon betroffen sind.
3. Ich kündige Ihnen hiermit fristgerecht zum Ende des nächsten Quartals.
4. Diese Tatsache belastet mich selbst sehr und tut mir unendlich leid.
5. Die Entlassungen sind mit dem Betriebsrat abgestimmt. Sie können sich aber selbstverständlich an diesen wenden.

Wenn es einen Betriebsrat gibt, sollten alle Kündigungen natürlich vorher mit diesem besprochen worden sein. Teilen Sie dem Betriebsrat aber unbedingt auch mit, wann genau Sie die Gespräche mit den Mitarbeitern führen werden. Es kann sein, dass ein Mitarbeiter direkt nach dem Gespräch mit Ihnen zum Betriebsrat gehen möchte. Es ist besser, wenn dieser dann bereits darüber informiert ist, dass dem Mitarbeiter an diesem Tag gekündigt werden soll.

Der weitere Ablauf des Gesprächs nach den ersten fünf Sätzen erfolgt normalerweise in wenigen weiteren Schritten:

- Nennen Sie kurz die nächsten Schritte, die jetzt organisatorisch folgen werden.
- Vereinbaren Sie einen Folgetermin, um das weitere Vorgehen im Detail zu besprechen. Diesen Termin können Sie oder die Personalabteilung übernehmen.
- Weisen Sie darauf hin, wenn das Unternehmen für die Gekündigten besondere Leistungen wie zum Beispiel Abfindungen für einvernehmliche Trennungen oder Newplacement-Beratung anbietet.
- Verabschieden Sie anschließend den Mitarbeiter.

Achten Sie darauf, den Mitarbeiter nicht zu überfordern. Viele befinden sich nach dem Aussprechen der Kündigung in einem emotionalen Ausnahme- oder sogar Schockzustand, sodass sie Ihren weiteren Ausführungen nur noch sehr begrenzt folgen können. Umreißen Sie die nächsten Schritte nur grob und vertagen Sie Details auf einen zweiten Gesprächstermin. Sollte der Mitarbeiter jedoch gefasst reagieren und direkt Fragen zum weiteren Ablauf stellen, ist es gut, wenn Sie diese bereits geklärt haben.

Grundregeln für Kündigungsgespräche

- Das Kündigungsgespräch wird ohne lange Ankündigung für den Mitarbeiter anberaumt.
- Das Gespräch führen Sie persönlich! Das sind Sie Ihrem Mitarbeiter schuldig. Geben Sie diese Aufgabe daher nicht an Ihren Chef oder die Personalabteilung ab. Nur Sie können dem Mitarbeiter authentisch für die geleistete Arbeit danken. Wenn Sie in der Vergangenheit die angenehmen Gespräche zur Belobigung, Gehaltserhöhung oder Beförderung geführt haben, sind auch die unangenehmen Gespräche Ihr Job. Hier erweist sich Ihr Charakter.
- Sie führen das Gespräch im Allgemeinen allein. In Ausnahmefällen kann Ihr Chef, ein Personaler oder eine andere Person dabei sein.
- Sorgen Sie dafür, dass jemand (zum Beispiel ein Betriebspsychologe) für die Mitarbeiter zur Verfügung steht, die fassungslos sind und deren weiteres spontanes Verhalten Sie nicht einschätzen können.
- Führen Sie die Gespräche eher vormittags und nicht an Freitagen, damit Sie der gekündigten Person für ein kurzfristiges Folgegespräch oder auch Nachfragen zur Verfügung stehen und sie diese gegebenenfalls noch betreuen lassen können.
- Bei mehreren Kündigungsgesprächen sollten Sie diese in zeitlich dichter Abfolge hintereinander führen. Ein Kündigungsgespräch dauert normalerweise zwischen sieben und zwanzig Minuten. Planen Sie aber auch Erholungspausen für sich selbst ein.
- Führen Sie die Gespräche eher zu einem frühen Zeitpunkt innerhalb des Veränderungsprozesses als kurz vor dem eigentlichen Kündigungstermin. Sie verbessern damit für die Mitarbeiter die Chance, einen neuen Job zu finden. Dies wird von den Betroffenen und den Verbleibenden im Nachhinein als fair bewertet.
- Suchen Sie einen ruhigen angenehmen Ort für die Gespräche. Dies kann Ihr Büro sein. Ersparen Sie den Betroffenen aber ein Schaulaufen vor den Kollegen, wenn Ihr Büro beispielsweise am Ende eines Großraumbüros liegt.
- Machen Sie keine Versprechungen, die falsche Hoffnungen wecken, wie zum Beispiel: »Sie sind der Erste, den wir wieder einstellen, wenn ein größerer Auftrag kommt.«

- Vermeiden Sie Allgemeinplätze wie zum Beispiel: »Sie sind doch jung und dynamisch. So einer findet immer was.«
- Geben Sie dem Mitarbeiter lieber ein differenziertes Feedback über seine Stärken, wenn Sie den Eindruck haben, dass er es möchte.
- Bleiben Sie auch bei solchen Mitarbeitern wertschätzend, mit denen Sie die Zusammenarbeit als sehr schwierig empfunden haben und über deren Weggang Sie froh sind. Haben Sie Respekt vor dem Menschen und vermeiden Sie eine »Das haben Sie jetzt davon«-Attitüde.
- Halten Sie ein Glas Wasser und Taschentücher bereit.

Denken Sie auch an die indirekt Betroffenen

Mitarbeiter, die nicht versetzt oder gekündigt wurden oder einer ähnlich unangenehmen Veränderung mit großen Konsequenzen unterliegen, sind indirekt dennoch Betroffene. Die meisten bewegt es emotional durchaus, mitzuerleben, dass Kollegen, die sie schon lange kennen und schätzen, versetzt oder gekündigt werden. Außerdem entsteht Unsicherheit in Bezug auf den eigenen Arbeitsplatz oder die eigene Funktion im Unternehmen. Nicht selten leiden die indirekt Betroffenen unter Schuldgefühlen gegenüber denjenigen Kollegen, die sich verändern müssen. Umso wichtiger ist es, dass Sie den indirekt Betroffenen durch Ihr Verhalten signalisieren, dass Sie mit den Verlierern des Wandels fair umgehen, denn sonst folgt die Strafe für Sie auf dem Fuße.

Über die Reaktionen indirekt Betroffener in »ungerechten« Situationen bieten Spieltheorie und Gehirnforschung interessante Erkenntnisse. Das Ultimatumspiel ist ein einfaches, in seinen Konsequenzen aber sehr aussagekräftiges Experiment[25]:

Zwei Personen sitzen mit einem Spielleiter am Tisch. Dieser gibt der Person A eine bestimmte Summe Geld, sagen wir 100 Euro. A muss B jetzt ein Angebot machen, wie viel Geld er ihm davon zu geben bereit ist. Nimmt B das Angebot an, zahlt A ihn aus, und beide dürfen das Geld behalten. Lehnt B das Angebot dagegen ab, muss A das Geld an den Spielleiter zurückgeben, und keiner bekommt etwas. Rein rational betrachtet müsste B jedes Angebot annehmen. Selbst einen Euro müsste er theoretisch akzeptieren, denn jeder Betrag über null stellt für ihn einen Gewinn dar. Tatsächlich lehnt B das Angebot aber normalerweise ab, wenn es unter 40 Prozent der Gesamtsumme liegt.

Wieso verweigert jemand das Angebot über ein Geldgeschenk von beispielsweise 30 Euro und geht lieber ohne einen Cent nach Hause? Die Antwort lautet: Damit der andere auch keinen Gewinn erzielt. Die Belohnung durch dieses scheinbar irrationale Verhalten ist größer als die Belohnung durch den Erhalt des Geldes. Gehirnforscher haben herausgefunden, dass bestimmte Teile des limbischen Systems positiv stimuliert werden, wenn wir jemanden dafür bestrafen können, dass er unfair gehandelt hat. Das wird als altruistische, also uneigennützige Bestrafung bezeichnet. Sie löst angenehme Emotionen aus, die bewirken, dass wir uns gut fühlen. Dafür sind wir offenbar sogar bereit, einen nicht unerheblichen Nachteil zu erleiden.

Welche Konsequenzen hat diese Tatsache für Sie als Vorgesetzten? Ganz davon abgesehen, dass Ihr guter Ruf als Führungskraft irreparablen Schaden nimmt, führt dieser psychologische Effekt dazu, dass Ihre Mitarbeiter Sie altruistisch bestrafen werden, wenn sie den Eindruck haben, dass Sie mit den vom Wandel unangenehm betroffenen Kollegen nicht fair umgegangen sind. Wer beispielsweise Zeuge wurde, wie ein älterer Kollege, der ein Angebot auf einvernehmliche Trennung nicht annehmen wollte, stattdessen aus dem Unternehmen gemobbt wurde, fragt sich, wann er wohl selbst an der Reihe ist. Und er wird den Vorgesetzten für das unfaire Verhalten im Rahmen seiner Möglichkeiten bestrafen. Die Palette reicht von gelegentlichem Auflaufenlassen über Dienst nach Vorschrift bis hin zum völligen Boykott. Die Belohnung durch die Ausschüttung von Botenstoffen aus dem eigenen Gehirn überwiegt dabei die Angst der Mitarbeiter vor der Reaktion des Chefs. Beachten Sie deshalb vor allem eine Regel:

Legen Sie in einem Wandel größte Aufmerksamkeit auf Fairness und Transparenz.

Sie müssen also fair sein und auch dafür sorgen, dass dies für die indirekt Betroffenen wahrnehmbar ist. Folgende Regeln sind deshalb im Umgang mit Ihren Mitarbeitern im Wandel auch für die indirekt Betroffenen wichtig:

- Erklären Sie nicht nur den Betroffenen, sondern allen Mitarbeitern, nach welchen nachvollziehbaren Kriterien die Betroffenen ausgewählt werden.
- Halten Sie sich an diese Kriterien und machen Sie keine unbegründeten Ausnahmen. Mitarbeiter haben ein sehr feines Gespür für Gerechtigkeit.
- Schaffen Sie Transparenz, indem Sie Informationen über den Ablauf des Prozesses und die Gründe für Ihre Entscheidungen öffentlich machen.
- Führen Sie alle Gespräche mit den Betroffenen wertschätzend und sehr gut vorbereitet. Schlechte Vorbereitung wird im Gespräch offensichtlich und von der Person als Mangel an Wertschätzung empfunden. Ihren Ärger darüber kommunizieren sie dann an die Kollegen.
- Zeigen Sie Ihre Gefühle, wenn Ihnen etwas schwer fällt oder leidtut. Wenn es den Anschein hat, dass Ihnen das alles nichts ausmacht oder Sie sogar übertriebene Härte an den Tag legen, wird man Sie mit großer Wahrscheinlichkeit altruistisch bestrafen.
- Kümmern Sie sich um die Betroffenen. Nehmen Sie sich Zeit für Gespräche mit ihnen. Damit helfen Sie den Betroffenen, und die indirekt Betroffenen sehen, dass Sie Ihre Leute nicht im Regen stehen lassen.
- Geben Sie den indirekt Betroffenen in der Gruppe die Gelegenheit, darüber zu sprechen, wie sie den Wandel erleben und welche Gefühle sie gegenüber den Betroffenen haben.

Vergessen Sie sich selbst als Betroffenen nicht

Vergessen Sie nicht, dass Sie selbst auch ein Betroffener des Wandels sind. Vielleicht ändert sich auch Ihre eigene Position im Unternehmen, und Sie selbst müssen einen sehr unangenehmen Wandel durchlaufen. Auf jeden Fall sind Sie aber als Führungskraft betroffen, denn Sie fügen Ihren Mitarbeitern psychisches Leid zu, und das ist nicht nur für diese, sondern auch für Sie selbst in hohem Maße belastend. Wie sehr das der Fall ist, zeigt eine amerikanische Studie mit knapp 800 Überlebenden von Herzinfarkten am Arbeitsplatz. Das Ziel der Untersuchung war, statistisch signifikante Ursachen für den Infarkt im Arbeitsumfeld der Betroffenen zu ermitteln. Als ein Grund stellte sich, wie zu erwarten war, heraus, dass viele der Herzinfarktpatienten im Job einem hohen Zeitdruck ausgesetzt waren. Ein zweiter statistisch signifikanter Grund war für die Forscher überraschenderweise der Umstand, dass es Teil ihrer Aufgabe war, Mitarbeitern zu kündigen. Diese Führungskräfte waren also nicht selbst gekündigt worden, sondern hatten Kündigungen ausgesprochen!

Kündigungsgespräche stellen grundsätzlich eine extreme Belastung dar, nicht nur wenn es sich um Mitarbeiter handelt, die noch studierende Kinder haben oder wegen eines Hausbaus verschuldet sind. Und selbst Veränderungsvorhaben, die weniger dramatisch sind als Kündigungsgespräche, bauen psychischen Druck in Ihnen auf.

Vergessen Sie nicht, dass Ihr Körper und Ihre Psyche nicht grenzenlos belastbar sind. Im Wandel unterliegen auch Sie als Führungskraft Zweifeln, Ängsten, Zorn, Trauer, Frust, Hektik, Fremdsteuerung, Schuldgefühlen und Selbstverlust. Es ist daher ungemein wichtig, dass Sie Ihre Gefühle nicht immerzu »wegschieben«, also verdrängen, um in Ihrer Rolle problemlos zu funktionieren. Denken Sie an sich und sorgen Sie für sich selbst. Sie haben das Recht und die Pflicht dazu!

Hier sind einige Empfehlungen für Sie:

- Suchen Sie sich Personen Ihres Vertrauens, mit denen Sie über Ihre Erlebnisse, Gefühle und Ängste reden können. Wenn Ihre Freunde zu weit weg wohnen, kann auch ein empathischer Coach Sie eine Zeit lang begleiten. Vermeiden Sie es, mit Ihrem Lebenspartner dauernd über berufliche Probleme zu sprechen. Wenn nur noch über die Ärgernisse und Probleme des Tages im Beruf geredet wird, überfordert das auf Dauer jede Beziehung. Sie übertragen dann Ihren Stress ungefiltert auf den Partner und die Kinder. Ihre Frau oder Ihr Mann ist kein Schwamm für all Ihre negativen Empfindungen. Da es andererseits wichtig ist, solche Gefühle nicht anzustauen, sollten Sie sich jemanden suchen, mit dem Sie diese Dinge vertraulich teilen können.
- Lassen Sie Gefühle von Angst, Zorn und Trauer zu. Erlauben Sie sich, diese ganz bewusst wahrzunehmen. Gefühle haben für den Menschen eine wichtige Funktion. Sie entfalten eine positive Wirkung, wenn wir sie annehmen. Angst warnt uns, Zorn bringt uns zum Handeln, und Trauer hilft uns loszulassen. Wenn unangenehme Gefühle verdrängt werden, lösen diese sich nicht in Luft auf, sondern arbeiten im Körper weiter und führen zu psychosomatischen Erkrankungen wie Schlafstörungen, Konzentrationsschwäche und Burn-out. Lesen Sie das kleine, in den kommentierten Literaturempfehlungen aufgeführte Buch von Anselm Grün. Es

ist ungemein hilfreich und entlastet. Gönnen Sie sich Auszeiten. Die Möglichkeiten reichen von einem Spaziergang im Wald über den Saunabesuch bis hin zu einem mehrtägigen Kurzurlaub oder Klosteraufenthalt. Da Sie wahrscheinlich ohnehin ein schlechtes Gewissen gegenüber dem Partner haben, können Sie diesen auch einbinden. Geben Sie Ihre Kinder zu den Großeltern und fahren Sie gemeinsam für ein Wochenende an einen Ort der Ruhe.

- Überlegen Sie sich außerdem ein Ritual, das Ihnen hilft, am Abend zu entschleunigen und bewusst den Übergang vom Berufs- ins Privatleben zu erleben. Schalten Sie Ihr Handy aus und lesen Sie abends keine E-Mails mehr.
- Versuchen Sie, die kleinen schönen Augenblicke des Alltags im Hier und Jetzt bewusst wahrzunehmen.

Zusammenfassung

1. Reden Sie mit den Betroffenen.
2. Führen Sie Kündigungsgespräche immer persönlich.
3. Denken Sie auch an die indirekt Betroffenen.
4. Vergessen Sie sich selbst als Betroffenen nicht.

10. Von stetigen Veränderungswellen
So machen Sie Ihren Bereich dauerhaft wandelfähig

In einem wankenden Schiff fällt um, wer stillsteht, nicht wer sich bewegt.

Ludwig Börne (Deutscher Schriftsteller)

Eine der am häufigsten gestellten Fragen ist die, wie man Mitarbeiter dazu befähigt, sich dauerhaft auf Wandel einzustellen und flexibel damit umzugehen. Im Sinne der richtigen Reihenfolge müsste die Frage als Führungskraft aber zuerst einmal lauten: »Wie stelle ich mich selbst dauerhaft auf Wandel ein?« Auch Vorgesetzte entwickeln nicht selten eine beachtliche Inflexibilität, die sie aber weit weniger kritisch beurteilen als bei ihren Mitarbeitern. Was also fördert die eigenen Fähigkeiten und die der Mitarbeiter, sich Wandel schneller anzupassen?

Schaffen Sie eine Kultur der Veränderungsfreudigkeit

Eine Kultur ist »die Summe aller gemeinsamen, selbstverständlichen Annahmen, die eine Gruppe in ihrer Geschichte erlernt hat«[26]. Diese selbstverständlichen Annahmen führen zu Denkmustern, also immer gleichen gedanklichen Reaktionen auf bestimmte Reize, die wiederum immer ähnliche Handlungen auslösen. Zusammengefasst ergibt sich daraus diese Abfolge:

- Die Kultur besteht aus kollektiven Annahmen.
- Kollektive Annahmen erzeugen Denkmuster.
- Denkmuster verursachen Handlungen.

In einem Unternehmen, dessen Kultur wenig wandelfreudig ist, stellen sich die kollektiven Annahmen der Mitarbeiter und ihre Folgen stark vereinfacht etwa so dar:

Kollektive Annahme:	»Wir leben in einem stabilen Umfeld. Wandel kommt nur gelegentlich vor, ist dann störend, schmerzhaft und oft auch noch völlig sinnlos.«
Denkmuster (bei Ankündigung einer Veränderung):	»Oh nein, nicht schon wieder. Muss das sein?« »Warum gerade ich/wir?« »Wie kann ich dem entgehen?«
Handeln:	Keine Begeisterung, keine Energie, keine Übernahme von Verantwortung, Dienst nach Vorschrift, Widerstand.

Was sich die meisten Manager wünschen würden, ist die folgende Konstellation:

Kollektive Annahme:	»Wir leben in einem sich wandelnden Umfeld. Eine stetige Anpassung ist überlebenswichtig. Jede Veränderung bietet auch Chancen. Wer den Wandel früh genug initiiert, ist der Konkurrenz voraus.«
Denkmuster (bei Ankündigung einer Veränderung):	»Welche Chancen liegen in dem Wandel?« »Welche Risiken muss ich umgehen??« »Welche Ideen habe ich?«
Handeln:	Effektives und effizientes Umsetzen des geplanten Wandels, Begeisterung sowie Einbringen eigener Ideen.

Beim Lesen der Wunschvariante werden Sie wahrscheinlich gedacht haben, dass Mitarbeiter mit solchen Annahmen und Denkmustern für Sie als Führungskraft ein echter Traum wären. Sie haben Recht, aber in einem anderen Sinne. Solche Mitarbeiter sind ein Traum! Es gibt sie nämlich nicht. Träumen Sie deshalb am besten nicht davon.

Gründe, warum Ihre Mitarbeiter nicht begeistert auf jeden Wandel reagieren:

- Das prozedurale und das emotionale Gedächtnis Ihrer Mitarbeiter arbeiten gegen ein Wandelvorhaben, weil beide Bereiche des Langzeitgedächtnisses bei Veränderungen fast immer unangenehme Emotionen auslösen.
- Die Erfahrung Ihrer Mitarbeiter sagt, dass der direkt vor ihnen liegende Wandelprozess unangenehm werden wird.
- Bei einem Wandel gibt es meistens Verlierer. Diese sind normalerweise aktive Gegner des Wandels, die versuchen, auch neutral eingestellte Kollegen für die Opposition zu gewinnen.
- Menschen neigen dazu, das zu lieben und überzubewerten, was sie haben. Psychologisch nehmen wir den Verlust einer Sache immer stärker wahr als das, was wir dafür bekommen. Zusätzlich quälen sich Ihre Mitarbeiter mit Gefühlen von Unsicherheit und Zukunftsängsten.

Ihre Mitarbeiter werden Veränderungsvorhaben auch in Zukunft immer wieder kritisch betrachten. Die Angewohnheit der meisten Menschen, das Neue erst einmal zu hinterfragen, bevor man funktionierende Abläufe verändert, ist völlig legitim.

Wenn Sie wollen, dass Ihre Mitarbeiter eine grundsätzlich positive Einstellung zu Veränderungen bekommen, kann das nur ein langfristiges Ziel sein. Der Weg dorthin ist ein Marathonlauf und kein Sprint. Dazu ein Beispiel:

Stellen Sie sich eine Behörde vor, in der alles nach klar vorgegebenen Abläufen abgearbeitet wird. Jeder muss sich genau an die Vorschriften halten. Auch der Kunde muss sich diesen Abläufen anpassen, selbst wenn das für ihn mit unnötigem und damit ärgerlichem Aufwand verbunden ist. Allen Mitarbeitern, die jemals versucht haben, Vorgaben zu umgehen, um kundenorientierter zu handeln, wurde sehr klar die Grenze aufgezeigt. Wer diese nicht akzeptieren konnte, dem wurde nahe gelegt zu gehen. Es blieben also bevorzugt diejenigen zurück, die gerne nach strikten Vorgaben arbeiteten und denen die Ausrichtung am Kunden weniger bedeutete. Zur Bekräftigung der Denkmuster wurden nur die Angestellten befördert, die sich streng den Regeln entsprechend verhielten. Jetzt wird ein neuer Leiter der Behörde berufen, der etwas moderner eingestellt ist und dem Kundenorientierung das oberste Anliegen ist. Er nimmt wahr, wie bürokratisch und wenig kundenfreundlich die Kultur ist, und beschließt, diese zu verändern. Wie lange wird es dauern, bis die Behörde aus tiefer Überzeugung freundlich und kundenorientiert ist? Wochen, Monate oder gar Jahre?

So ein Prozess dauert auf jeden Fall mehrere Jahre. Wenn Sie als Führungskraft aus Ihren auf Sicherheit ausgerichteten Mitarbeitern flexible Change Agents machen wollen, die einer Veränderung nicht prinzipiell mit hohem Misstrauen, sondern mit entspannter Neugier begegnen, dann ist der Schwierigkeitsgrad so hoch wie bei dem Unterfangen dieses Behördenleiters. Erstaunlicherweise fällt es uns bei anderen immer viel leichter, realistisch einzuschätzen, wie lange so etwas dauert, während wir bei eigenen Projekten zu übertrieben optimistischen Schätzungen neigen. Die Änderung einer Kultur und der ihr zugrunde liegenden Annahmen benötigt viel Zeit.

Kurzfristig können Sie zwar nicht viel bewirken, aber langfristig können Sie Erstaunliches leisten! Grundsätzlich gilt:

> **Die meisten Menschen überschätzen, was sie kurzfristig, und unterschätzen, was sie langfristig leisten können.**

Wenn es Ihnen gelingt, über mehrere Jahre eine Kultur der Wandelfreudigkeit zu entwickeln, dann ist dies einer der wenigen echten, weil nicht kopierbaren Wettbewerbsvorteile. Ein Mitbewerber am Markt kann eine solche Kultur nicht innerhalb weniger Monate aufbauen, sondern wird ebenfalls Jahre benötigen, die Sie, Ihr Bereich oder Ihr Unternehmen ihm dann aber schon voraus sind.

Das Minimalziel für die Veränderungskultur in Ihrem Bereich oder Ihrer Abteilung besteht darin, dass Ihre Mitarbeiter bei der Ankündigung von Veränderungsvorhaben nicht sofort zur geistigen Handbremse greifen. Im ersten Schritt muss den Mitarbeitern bewusst werden, dass sich unser Umfeld immer häufiger und schneller verändert. Das klingt nach einer Binsenweisheit, ist es aber nicht. Die meisten Menschen nehmen die Geschwindigkeit des Wandels nicht wirklich im vollen Umfang wahr. Zwar merken Ihre Mitarbeiter, dass sich immer mehr in immer weniger Zeit verändert, aber sie sind sich dessen nicht voll bewusst (siehe Kapitel 1). Es gilt also zuerst einmal, die immer noch weit verbreitete Annahme zu verändern, Wandel sei die nervtötende Ausnahme in einem ansonsten stabilen Umfeld.

Um dies zu erreichen, können Sie Ihre Mitarbeiter das Thema Wandel aus einer übergeordneten Perspektive, der Metaperspektive, betrachten lassen. Wenn Ihre Mitarbeiter das Muster des andauernden Wandels wirklich wahrgenommen und verinnerlicht haben, können sie neue Veränderungen besser als einen normalen Bestandteil ihrer Arbeit und ihres Lebens akzeptieren und werden gelassener reagieren.

Damit Ihre Mitarbeiter Veränderungen als etwas Normales oder vielleicht sogar Positives ansehen, müssen Sie Wandel zu einem Dauerthema machen. Hier einige Beispiele dafür, was Sie unternehmen können:

Seien Sie ein Vorbild! Woran erkennen Ihre Mitarbeiter, dass Sie wandelfähig sind? Mit welchen Handlungen zeigen Sie das? Ich selbst bin beispielsweise davon überzeugt, dass das Leben es prinzipiell gut mit uns meint. Sobald mir etwas Unangenehmes passiert, versuche ich, es nicht zu verneinen, sondern frage mich, was ich daraus lernen soll. Manchmal ist mir die Antwort sofort klar und ich kann dann erstaunlich entspannt mit einer von außen betrachtet unangenehmen Situation umgehen. Manchmal dauert es seine Zeit, bis ich den tieferen Sinn verstehen kann, aber ich richte meine Wahrnehmung in der Zwischenzeit auf das Gute an der Sache. Gehen Sie also mit Rückschlägen positiv um und lehnen Sie sich nicht gegen Dinge auf, die Sie nicht ändern können.

Erzeugen Sie Betroffenheit. Führen Sie dazu die im Kapitel »Wenn keiner mitmacht« vorgeschlagenen Aktionen durch (ab Seite 78). Verändern Sie beispielsweise für alle Mitarbeiter deutlich wahrnehmbar das Arbeitsumfeld als Symbol für etwas Neues. Sorgen Sie für regelmäßige Kontakte mit Kunden, damit Veränderungen in deren Bedürfnissen bei Ihren Mitarbeitern ankommen. Zeigen Sie mit Best-Practice-Vergleichen (siehe Seite 88), wie andere Unternehmen sich weiterentwickelt haben.

Laden Sie externe Experten ein. Wenn Ihr Budget das erlaubt, engagieren Sie professionelle Redner zum Thema »Wandel« oder »Megatrends«, die vermitteln können, wie schnell sich das Umfeld unserer Gesellschaft verändert und dass Wandel der Normalfall ist. Da ich selbst hauptberuflicher Redner bin, weiß ich, dass ein mitreißender Professional Speaker mit einem fundierten Vortrag gute Impulse geben kann. Er sollte idealerweise in der Lage sein, Menschen durch die Erzeugung von Emotionen betroffen zu machen und sie gleichzeitig mit Humor immer wieder abzuholen.

Beziehen Sie Mitarbeiter ein. Machen Sie Mitarbeiter abwechselnd und monatsweise zu »Change- und Zukunftsbeauftragten«. Die jeweilige Person soll sich dazu etwas Kreatives einfallen lassen. Mitarbeiter, die rhetorisch versiert sind, können beispielsweise Bücher von bekannten Zukunftsforschern lesen oder Videos im Internet heraussuchen und ihre Erkenntnisse für die anderen Mitarbeiter als Vortrag aufbereiten.

Nutzen Sie ein Infobrett. Wählen Sie einen zentralen Raum, den jeder Mitarbeiter mindestens einmal am Tag passiert (zum Beispiel einen Korridor im Eingangsbereich oder die Kaffeeküche). Hängen Sie dort Informationen über die Entwicklungen und das Umfeld Ihres Unternehmens aus. Heften Sie Fotos neuer Produkte oder neuer Kunden Ihres Bereichs an die Wand. Pinnen Sie interessante Artikel, Grafiken, Cartoons und Kundenbriefe an. Zeigen Sie auf, wohin sich die Konkurrenz entwickelt. Ein solches Infobrett sollten Sie aber nicht allein pflegen. Es muss ein gemeinsames Projekt sein, in das mehrere Personen Energie investieren. Überlegen Sie zusammen mit den Ihnen unterstellten Führungskräften, wie sich das umsetzen lässt. Fordern Sie die Mitarbeiter auf, eigene Ideen und Informationen zu ergänzen. Die Beiträge müssen interessant sein und regelmäßig aktualisiert werden, damit sie gelesen werden. Eine Variante des Infobretts kann ein künstlicher Baum oder ein anderer größerer Gegenstand sein, an den man die aktuellen Nachrichten hängt.

Durch die aktive geistige Beschäftigung mit dem Thema Wandel tragen Sie dazu bei, dass sich die Annahmen Ihrer Mitarbeiter darüber mit der Zeit verändern.

Verhindern Sie Selbstgefälligkeit

Ein großer Gegner des Wandels ist die Selbstgefälligkeit von Mitarbeitern, aber auch von Managern. Dies ist ein Gefühl, das sich unbewusst und nicht etwa aufgrund bewusster Gedanken einstellt. Selbstgefälligkeit meint, dass jemand im Übermaß von sich selbst und den eigenen Fähigkeiten überzeugt ist. Selbstgefälligkeit entsteht aufgrund tatsächlicher oder eingebildeter Erfolge. Das können Erfolge der eigenen Person, aber auch des Unternehmens sein, in dem jemand arbeitet. Tatsächlich unterliegen sehr erfolgreiche Unternehmen immer dem Risiko, dass ein kritischer Anteil der Mitarbeiter selbstgefällig wird. Selbstgefälligkeit aufgrund des Unternehmenserfolgs kann sogar bei Mitarbeitern eintreten, die nur durchschnittliche oder sogar unterdurchschnittliche Leistungen erbringen. Wer selbstgefällig ist, hat eine verzerrte Wahrnehmung. Er neigt mehr als andere dazu, Erfolge der eigenen Person zuzuschreiben und Misserfolge eher auf die ungünstigen, nicht beeinflussbaren Umstände zu schieben. Diese Wahrnehmungsverzerrung kann die Selbstgefälligkeit auch dann längerfristig aufrechterhalten, wenn Erfolge ausbleiben.

Selbstgefällige Menschen nehmen offensichtliche Warnsignale für die Notwendigkeit einer Veränderung nicht wahr oder verharmlosen sie. Konfrontiert man sie mit harten Fakten, bringen sie teils unhaltbare und unlogische Gegenargumente, um ihr Empfinden irgendwie zu verteidigen. Diesem psychologischen Effekt können auch sehr intelligente Menschen bis hin zu ganzen Vorständen großer Konzerne unterliegen. Natürlich halten sich diese Personen niemals für selbstgefällig. Spricht man sie daraufhin an, streiten sie dies nicht nur vehement ab, sie sind auch noch ernsthaft beleidigt. Wie aber holt man Menschen aus der Selbstgefälligkeit heraus?

Selbstgefälligkeit ist ein Gefühlszustand. Gefühle aber können, wie Sie wissen, nicht mit rationalen Argumenten verändert werden. Nehmen Sie zum Beispiel jemanden mit Flugangst, der in einem Passagierflugzeug kurz vor dem Start sitzt und mit seiner Panik kämpft. Welche Wirkung hat auf ihn das rationale Argument: »Sie müssen sich keine Sorgen machen. Statistisch gesehen ist die Chance, dass Sie bei diesem Flug sterben, geringer als 1 : 500 000.« Glauben Sie, er entspannt sich? Hier sind wir wieder beim Kernthema: Es geht beim Wandel hauptsächlich um Emotionen. Ein Mitarbeiter, der selbstgefällig ist, kann dieses Gefühl kaum aufgrund rationaler Argumente ablegen. Das führt dazu, dass der Mitarbeiter den Grund für den Wandel rational absolut nachvollziehen kann und den Wandel vielleicht sogar gutheißt, ohne dass dies einen Einfluss auf seine Selbstgefälligkeit hat. Selbstgefällige Menschen neigen dazu, Verantwortung eher auf andere abzuschieben. Um das Gefühl der Selbstgefälligkeit aufzulösen, bedarf es einer Emotion, die bei der Person Betroffenheit auslöst. Wie Sie diese bei Ihren Mitarbeitern auslösen können, haben wir im Kapitel »Wenn keiner mitmacht« ausführlich behandelt.

Sorgen Sie für positive Erfahrungen mit Wandel

Wenn Sie möchten, dass Ihre Mitarbeiter flexibel und konstruktiv auf Wandel reagieren, besteht ein weiterer Schritt in diese Richtung darin, dass sie positive Erfahrungen mit Veränderungen unter Ihnen als Führungskraft sammeln können. Haben Mitarbeiter in der Vergangenheit erst einmal genügend schlechte Erfahrungen gesammelt, werden sie unter Umständen allein bei dem Wort »Veränderung« eine Gänsehaut bekommen. Hier sind die wichtigsten Regeln, die Sie konsequent beachten sollten, um für positive Erfahrungen und damit für Vertrauen bei Ihren Mitarbeitern zu sorgen:

- Sagen Sie, wofür Sie stehen, und stehen Sie zu dem, was Sie sagen.
- Seien Sie ein Vorbild für Ihre Mitarbeiter, indem Sie das neue gewünschte Verhalten konsequent vorleben.
- Kommunizieren Sie im Wandel klar und deutlich.
- Gestalten Sie den Veränderungsprozess fair und transparent.
- Nehmen Sie Ihre Mitarbeiter ernst und hören Sie ihnen zu.
- Lassen Sie die Emotionen der Mitarbeiter zu und zeigen Sie Ihre eigenen.
- Binden Sie die Mitarbeiter in die Umsetzungsentscheidungen ein, wo immer dies möglich ist.
- Sorgen Sie dafür, dass Ihre Mitarbeiter bei Veränderungen die Gewinner sind.

Wie können Sie fördern, dass Ihre Mitarbeiter sich als Gewinner fühlen? Belohnen Sie diejenigen, die sich vorbildlich für eine neue Sache eingesetzt haben, sobald Ihnen dies möglich ist. Gewähren Sie konsequenterweise eine Gehaltserhöhung oder einen sonstigen Vorteil, sobald Ihr Budget dies zulässt. Befördern Sie jemanden, den Sie dafür schon länger im Auge hatten, genau dann, wenn er oder sie sich bei der Umsetzung einer Veränderung verdient gemacht hat. Dies sind Botschaften, die bei allen Mitarbeitern ankommen. Überlegen Sie, wie Sie den Mitarbeitern etwas für die besonders anstrengende Zeit der Umstellungs- und Chaosphase zurückgeben können. Gewähren Sie zusätzliche Urlaubstage, eine externe Weiterbildung, eine neue spannende Aufgabe mit mehr Verantwortung oder etwas anderes, was sich Mitarbeiter wünschen. Häufig sind nach einer Veränderung die finanziellen Mittel knapp, aber mit etwas Kreativität finden sich Mittel und Wege, Mitarbeiter zu belohnen. Sie können dazu auch mit den Ihnen unterstellten Führungskräften zu folgender Frage ein Brainstorming machen:

»Wie können wir Mitarbeiter, die den Wandel vorbildlich vorangetrieben haben, fördern, ohne dabei viel Geld in die Hand zu nehmen?« Wenn sechs oder sieben leistungsfähige Gehirne über diese Frage nachdenken, werden Ihnen ein paar gute Ideen einfallen.

Schaffen Sie ein wandelfreudiges organisatorisches Umfeld

Sie können sich vorstellen, dass ein Unternehmen, in dem es sieben Hierarchiestufen gibt und niemand eine kritische Entscheidung trifft, ohne sich vorher nach oben hin abgesichert zu haben, weder schnell auf Wandel reagieren noch selbst Veränderungen initiieren kann. Es gibt also organisatorische Voraussetzungen, die eine schnelle Reaktion auf Wandel begünstigen. Es sind vor allem drei Rahmenbedingungen, die Sie als Führungskraft beachten sollten:

- Richten Sie den eigenen Fokus und den Ihrer Mitarbeiter nach außen. Viele Unternehmen, vor allem erfolgreiche, begehen irgendwann den Fehler, ihre Wahrnehmung hauptsächlich nach innen zu richten. Sobald Sie sich mehr mit internen Prozessen, Bürokratie und politischen Spielen als mit den Kundenbedürfnissen beschäftigen, werden Sie wichtige Entwicklungen am Markt verpassen. Eine gute Möglichkeit, das zu vermeiden, ist die regelmäßige Begleitung der Vertriebsmitarbeiter durch Führungskräfte aus dem Innendienst.
- Verlagern Sie wann immer möglich die Entscheidungen nach unten zu den Personen, die diese kompetent treffen können (Empowerment). Dies fördert die Übernahme von Verantwortung sowie schnelle und praxisorientierte Reaktionen auf Veränderungen. Delegieren Sie Aufgaben inklusive Verantwortung und Entscheidungsgewalt, und lassen Sie den Mitarbeitern die Freiheit, die Art der Umsetzung selbst zu wählen. So fördern Sie Selbstverantwortung und Selbstkontrolle.
- Binden Sie das Ihnen unterstellte Führungskräfteteam in Entscheidungen ein. Diese allein zu treffen, ist in vielen Situationen heute

nicht mehr sinnvoll. Durch Entscheidungen in einem eingespielten Team mit einer gut entwickelten Diskussionskultur werden die vielen zu beachtenden Faktoren eines komplexen Problems besser wahrgenommen und berücksichtigt. Außerdem fördern gemeinsame Entscheidungen die Identifikation mit der Lösung, was die Umsetzung wiederum beschleunigt.

Zusammenfassung

1. Schaffen Sie eine Kultur der Veränderungsfreudigkeit.
2. Verhindern Sie, dass sich Selbstgefälligkeit ausbreitet.
3. Sorgen Sie für positive Erfahrungen mit Wandel.
4. Schaffen Sie ein wandelfreudiges organisatorisches Umfeld.

Das im Anhang befindliche Workshopformat zum Ausdrucken und vieles mehr finden Sie zum Download unter www.alexander-groth.de/fuehrungsstark-im-wandel oder mit dem Smartphone über den nebenstehenden QR-Code (Passwort: Wandel).

Ihre ersten Schritte zum Change Leader

In diesem Buch haben Sie vielfältige konkrete Vorschläge erhalten, wie Sie Ihre Mitarbeiter als Change Leader durch den Wandel führen können. Machen Sie sich aber klar, dass es den perfekten Change Leader nicht gibt. Einen Wandel zu initiieren und durchzuführen, ist ein komplexes Unterfangen. Wir alle machen Fehler.

Sie werden in Zukunft zu den Führungskräften gehören, die vieles richtig machen, wenn Sie die im Buch gegebenen Empfehlungen umsetzen. Es liegt jetzt an Ihnen, ob die Stunden, die Sie in das Lesen dieses Buches investiert haben, sich auszahlen. Motivierter und näher am Thema als jetzt werden Sie nicht wieder sein. Wichtig ist daher, dass Sie die vorhandene Energie nutzen und sofort in Ihr Handeln integrieren. Legen Sie innerhalb der nächsten 72 Stunden Ihre ersten konkreten Maßnahmen fest! Ich empfehle Ihnen folgende Schritte:

1. Persönlicher Aktionsplan In Ihrem normalen Tagesablauf als Manager werden Sie es wahrscheinlich nicht schaffen, die Inhalte dieses Buches noch einmal zu reflektieren. Fahren Sie deshalb mehrere Tage in Folge anderthalb Stunden vor dem Gros Ihrer Mitarbeiter ins Büro (siehe Kapitel 6) und erarbeiten Sie mithilfe dieses Buches Ihren persönlichen Aktionsplan. Das frühe Aufstehen wird sich lohnen. Setzen Sie mithilfe von Paretos Gesetz der Unausgewogenheit Prioritäten (siehe Kapitel 6). Welches sind die Aufgaben mit Hebelfunktion, die Sie als Chef jetzt angehen müssen?

2. Workshop für Führungskräfte Führen Sie mit den Ihnen unterstellten Führungskräften den im Anhang beschriebenen Workshop durch. So entwickeln Sie mit gemeinsamer Kompetenz einen differenzierten Maßnahmenplan und schaffen gleichzeitig Akzeptanz und Energie für die Umsetzung.

3. Gemeinsames Grundverständnis Geben Sie Ihren Führungskräften dieses Buch zu lesen. So fördern Sie ein gemeinsames Grundverständnis und eine einheitliche Sprache zum Thema Wandel.

Wandelvorhaben werden, wie Sie jetzt wissen, schon wegen der Funktionsweise unseres Gehirns von Betroffenen fast immer als unangenehm empfunden. Sie bieten Ihnen und den Ihnen unterstellten Führungskräften aber auch große Chancen. Sie können einen Wandel nutzen, um eigene Vorhaben einzubringen und umzusetzen.

Vor allem bieten schwierige Veränderungen Ihnen die Möglichkeit, sich als Führungskraft zu beweisen. Wie gut ein Steuermann tatsächlich ist, zeigt sich bekanntlich im Sturm. In schwierigen Veränderungsvorhaben trennt sich unter den Managern die Spreu vom Weizen beziehungsweise die bloßen Vorgesetzten von den echten Führungskräften. Wenn Sie Ihre Mannschaft souverän durch den Sturm geleiten, schafft das nach oben und nach unten hin Vertrauen in Ihre Person und Ihre Fähigkeiten. Wenn Sie noch kein erfahrener Steuermann sind, bietet Ihnen der Sturm die Chance, einer zu werden und Ihre Mannschaft zusammenzuschweißen.

Wenn wir an unser bisheriges Leben zurückdenken, dann sind es meist die Veränderungen und Umbrüche, die uns in Erinnerung bleiben und uns geprägt haben. In schwierigen Zeiten entwickeln wir unseren Charakter weiter. Viele Veränderungen, die wir in der Vergangenheit als sehr unangenehm empfanden, würden wir im Nachhinein nicht mehr missen wollen, wenn wir heute sehen, welche persönliche Entwicklung sie uns ermöglicht haben. Der römische Philosoph Seneca hat es einmal so ausgedrückt: »Fest und stark ist nur der Baum, der unablässig Windstößen ausgesetzt war, denn im Kampf festigen und verstärken sich seine Wurzeln.« Auch ein unangenehmer Wandel, den Sie vielleicht als Kampf erleben, hat sein Gutes. Die Kunst besteht darin, die jedem Wandel innewohnende Lernchance frühzeitig zu erkennen und nicht erst Jahre später. Bleiben Sie gelassen und verlieren Sie nicht Ihren Humor.

Führungsstärke im Wandel ist für mittlere Manager die wichtigste Kompetenz der Zukunft. Wenn Sie ein echter Change Leader sind, werden Sie mit wenig Aufwand bessere Erfolge erzielen, und die Menschen werden gerne unter Ihnen arbeiten, auch und gerade in schwierigen Zeiten der Veränderung und des Umbruchs.

Damit sind wir am Ende des Buches angekommen. Ich wünsche Ihnen viel Erfolg für Ihre Wandelprojekte und spannende Erkenntnisse in der Praxis. Schreiben Sie mir gern von Ihren Erfahrungen.

Alexander Groth Leadership
Professional Speaker & Autor
Mail: dialog@alexander-groth.de
Web: www.alexander-groth.de

Eine Bitte zum Schluss:
Wenn Ihnen das Buch gefallen hat, empfehlen Sie es bitte weiter.
Vielen Dank!

Anhang: Workshop zum Wandel

Diesen Workshop können Sie mit den Ihnen unterstellten Führungskräften zu Beginn eines Wandelvorhabens durchführen. So gelingt es Ihnen zum einen, das vorhandene Know-how und die vielen guten Ideen Ihrer Mitarbeiter für den Prozess zu nutzen. Zum anderen erzeugen Sie damit auch die für die Umsetzung des Wandels erforderliche Energie. Planen Sie für die Durchführung des Workshops minimal fünf Stunden Zeit ein. Aus meiner Erfahrung weiß ich, dass diese Zeit Ihnen persönlich ein Vielfaches an Arbeit ersparen und die Umsetzung des Wandels enorm vorantreiben wird.

Teilnehmer:

Da die Zielgruppe dieses Buches Bereichs- und Abteilungsleiter sind, gehe ich davon aus, dass Ihre Workshop-Teilnehmer keine normalen Mitarbeiter, sondern ebenfalls Führungskräfte sind. Als Bereichsleiter führen Sie den Workshop entweder nur mit Ihren Abteilungsleitern oder auch mit den dazugehörigen Teamleitern durch. Als Abteilungsleiter laden Sie die Ihnen unterstellten Teamleiter ein. Unter Umständen kann es sinnvoll sein, auch andere Personen, wie zum Beispiel Experten, einen Betriebsrat oder auch Mitarbeiter mit hohem Einfluss, als Meinungsbildner dazuzubitten. Sie sollten dann darauf achten, dass alle zusätzlichen Teilnehmer für ihre konstruktive Arbeitsweise bekannt sind und solche Veranstaltungen nicht etwa für ihre eigene politische Agenda nutzen. Die Gruppengröße sollte bei maximal 20 Teilnehmern liegen. Wenn die Gruppe zu groß wird, geht das auf Kosten der Produktivität.

Materialien:

- 4 Pinnwände (mit Papier bespannt) sowie Pinnnadeln,
- 1 Flipchart mit Papier,
- rechteckige Moderationskarten in mehreren Farben,
- Flipchart-Stifte,
- Fotoapparat oder Fotohandy zur Dokumentation.

Wenn es in Ihrem Unternehmen keine Pinnwände und/oder Flipcharts gibt, können Sie diese über das Internet günstig für einen Tag leihen (zum Beispiel bei www.neuland.eu für circa 30 Euro pro Pinnwand plus Versandkosten). Ich empfehle die Durchführung außerhalb der normalen Büroräume, wenn Ihr Budget das erlaubt. Die Moderation können Sie als Führungskraft selbst übernehmen, wenn Sie professionell moderieren können, oder Sie delegieren dies an eine Ihrer Führungskräfte oder einen externen Moderator. Die Qualität der Moderation ist ausgesprochen wichtig! Ein guter Moderator sorgt dafür, dass ergebnisorientiert und stringent gearbeitet wird. Er spürt, wann er Zeit geben muss, um Bedenken auszudiskutieren, und wann er das Tempo forcieren muss, um unproduktive verbale Endlosschleifen einzudämmen. Schätzen Sie Ihre eigene Moderationskompetenz deshalb realistisch ein, bevor Sie diese Aufgabe übernehmen. Im Folgenden finden Sie den Workshop-Plan mit den Zielsetzungen, der Dauer und dem Ablauf der einzelnen Module.

Ablauf

1. Begrüßung (10 Minuten)

Ziel: Die Teilnehmer fühlen sich wertgeschätzt, freuen sich, an einer wichtigen Sache teilhaben zu können, und sind gespannt auf den Workshop.

Ablauf: Zuerst begrüßen Sie als Führungskraft die Teilnehmer (5 Minuten) und erläutern kurz den Anlass und das Ziel des Workshops. Anschließend stellt der Moderator (das können auch Sie selbst sein) die Agenda vor (5 Minuten).

Agenda

10	Minuten	Begrüßung
40	Minuten	Vortrag und Diskussion
90	Minuten	Chancen und Risiken
20	Minuten	Pause
100	Minuten	Maßnahmen
30	Minuten	Einbinden und Informieren
10	Minuten	Abschluss

Die Zeitvorgaben mögen Ihnen vielleicht übertrieben großzügig erscheinen, die Erfahrung hat aber gezeigt, dass die Bearbeitung der Module in etwa so lange dauert, wenn es sich um überschaubare und nicht stark konfliktbesetzte Veränderungen handelt. Einzelne Blöcke können wesentlich länger dauern, wenn es starken Diskussionsbedarf gibt. Sollten Sie tatsächlich früher fertig werden, sind alle Teilnehmer erfreut. Wenn Sie die Zeit dagegen zu knapp kalkulieren und dann überziehen müssen, erzeugen Sie damit unnötige Hektik und Frustration.

2. Vortrag und Diskussion (20 + 20 Minuten)

Ziel: Jeder Teilnehmer ist gedanklich beim Thema angekommen und hat verstanden, warum der Initiator den Wandel beauftragt hat und wie die Umsetzung geplant ist.

Ablauf: Diese Themenorientierung zu Beginn des Workshops holt die Teilnehmer geistig ab. Beginnen Sie mit einem kurzen Vortrag, wenn Ihren Mitarbeitern der Inhalt der Maßnahme noch nicht oder nur teilweise bekannt ist. Dieser sollte nicht zu lange dauern, wenn er gut vorbereitet ist. Der Vortrag beinhaltet:

1. Begründung des Wandels
2. Ziele
3. Geplante Umsetzung mit Meilensteinen (wenn bekannt)
4. Was konkret ändert sich?
5. Was bleibt?

Anschließend beantworten Sie inhaltliche Verständnisfragen beziehungsweise diskutieren diese kurz mit den Teilnehmern. Es geht hier noch nicht darum, bereits Lösungen zu erarbeiten, sondern den Inhalt des Wandels zu klären. Zeigen Sie klar auf, welche Maßnahmen exakt vorgegeben sind und genauso umgesetzt werden müssen und welche Ihr Team noch beeinflussen kann. Wenn die von oben vorgegebenen Ziele ungenau sind, überlegen Sie gemeinsam mit Ihrer Gruppe, wie sich daraus etwas Konkretes ableiten lässt. Sollte sich herausstellen, dass Ihnen noch wichtige Informationen für die Planung fehlen, erarbeiten Sie gemeinsam die noch zu klärenden Punkte und vereinbaren Sie zur Not einen neuen Termin für die Weiterführung des Workshops, wenn sich diese nicht kurzfristig telefonisch klären lassen. Ihr Maßnahmenplan muss auf Tatsachen und nicht auf Spekulationen beruhen.

3. Chancen und Risiken (90 Minuten)

Ziel: Ihre Führungskräfte haben ihre Bedenken und Ängste eingebracht, soweit das öffentlich möglich ist. Sie haben aber auch das positive Potenzial des Wandelvorhabens erkannt.

Ablauf: Der Moderator teilt die Gruppen auf (wenn möglich nicht mehr als drei Gruppen mit 3 bis 6 Teilnehmern pro Gruppe; bei 5 oder weniger Workshop-Teilnehmern gibt es nur eine Gruppe). Anschließend bearbeiten alle Gruppen dieselben Fragen:

Thema:	
Welche Chancen bietet der Wandel für unseren Bereich? • • • •	Wie können wir diesen Wandel aktiv nutzen, um zusätzliche eigene Ideen voranzutreiben? • • •
Welche Risiken sehe ich bei diesem Wandel für unseren Bereich? • • •	Welche Bedenken habe ich persönlich? Was darf nicht passieren? • • •

Die Ergebnisse werden auf der Pinnwand notiert. Wenn der Platz auf der Pinnwand zur Beantwortung der Fragen nicht ausreicht, können die Teilnehmer auf Flipchart-Papier weiterschreiben. Anschließend stellen die Gruppen ihre Ergebnisse vor. Der Moderator muss darauf achten, nicht schon nach der ersten Präsentation eine Detaildiskussion zuzulassen. Erst stellen alle Gruppen ihre Ergebnisse vor, damit das Plenum einen Überblick über die relevanten Themen bekommt und die Teilnehmer sich nicht frühzeitig in der Diskussion eher nebensächlicher Themen verlieren.

Die Diskussion der beiden unteren Felder mit den Risiken und Bedenken ist von zentraler Bedeutung für den Prozess! Erst wenn diese ausführlich besprochen wurden, kann im nächsten Schritt mit der Entwicklung von Maßnahmen begonnen werden. Ein guter Moderator erkennt, wie viel Zeit er für diese Diskussion investieren muss.

Es ist entscheidend, dass Sie als Vorgesetzter alle Bedenken wirklich hören wollen und dazu Stellung beziehen. Wenn die Bedenken der Teilnehmer überspielt, also von Ihnen als Chef nicht aufgenommen werden, fehlt es im weiteren Vorgehen an Umsetzungsenergie und der Bereitschaft, Verantwortung zu übernehmen.

Sie können die Mitarbeiter auch bezüglich ihrer Bedenken in eine erneute Gruppenarbeit mit einer Vierfeldermatrix schicken. In den vier Feldern stehen dann folgende Fragen:

1. Was spricht dagegen?
2. Wie schaffen wir es trotzdem?
3. Was spricht jetzt noch dagegen?
4. Wie schaffen wir auch das noch?

Auch wenn Sie den Eindruck haben, dass sei doch zweimal das Gleiche, macht die Wiederholung der Frage einen deutlichen Unterschied im Ergebnis aus. Probieren Sie es aus!

4. Maßnahmen (100 Minuten)

Ziel: Die Gruppe hat konkrete Maßnahmen erarbeitet und die Verantwortung für die Umsetzung Einzelpersonen zugewiesen.

Ablauf: Alle Teilnehmer sitzen im Halbkreis um die Maßnahmenwand. Der Moderator teilt Karten an die Teilnehmer aus, auf welche sie ihre Vorschläge für mögliche Maßnahmen schreiben. Anschließend sammelt der Moderator die Karten ein und mischt diese. Jetzt werden die Karten in schneller Abfolge der Gesamtgruppe einzeln gezeigt, einem Themenbereich zugeordnet und angepinnt. Die Gruppe entscheidet bei jeder nächsten Karte spontan, ob sie einen neuen Inhalt hat oder einer bereits bestehenden Kartengruppe zugeordnet werden kann. So kristallisieren sich insgesamt die Themenbereiche heraus, die es anzugehen gilt.

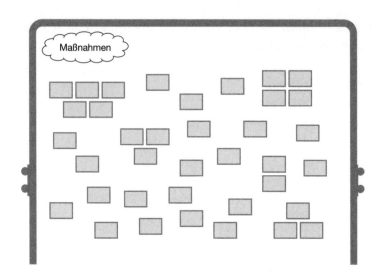

Sollten schließlich zu viele Maßnahmen an der Pinnwand hängen, können Sie sie auf Einzelkarten oder auch Kartenbündel auf die im Folgenden dargestellte Vierfeldermatrix übertragen. Welche Karten in welches Feld kommen, sollte die Gruppe im Konsens entscheiden. Der gesamte Prozess muss straff moderiert werden und sollte keine Längen zulassen.

Pinnwand

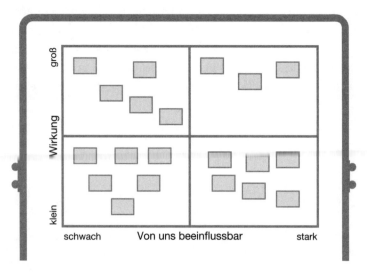

Von diesem Moment an geht es hauptsächlich um die Karten, die dem Feld rechts oben zugeordnet wurden. Der Moderator kann Zeit einsparen, indem er die Gruppe direkt entscheiden lässt, welche Karten in das rechte obere Feld gehören. Alle anderen Karten bleiben auf der vorhergehenden Pinnwand hängen und werden nicht mehr bearbeitet.

Die Gruppe legt nun für die im Feld oben rechts ausgewählten Maßnahmen gemeinsam die konkreten Umsetzungsschritte fest und verteilt die Verantwortlichkeiten. Der Moderator überträgt alle Vereinbarungen in eine vorbereitete To-do-Liste.

Sollten die Karten im rechten oberen Feld sehr komplexe beziehungsweise vielschichtige Maßnahmen beinhalten, ist es empfehlenswert, in Untergruppen Detailmaßnahmen zu definieren. Jede Gruppe bearbeitet dann ein oder zwei Maßnahmen aus dem rechten oberen Feld anhand der folgenden Fragestellungen weiter:

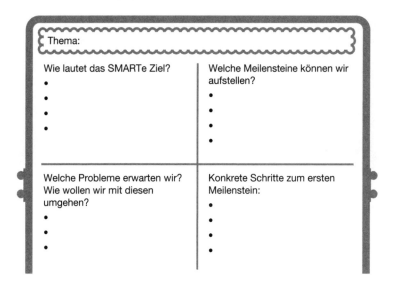

Anschließend präsentieren die einzelnen Gruppen ihre Ergebnisse und ergänzen die Pinnwand mit den Vorschlägen aus dem Plenum. Mit dieser Vorgehensweise schaffen Sie in kurzer Zeit sehr konkrete Aktionspläne.

Der Moderator überträgt während des Workshops alle beschlossenen Maßnahmen mit der jeweils verantwortlichen Person auf die To-do-Liste.

Wichtig ist, dass derjenige, der die Verantwortung für eine Aufgabe übernimmt, sie nicht auch zwangsläufig selbst erledigen muss. Er ist aber für die Sicherstellung der Umsetzung zuständig.

Nur in Ausnahmefällen sollten Sie selbst Verantwortung für eine Maßnahme übernehmen, zum Beispiel wenn es um eine Aufgabe geht, die aufgrund Ihrer hierarchischen Stellung nur von Ihnen erledigt werden kann. Wenn beispielsweise ein anderer Bereichsleiter um Mithilfe gebeten werden soll, ist das natürlich Ihre Aufgabe. Die darauf folgende Zusammenarbeit mit dem Bereich kann aber schon wieder jemand anderes koordinieren.

To-do-Liste

Nr.	Wer?	Was?	Bis wann?

5. Einbinden und Informieren (30 Minuten)

Ziel: Die Gruppe hat festgelegt, wie und mit wem die interne und externe Kommunikation stattfinden soll.

Ablauf: Wandelvorhaben scheitern oft an der Kommunikation. Deshalb soll in diesem Modul festgelegt werden, wie sich die Gruppe untereinander austauschen und informieren will.

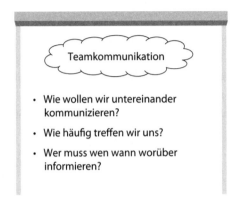

Außerdem wird besprochen, wie und in welchem Rhythmus die Kommunikation mit den Stakeholdern stattfinden soll.

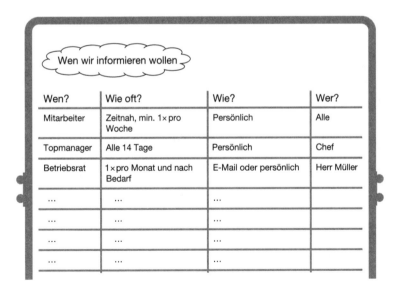

Die Gruppe diskutiert offen im Plenum. Der Moderator hält die Ergebnisse für alle sichtbar schriftlich an der Pinnwand fest.

6. Schluss (10 Minuten)

Ziel: Die Mitarbeiter empfinden ihre Arbeit als wertgeschätzt und verlassen den Workshop mit einem positiven Gefühl.

Ablauf: Der Moderator fasst die Ergebnisse noch einmal prägnant zusammen. Sie als Vorgesetzter bedanken sich beim Moderator und den Teilnehmern. Sprechen Sie dabei dynamisch und sagen Sie, was dieser Workshop aus Ihrer Sicht gebracht hat. Die Teilnehmer sollen den Raum mit dem guten Gefühl verlassen, etwas geleistet und erreicht zu haben (natürlich nur, wenn das auch so ist).

Zusatzmodule

Sie können den Einstieg in den Workshop auch variieren, wenn die meisten Teilnehmer über den Inhalt des geplanten Wandels schon informiert sind.

Variation zu Modul 2 »Vortrag und Diskussion« (10 + 30 Minuten)

Wenn den Teilnehmern der Inhalt des Wandels und die dazugehörigen Umsetzungsschritte schon im Vorfeld bekannt gemacht wurden, bildet der Moderator Murmelgruppen mit je drei Personen, die sich 10 Minuten mit folgenden Fragen beschäftigen:

Was soll sich ändern? Wie ist meine Meinung dazu?

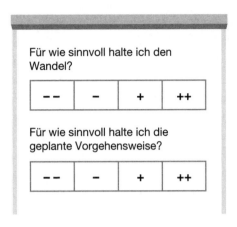

Im Anschluss an die Diskussion sollen die Teilnehmer Punkte auf die vorbereiteten Bewertungsfelder kleben. Dies sollte anonym erfolgen, indem das Flipchart weggedreht wird und jeder einzeln punktet. Der Moderator klebt vor der ersten Person verdeckt Punkte auf, die er zum Schluss wieder abnimmt. Da Mitarbeiter dazu neigen, Ihre Punkte bevorzugt in die Mitte zu kleben, lassen Sie das neutrale Feld (»0« oder »+/–«) in der Mitte der Grafik einfach weg. Das zwingt die Teilnehmer, eine Tendenz zu wählen. Die Bewertung gibt Ihnen und der Gruppe eine schnelle Rückmeldung über den Stand der Gesamtgruppe. Sie können sehen, ob der Wandel, die Art der Umsetzung oder beides kritisch gesehen wird. Wenn an dieser Stelle bereits Bedenken genannt werden, kann der Moderator diese erst einmal kommentarlos festhalten und die inhaltliche Diskussion auf den nächsten Block »Chancen und Risiken« verschieben. Sollte die Bewertung aber überwiegend im negativen Bereich sein, ist es sinnvoll, dieses sofort zur Diskussion zu stellen.

Ergänzungsmodul »Emotionale Achterbahn« (60 Minuten)

Ziel: Die Teilnehmer haben ein gemeinsames Verständnis für den Stand der eigenen und der Gefühle der Mitarbeiter.

Ablauf: Wenn Sie aus dem Workshop eine ganztägige Veranstaltung machen wollen, können Sie nach dem Modul 2 »Vortrag und Diskussion« eine vorbereitete Pinnwand mit der Zeichnung der emotionalen Achterbahn aufstellen. Idealerweise haben die Teilnehmer bereits im Vorfeld das Kapitel »Die emotionale Achterbahn« dieses Buches mit den Erläuterungen zu dem Modell und dessen sechs Phasen gelesen. Fassen Sie kurz in eigenen Worten zusammen, welche Emotionen in den einzelnen Phasen vorherrschen. Anschließend können Sie mit den Ihnen unterstellten Führungskräften darüber diskutieren, in welcher Phase sich diese selbst und die Mehrheit ihrer Mitarbeiter zurzeit befinden. Der Moderator bittet die Gruppe im Anschluss, aus den Erkenntnissen und den Empfehlungen dieses Buches konkrete Maßnahmen abzuleiten.

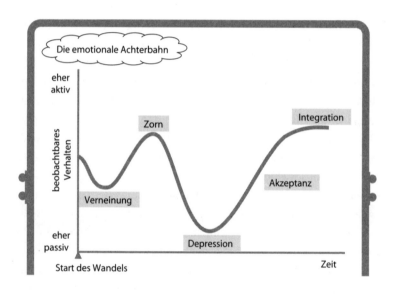

Ergänzungsmodul »Widerstand« (60 Minuten)

Ziel: Die Teilnehmer haben sich aktuellen oder zu erwartenden Widerstand bewusst gemacht und konstruktive Lösungen zum Umgang damit erarbeitet.

Ablauf: Wenn der Wandel begonnen hat und die Mitarbeiter bereits erste Formen von Widerstand zeigen, können Sie einen inhaltlichen Schwerpunkt auf dieses Thema legen. Ersetzen Sie dann im Modul »Chancen und Risiken« die Pinnwand durch die folgende und gehen Sie anschließend weiter im vorgeschlagenen Ablauf vor, indem Sie wieder konkrete Maßnahmen auf Karten sammeln.

```
Thema:
```

Welche Formen von Widerstand treten auf/erwarten wir?	Wie können wir damit umgehen?
•	•
•	•
•	•
•	•

Was würden wir uns als betroffener Mitarbeiter wünschen?	Was ist demnach zu tun?
•	•
•	•
•	•
•	•

Selbst entwickelte Ergänzungsmodule

Die Anregungen in diesem Buch können Ihnen helfen, zusätzliche eigene Module zu entwickeln. Interessante Fragen können zum Beispiel sein:

- Was wollen wir in Zukunft sein lassen, um die Prozesse zu vereinfachen (ganz oder für die Dauer des Wandels)?
- Wie können wir unsere Mitarbeiter entlasten?
- Mit welchen Maßnahmen lassen sich frühe Erfolge erzielen?
- Wie wollen wir ein neues erwünschtes Verhalten belohnen?

Danksagung

An erster Stelle danke ich meiner Frau Tanja, die mich auch bei diesem Buchvorhaben wieder so unterstützt hat, wie es sich ein Autor nur wünschen kann. Die manchmal schwierigen Phasen der Bucherstellung und die daraus erwachsenden Belastungen hat sie stets mit der ihr eigenen Souveränität und guten Laune gemeistert. Sie ist nicht nur eine wunderbare Frau, sondern auch ein großartiges Organisationstalent. Ich bewundere und verehre sie. Meinen beiden Söhnen Maximilian und Anton danke ich dafür, dass sie mich jeden Tag aufs Neue mit ihrem Wesen erfreuen.

Großer Dank gilt meinem Team. Es ist wunderbar, von exzellenten Menschen umgeben zu sein, die mehr können als man selbst. Juliane Wagner vom Campus Verlag danke ich für die hervorragende Betreuung und inspirierende Gespräche. Die Übersetzerin Mary Anne van Mens aus Dreieich hat mich mit ihren Fragen zu Text und Logik herausgefordert und den Schreibstil verbessert. Die Lektorin Marion Kümmel hat die abschließende sprachliche Redaktion des Skripts mit unglaublicher Präzision und Gründlichkeit ausgeführt. Thomas Plaßmann danke ich für die wunderbaren Cartoons, die sich wieder einmal durch treffsicheren Humor auszeichnen. Alle vier waren eine Inspiration für meine Arbeit. Ich freue mich schon heute sehr darauf, mit diesem Team auch den dritten Teil der Führungsstark-Trilogie zu schreiben.

Ich danke Heidemarie Grünewald für die interessanten Gespräche und ihre klugen Einsichten zum Thema Wandel. Auch den humorvollen Erfahrungsaustausch mit Prof. Dr. Markku Klingelhöfer schätze ich als Inspiration. Sehr gefreut habe ich mich über die zeitliche Entlastung durch meine Schwiegereltern Helga Helfmann und Jürgen Kreutzfeldt sowie unsere Freundin Inge Thiele.

Last, but not least danke ich meinen Auftraggebern und allen Führungskräften und Mitarbeitern, die ich kennen lernen durfte, für ihr Vertrauen, spannende Gespräche und die menschliche Begegnung.

Kommentierte Buchempfehlungen

In diesem Kapitel finden Sie in alphabetischer Reihenfolge Literatur, die mich in den letzten zehn Jahren besonders inspiriert hat und die ich Ihnen zum Weiterlesen empfehle. Buchrezensionen zu den hier und im Literaturverzeichnis aufgeführten Büchern sowie weitere Empfehlungen zu vielen Führungs- und Managementthemen finden Sie auf meiner Website www.alexander-groth.de.

- Andrzejewski, Laurenz: *Trennungskultur und Mitarbeiterbindung: Kündigungen fair und nachhaltig gestalten*, 368 Seiten, 3., akt. und erw. Aufl., Köln 2008.

Ein ausgezeichnetes Buch, in dem Sie erfahren, wie Sie als Führungskraft professionell mit Kündigungen umgehen. Der Autor zeigt in klaren Worten, wie Sie den gesamten Prozess sowie die Gespräche planen und durchführen können. Zusätzlich beschreibt er die Auswirkungen auf die drei betroffenen Gruppen (Führungskräfte, Gekündigte und verbleibende Mitarbeiter).

- Berner, Winfried: *Change! 15 Fallstudien zu Sanierung, Turnaround, Prozessoptimierung; Reorganisation und Kulturveränderung*, 376 Seiten, Stuttgart 2010.

Das Buch von Berner gehört für mich zu den besten Change-Büchern überhaupt, das jeder Profi im Bereich Wandel einmal gelesen haben sollte. Anhand von 15 Fallstudien zeigt er auf, welche Fallstricke und politischen Machtkämpfe bei Veränderungen entstehen können. Das Buch vermittelt damit viele Einsichten, die man in keinem anderen

Buch so einprägsam dargestellt finden wird. Beginnen Sie am besten direkt bei der Art von Veränderung zu lesen, in der Sie sich gerade befinden.

- Bridges, William: *Managing Transitions – Making the Most of Change*, 130 Seiten, New York 1991 (mit mehreren Nachauflagen).

Ein sehr gutes Buch über Change Management. Bridges gibt sehr viele konkrete Tipps, wie Sie Wandel als Manager begleiten können. Zu Beginn und am Ende des Buches stellt er jeweils in einem Kapitel eine Fallstudie vor, an der Sie Ihr Wissen testen können. Da die Seiten relativ viel Text enthalten, ist das Buch ähnlich umfangreich wie die anderen hier empfohlenen, auch wenn die Seitenzahl das nicht vermuten lässt.

- Deutschman, Alan: *Change or die – Could you change when change matters most?*, 241 Seiten, New York 2007.

Der Autor erklärt an den drei Beispielen von Dr. Dean Ornish, der Delancey Street Foundation (siehe Kapitel »Wenn alle zurückmarschieren«) und einem Produktionswerk, wie man auch in scheinbar »hoffnungslosen« Fällen eine Veränderung erzielen kann. Amerikaner schreiben meistens gut lesbar, aber Deutschman sticht durch seine Anschaulichkeit und durch die beeindruckende Thematik besonders hervor. Eine Lesefreude, auch wenn ich seine Grundsystematik nicht teile.

- Doppler, Klaus/Lauterburg, Christoph: *Change Management - Den Unternehmenswandel gestalten*, 568 Seiten, 12. akt. u. erw. Aufl., Frankfurt/Main 2008.

Dieses Buch ist im deutschsprachigen Raum der Klassiker zum Thema Change. Man merkt ihm an, dass die Autoren enorm viel Praxiswissen und Erfahrung haben. Aufgrund des Umfangs und der oft verdichteten Inhalte eignet es sich sehr gut als Nachschlagewerk zu allen Change-Themen. Insbesondere der dritte Teil mit Werkzeugen ist sehr auf den Punkt formuliert und für den eiligen und umsetzungsorientierten Manager hervorragend geeignet.

- Groth, Alexander: *Führen mit EQ,* 89 Seiten, Offenbach/Main 2012.

In dem Buch, das Sie gerade zu Ende gelesen haben, betone ich immer wieder, wie wichtig die Akzeptanz und der Umgang mit den eigenen und den Emotionen der Mitarbeiter sind. Wie aber wird man sich selbst und anderen gegenüber empathisch? In diesem kleinen Buch erläutere ich, warum es so vielen Managern schwer fällt, sich die eigenen Emotionen einzugestehen, und wie man an sich arbeiten kann, um als Chef erfolgreicher und als Mensch glücklicher zu werden.

- Grün, Anselm: *Leben und Beruf: Eine spirituelle Herausforderung,* 163 Seiten, 2. Aufl., Münsterschwarzach 2005.

Der Benediktinermönch Pater Dr. Anselm Grün ist mit seinen 15 Millionen verkauften Büchern ein Meister darin, über das zu schreiben, was Menschen berührt. Dazu gehören Gefühle, Ängste und unsere Verletzlichkeit. Das Buch wendet sich an Manager und kann gerade in Zeiten schwieriger Veränderungen eine hervorragende Grundlage dafür bieten, sich selbst und die eigene emotionale Situation zu reflektieren. Sehr empfehlenswert!

- Kerth, Klaus et al.: Die besten Strategietools in der Praxis, 352 Seiten, 5. Aufl., München 2011.

Wenn Sie innerhalb Ihrer Veränderungsmaßnahme eine Strategie entwickeln müssen, liefert Ihnen dieses Handbuch sehr konkrete Methoden zur Umsetzung. Die 33 Beschreibungen sind klar verständlich und hervorragend anwendbar. Eine Übersicht zeigt auf, welches Tool für welche Problemstellung geeignet ist. Die Autoren machen aber auch die Grenzen jedes Instrumentes bewusst.

- Kotter, John P.: *Leading Change - Wie Sie Ihr Unternehmen in acht Schritten erfolgreich verändern,* 160 Seiten, München 2011.

Das Buch des Harvard-Professors gilt in den USA als *der* Klassiker zum Thema Wandel. Kotter stellt acht Regeln auf, nach denen ein Wandel geplant und durchgeführt werden soll. Diese sind sehr gut nachvollziehbar und praxisorientiert, beziehen sich aber eher auf den unternehmensweiten Wandel, denn ein mittlerer Manager kreiert beispielsweise keine Visionen für Wandelprojekte. Bezogen auf eine übergeordnete Sichtweise sehr lesenswert.

- Roth, Gerhard: *Persönlichkeit, Entscheidung und Verhalten: Warum es so schwierig ist, sich und andere zu ändern*, 349 Seiten, 5. Aufl., Stuttgart 2009.

Gerhard Roth ist einer der führenden Neurowissenschaftler in Deutschland. Der Text ist gut verständlich geschrieben, allerdings nicht immer einfach. Auf den ersten 200 Seiten werden hauptsächlich die Funktionsweise des Gehirns und das Zusammenspiel von Verstand und Gefühl beschrieben. Das für Manager interessante Thema »Wie verändere ich andere?« wird im Kern auf nur circa 40 Seiten abgehandelt. Es ist trotzdem eine gute Einführung in das Thema Gehirn und Verhaltensänderung.

Literatur (Auswahl)

Andrzejewski, Laurenz: *Trennungs-Kultur*, 3., akt. u. erw. Aufl. Köln 2008.
Ariely, Dan: *Denken hilft zwar, nützt aber nichts. Warum wir immer wieder unvernünftige Entscheidungen treffen*, München 2008.
Berner, Winfried: *Change! 15 Fallstudien zu Sanierung, Turnaround, Prozessoptimierung, Reorganisation und Kulturveränderung*, Stuttgart 2010.
Berner, Winfried: *Bleiben oder gehen? – Ihre persönliche Erfolgsstrategie bei Fusionen, Übernahmen und Umstrukturierungen*, München 2011.
Blanchard, Kenneth et al.: *Der Minuten-Manager und der Klammer-Affe*, 6. Aufl. Hamburg 2008.
Block, Peter: *Flawless Consulting – A guide to getting your expertise used*, 3. Aufl. San Francisco 2011.
Bridges, William: *Managing Transitions – Making the Most of Change*, New York 1991.
Christensen, Clayton M.: *The Innovators Dilemma: Warum etablierte Unternehmen den Wettbewerb um bahnbrechende Innovationen verlieren*, München 2011.
Deekeling, Egbert/Arndt, Olaf: *CEO-Kommunikation. Strategien für Spitzenmanager*, Frankfurt/Main 2006.
Deutschman, Alan: *Change or die – Could you change when change matters most?*, New York 2007.
Dilts, Robert B.: *Die Veränderung von Glaubenssystemen*, Paderborn 2010.
Doppler, Klaus/Lauterburg, Christoph: Change Management – Den Unternehmenswandel gestalten, 12. Aufl., Frankfurt/Main 2008.
Doppler, Klaus: *Der Change Manager. Sich selbst und andere verändern und trotzdem bleiben, wer man ist*, Frankfurt/Main 2003.
Drucker, Peter F.: *Management*, Frankfurt/Main 2008.
Elger, Christian E.: *Neuroleadership. Erkenntnisse der Hirnforschung für die Führung von Mitarbeitern*, München 2009.
Ekman, Paul: *Gefühle lesen – Wie Sie Emotionen erkennen und richtig interpretieren*, 2. Aufl., Heidelberg 2010.

Faulhaber, Peter/Grabow, Hans-Joachim: *Turnaround-Management in der Praxis – Umbruchphasen nutzen – neue Stärken entwickeln*, 4. akt. u. erw. Aufl., Frankfurt/Main 2009.

Fine, Cordelia: *Wissen Sie, was Ihr Gehirn denkt? – Wie in unserem Oberstübchen die Wirklichkeit verzerrt wird ... und warum*, Heidelberg 2007.

Groth, Alexander: *Führungsstark in alle Richtungen*, 3. Aufl., Frankfurt/Main 2013.

Groth, Alexander: *Führen mit EQ*, Offenbach 2012.

Groth, Alexander: *Stärkenorientiertes Führen*, 4. Aufl., Offenbach 2012.

Grün, Anselm: *Leben und Beruf: Eine spirituelle Herausforderung*, 2. Aufl., Münsterschwarzach 2005.

Habek, Max M. et al.: *Wi(e)der das Fusionsfieber – Die sieben Schlüsselfaktoren erfolgreicher Fusionen*, Wiesbaden 1999.

Haidt, Jonathan: *Die Glückshypothese: Was uns wirklich glücklich macht*, 3. Aufl., Kirchzarten 2011.

Harvard Business Review: *Making Change stick - Case Studies*, Boston 2008.

Harvard Business Review: *On Leading through Change*, Boston 2006.

Harvard Business Review: *On Change*, Boston 1998.

Harvard Business Review: *On Change – HBR´s 10 Must Reads*, Boston 2011.

Heat, Chip/Heat, Dan: *Switch – Veränderungen wagen und dadurch gewinnen*, Frankfurt/Main 2011.

Höfler, Manfred et al.: *Abenteuer Change Management – Handfeste Tipps aus der Praxis für alle, die etwas bewegen wollen*, 2. Aufl., Frankfurt/Main 2011.

Hüther, Gerald: *Biologie der Angst. Wie aus Stress Gefühle werden*, 11. Aufl., Göttingen 2012.

Kerth, Klaus et al.: *Die besten Strategietools in der Praxis*, 5. Aufl., München 2011.

Königswieser, Roswita/Exner, Alexander: *Systemische Intervention. Architekturen und Design für Berater und Veränderungsmanager*, 9. Aufl., Stuttgart 2008.

Kotter, John P.: *Leading Change – Wie Sie Ihr Unternehmen in acht Schritten erfolgreich verändern*, München 2011.

Kotter, John P.: *Das Prinzip Dringlichkeit. Schnell und konsequent handeln im Management*, Frankfurt/Main 2009.

Kotter, John P./Cohen, Dan S.: *The Heart of Change: Real Life Stories of How People Change Their Organizations*, New York 2002.

Kotter, John P.: *Überzeugen und Durchsetzen – Macht und Einfluss in Organisationen*, Frankfurt/Main 1989.

Kübler-Ross, Elisabeth: *Interviews mit Sterbenden*, Freiburg 2009.

Krüger, Wilfried: *Excellence in Change – Wege zur strategischen Erneuerung*, 4. Aufl. Wiesbaden 2009.

Lelord, Francois/André, Christophe: *Die Macht der Emotionen und wie sie unseren Alltag bestimmen*, 8. Aufl., München 2011.

Maurer, Rick: *Beyond the wall of resistance: Unconventional strategies that build support for change*, Austin 1996.

Oltmanns, Torsten/Nemeyer, Daniel: *Machtfrage Change – Warum Veränderungsprojekte meist auf Führungsebene scheitern und wie Sie es besser machen*, Frankfurt/Main 2010.

Patterson, Kerry et al.: *Die Kunst, alles zu verändern: So nehmen Sie wirksam Einfluss auf Ihren Beruf, Ihre Familie, Ihr Leben*, Wien 2011.

Rosenberg, Marshall B.: *Gewaltfreie Kommunikation – Eine Sprache des Lebens*, 7. Aufl., Paderborn 2007.

Rosenberg, Marshall B./Seils, Gabriele: *Konflikte lösen durch Gewaltfreie Kommunikation*, 15. Aufl., Freiburg 2004.

Rosenzweig, Phil: *Der Halo-Effekt – Wie Manager sich täuschen lassen*, Offenbach 2008.

Roth, Gerhard: *Aus Sicht des Gehirns*, vollst. überarbeit. Neuaufl., Frankfurt/Main 2009.

Roth, Gerhard: *Persönlichkeit, Entscheidung und Verhalten: Warum es so schwierig ist, sich und andere zu ändern*, 7. Aufl., Stuttgart 2012.

Schrader, Einhard/Küntzel, Ulrich: *Kündigungsgespräche – Über den menschlichen Umgang mit persönlichen Katastrophen*, Hamburg 1995.

Schein, Edgar H.: *Organisationskultur*, Bergisch Gladbach 2003.

Simon, Hermann: *Hidden Champions – Aufbruch nach Globalia – Die Erfolgsstrategien unbekannter Weltmarktführer*, Frankfurt/Main2012.

Spitzer, Manfred: *Lernen – Gehirnforschung und die Schule des Lebens*, Heidelberg 2006.

Senge, Peter: *The Dance of Change – Die 10 Herausforderungen tiefgreifender Veränderungen in Organisationen*, Wien 2000.

Venohr, Bernd: *Wachsen mit Würth. Das Geheimnis des Welterfolgs*, Frankfurt/Main 2006.

Anmerkungen

1 Marx, Werner et al.: »Literaturflut – Informationslawine – Wissensexplosion: Wächst der Wissenschaft das Wissen über den Kopf?«. Stuttgart 2002. URL: http://www.fkf.mpg.de/ivs/literaturflut.html [Abruf: 27.09.2010].
2 www.süddeutsche.de vom 08.07.2006.
3 Seith, Anne: »›Megatrends‹-Prophet – Hellsehen für Anfänger«. Spiegel-online.de vom 24.04.2007.
4 Groth, Alexander: *Führen mit EQ*, Offenbach 2012.
5 Vgl. dazu die im Literaturverzeichnis aufgeführten Publikationen von Gerhard Roth. Die Grafik auf Seite 68 ist abgeleitet von Roth, Gerhard: *Persönlichkeit, Entscheidung und Verhalten: Warum es so schwierig ist, sich und andere zu ändern*, 7. Aufl. Stuttgart 2012, S. 91.
6 Roth, Gerhard: *Aus Sicht des Gehirns*, vollst. überarb. Neuaufl., Frankfurt/Main 2009, S. 162.
7 Doppler, Klaus/Lauterburg, Christoph: *Change Management – Den Unternehmenswandel gestalten*, 12. Aufl. Frankfurt/Main 2008, S. 336.
8 Vgl. Ariely, Dan: *Denken hilft zwar, nützt aber nichts. Warum wir immer wieder unvernünftige Entscheidungen treffen*, München 2008, Kapitel 7.
9 Robert B. Dilts spricht bei dieser Ebene neben den Glaubenssätzen auch noch von den Werten eines Menschen. Da der Begriff Werte aber nur sehr schwer zu definieren ist und sich diese letztendlich auch wieder durch Glaubenssätze äußern, lasse ich die Werte in meiner Aufzählung der Ebenen der Verständlichkeit halber weg.
10 Die Anregung für die in diesem Kapitel verwendeten Analogien vom inneren Terminator und vom toten Elefanten (ich verwende ein Zebra) stammen aus: Maurer, Rick: *Beyond the wall of resistance*, Austin 2005.
11 Vgl. Maurer, Rick: *Beyond the wall of resistance: Unconventional strategies that build support for change*, Austin 1996, S. 143.
12 Vgl. Alexander Groth: *Stärkenorientiertes Führen*, 2. Aufl. Offenbach 2010, Abschnitt »Wie Sie Ihr Team stärkenorientiert führen«, S. 50–57.

13 Das Bild vom Klammeraffen stammt aus Blanchard, Kenneth et al.: *Der Minuten-Manager und der Klammer-Affe*, 6. Aufl., Hamburg 2008.
14 Vgl. Bridges, William: *Managing Transitions – Making the Most of Change*, New York 1991, S. 43.
15 Vgl. ebenda, S. 39.
16 Die Beispiele von Dean Ornish und Dr. Mimi Silbert in diesem Kapitel entstammen dem Buch von Deutschman, Alan: *Change or die – Could you change when change matters most?*, New York 2007.
17 *Duden – Deutsches Universalwörterbuch*, 6. Aufl., Mannheim 2006.
18 Deutschman, Alan: *Change or die – Could you change when change matters most?*, New York 2007, S. 83.
19 Vgl. Elger, Christian E.: *Neuroleadership. Erkenntnisse der Hirnforschung für die Führung von Mitarbeitern*, München 2009, S. 75–79.
20 Vgl. Deekeling, Egbert/Arndt, Olaf: *CEO-Kommunikation. Strategien für Spitzenmanager*, Frankfurt/Main 2006, S. 103.
21 Vgl. Elger, Christian E.: *Neuroleadership. Erkenntnisse der Hirnforschung für die Führung von Mitarbeitern*, München 2009, S. 64 f.
22 Churchill, Winston: »Blood, Toil, Tears and Sweat«, Rede vom 13. Mai 1940. URL: http://en.wikisource.org/wiki/Blood,_Toil,_Tears_and_Sweat [Abruf: 04.10.2010].
23 Vgl. Bridges, William: *Managing Transitions – Making the Most of Change*, New York 1991, S. 38.
24 King, Martin Luther: »The I have a Dream Speech«, 28. August 1963. URL: http://www.usconstitution.net/dream.html [Abruf: 04.10.2010].
25 Vgl. Elger, Christian E.: *Neuroleadership. Erkenntnisse der Hirnforschung für die Führung von Mitarbeitern*, München 2009, S. 103 f.
26 Schein, Edgar H: *Organisationskultur*, Bergisch Gladbach 2003, S. 44.

Register

Aktionsplan, persönlicher 210
Akzeptanz, Phase der 25, 29, 31, 35, 39
Angst 24, 26, 30, 33, 37, 50 f., 97-99
— aussprechen 52
— reduzieren 52
— verdrängen 45-49
— warnt 49
Arbeitsprozesse optimieren 140-142
Ärger 53 f.
Arnold-Schwarzenegger-Methode 115
Ausreden 80
Authentizität 48, 65, 172 f.

Basalganglien 71
Bedenken 52
Befürworter, aktive 129, 165-167, 179
Best-Practice-Vergleiche 88 f.
Bestrafung, altruistische 193
Betriebsrat 164, 187, 190
Betroffene, indirekt 192-194
Betroffenheit, emotionale 72, 78-92
Botschaften, unangenehme 185-187
Business-Artists 88

Change Agent 201
Change Leader 209-211
Change Leadership 18 f.
— Definition 19

Change Management 18 f.
Change-Achterbahn (siehe unter »Emotionale Achterbahn«)
Chaosphase 122-124, 142

Demotivation der Mitarbeiter 56 f.
Denkmuster 158, 160 f., 198-200
Depression, Phase der 24, 27, 29 f., 34, 36 f., 39 f., 42, 64, 77
Drohungen 56
Druck 8 f., 18, 61-63

Effektivität 137
Effizienz 137
Ego 54, 110, 116
Einstellung gegenüber Mitarbeitern 77
Emotionale Achterbahn 23-44, 64, 109, 134, 145 f.
— Phase der Akzeptanz 25, 29, 31, 35, 39
— Phase der Depression 24, 27, 29 f., 34, 36 f., 39 f., 42, 64, 77
— Phase der Integration 28, 31, 35, 42
— Phase der Selbstgefälligkeit 28, 30, 33
— Phase der Verneinung 26, 30, 33, 36 f., 40, 51
— Phase des Zorns 27, 29 f., 34, 40, 42

237

Emotionale Intelligenz 61
Emotionale Überflutung 48
Emotionen 19, 72 f., 76
— erzeugen 73
— Logik der 9, 22, 24 f.
— positive 157-161
— starke 9, 25
— zeigen 64 f.
Endlosschleife, negative 42 f.
Erfolge
— kurzfristige 135 f., 160, 179
— langfristige 180
— würdigen 42
Erfolgserlebnisse 157-161
Experten, externe 203

Faktor, kritischer 151 f.
Feedback 87, 119-121, 143, 169 f.
Feedback-Team 119, 169 f.
Flurfunk 60, 124, 162
Fortschritt, technologischer 12-14
Frieden, Gefühl von 28, 35
Führungsleitbilder 109 f.
Furcht 50 f., 89-92

Gedächtnis
— emotionales 96-100, 109, 200
— prozedurales 96 f., 200
Gefühle
— bewusste 69 f., 76
— soziale 69
Gefühlsschwankungen 26-28, 39
Gegner, aktive 129, 165-167, 179
Gehirn, menschliches 68
Gerüchte 162 f.
Gespräch, Eskalationsstufen im 55 f.
Gestaltungsrecht 41, 134
Gewitter, reinigendes 117 f.
Gewohnheiten, neue 153-157
Glaubenssätze 105, 108

Gleichgültigkeit 28, 33
Gleichmut 28, 35, 145
Großhirnrinde 68-70

Hebelkraft 137
Herzpatienten 148 f., 151, 154 f., 157 f.
Hidden Champions 88

Immunsystem des Unternehmens 143 f.
Infobrett 83, 203
Integration, Phase der 28, 31, 35, 42
Intuition 61, 99 f.

Kernbotschaften 170 f.
Kommunikation
— Hauptzielgruppe der 165
— im Wandel 162-183
Kritik 55
Kultur 198
Kunden
— Kontakte mit 86 f.
— Produkte der 82
Kündigungsgespräch 189-191, 195 f.

Leistungsabfall, vorübergehender 62
Limbisches System 68-71, 96, 193
Logische Ebenen (Modell) 104-109
Lustknopf 157

Megatrends 14-17
Mehrheit, späte/frühe 166-169
Mitbestimmungsrecht 41, 62, 134 f.
Morgenreflexion 138
Mut 46, 49, 51

Projektteam 125-129, 180
Paretos Gesetz der Unausgewogenheit 136-139, 143, 151, 210

238

Realangst 50
Ruhe, innere 115 f.

Schmerzknopf 157
Schuldzuweisungen, gegenseitige 133
Selbstbeherrschung 53
Selbstgefälligkeit
— Phase der 28, 30, 33
— verhindern 204
Sprache, bildhafte 180-182
Stakeholder 182 f.
Strafgefangene 150, 152, 155 f., 158 f.

Trauer
— Gefühl der 27, 31, 34, 37, 39
— verdrängen 59, 61
Trauerarbeit 62, 77
Trauern, bewusst 59-61
Trennungsrituale 130 f.
Trennungsschmerz 59, 61

Ultimatumspiel 192
Unausgewogenheit, Gesetz der (Pareto) 136-139, 143, 151, 210

Veränderungsfreudigkeit, Kultur der 198-203
Verlierer des Wandels 184-197
Verlustschmerz 59, 61-63
Verneinung, Phase der 26, 30, 33, 36 f., 40, 51

Vernunft 69-71
Verstand 67, 69-71, 75 f.
Vorbild sein 8, 45, 64, 78-81, 124, 202, 206

Wahrnehmungseffekte, negative 100-104
Wandel, zu viel 42 f., 145 f.
Wandelteam 125-129, 180
Widerstand 8 f., 93-121
— aktiver 94
— der Führungskraft 111-113
— der Mitarbeiter 112
— kein 108-110
Wiederholung der Kernbotschaften 170 f.
Wissen der Menschheit 12-14
Workshop 89-91, 120 f., 135 f., 140, 144, 182, 210
Worthülsen 178
Wut 53

Zebras, tote 118
Ziele, realistische 179
Zorn 24, 27, 34, 39, 53
— hinterfragen 53-57
— Phase des -s 27, 29, 30, 34, 40, 42
Zornige Mitarbeiter 57-59
Zuhören 113-118

239

Alexander Groth, Jahrgang 1970, ist Autor mehrerer Bücher über Führungsstärke und gehört zu den renommiertesten Führungsexperten in Deutschland. Seine Expertise bezieht er unter anderem aus zehnjähriger Erfahrung mit über 1 000 Veranstaltungstagen, bei denen er Führungskräften und Unternehmen zu mehr Erfolg verholfen hat. Er hält Vorlesungen zu High Performance Leadership an der TU München sowie an der Universität Stuttgart und ist Lehrbeauftragter für Rhetorik an der Universität Mannheim. Als Professional Speaker gibt er Führungskräften bei Tagungen und Konferenzen mit seinen spannenden Vorträgen neue Impulse für ihre Arbeit.

www.alexander-groth.de